组织战略、结构和过程

Organizational Strategy, Structure, and Process

[美] 雷蒙德·迈尔斯（Raymond E. Miles）
[美] 查尔斯·斯诺（Charles C. Snow）- 著
杨治 - 译

珍藏版

中国人民大学出版社
·北京·

推荐序

在不确定中寻求匹配

在当前经济全球化进程遭遇多重挑战、技术更迭日新月异、地缘政治风险频发的时代背景下,企业经营面临着前所未有的不确定性。在这样的环境中,企业不再只是简单地追求规模扩张或效率提升,更需对自身所处的战略位置、结构设计与组织过程进行深入反思与动态调整。基于这一背景,我们再看迈尔斯与斯诺的经典著作《组织战略、结构和过程》,不难发现其中提出的理论框架并未随时间的推移而失效,反而愈加凸显出其在当代企业管理实践中的价值与启发意义。

本书最核心的理论贡献在于构建了"适应周期"这一动态模型,将战略、结构和过程这三者视为企业在不断适应外部环境过程中互动演化的产物。作者指出,企业在面对环境变化时,通常会经历创业问题(明确产品-市场领域)、工程问题(选择合适的技术与过程)以及行政管理问题(建立稳定的行政管理系统)这三大阶段。通过对企业在不同阶段反应模式的归纳,迈尔斯与斯诺提出了四种战略类型:防御型、开拓型、分析型与反应型。这一分类不仅具有强大的解释力,也为企业战略选择提供了实用的参照系。

对于中国企业而言,这一理论模型具有极强的现实适用性。改革开放以来,中国企业经历了由"要素驱动"向"创新驱动"的转型过程。在过去,许多企业凭借成本优势和规模效应崛起,在一定时期内成功地采用了防御型战略,即聚焦于特定的业务领域,提升运营效率与强化成本控制,构建起相对稳定的竞争优势。然而,随着人口红利的逐渐消退、国内外市场需求结构的变化,以及数字化浪潮的冲击,这种以"稳"为主的战略形态在今天面临越来越多的瓶颈。我们看到,一些曾经的行业巨头因过度依赖单一市场、路径依赖严重,而在突发事件(如新冠疫情、国际供应链中断)面前应对迟缓,甚至陷入危机。这类企业的困境,很大程度上源于战略、结构和过程之间的"不匹配",即理论中所谓的"反应型组织"——虽然对外部环境有所感知,却无法形成连贯有效的应对机制。

与之形成鲜明对比的是,近年来一批具有战略前瞻性和组织灵活性的中国企业,展现出了更接近开拓型战略或分析型战略的特征。例如,华为在面对美国制裁、全球市场不确定性加剧的背景下,并未固守原有业务板块,而是迅速推动鸿蒙系统、智能汽车、云计算等新兴领域的发展,体现出强大的资源重组能力与环境感知能力,展现出典型的开拓型战略风貌;而像海尔这样的大型制造企业,则长期保持在主业领域的运营效率,同时又不断孵化新业务、探索用户场景生态,是分析型战略的典型实践者。更重要的是,这些企业之所以能够主动应对复杂环境而不至于沦为被动应对者,恰恰在于它们实现了组织战略、结构和过程之间的动态耦合,使得企业既能稳定运营,又能灵活转型。

值得注意的是,在迈尔斯与斯诺的理论体系中,防御型、开拓型和分析型都可以是成功的组织模式,关键不在于企业选择了哪一种,而在于企业是否实现了战略与环境的匹配以及战略与结构之间的协调。这一"匹配观"本身对于当下处于转型期、面临多重不确定因素叠加的中国企业而言,具有深刻的指导意义。一方面,它提醒企业不能迷信某一种"万能战略"或"成功路径",而应依据自身所处的行业周期、资源禀赋、技术能力和环境波动情况,做出相应的战略定位与组织调整;另一方面,它也为我们提供了一个分析和评估企业现有战略类型是否有效的坐标系,尤其是在组织遭遇增长停滞或变革失败时,它能够帮助我们分析企业是否已滑向了反应型状态,从而引导企业及时进行战略性调整。

此外,迈尔斯与斯诺所倡导的"类型学方法",也为中国学术界开展本土化管理理论研究提供了重要方法论启发。在"讲好中国企业故事、建构中国特色管理理论"的号召下,我们更需要一种能够兼顾理论抽象与实践复杂性的研究范式。本书通过对多个行业案例的深入比较,构建出逻辑自洽、具备解释力的理论模型,正是类型学思维的典范。中国企业的快速成长路径和复杂演化特征,本身就是极富研究价值的"理论土壤",未来我们完全可以在迈尔斯与斯诺奠定的基础上,进一步发展出具有中国特色的理论框架,例如考虑政府关系密切型组织、平台型企业、供应链嵌入型组织等新的组织类型。

综上所述,《组织战略、结构和过程》并非一部仅供战略学术研究者阅读的经典理论著作,它同样是企业管理者用以理解组织运行逻辑、识别战略困境与优化结构配置的实践指南。在"变是常态、快是节奏、难是现实"的时代背景下,这本书所倡导的"动态适应"与"战略匹配"思想,提供了一种超越经验主义的理性视角,值得中国企业在战略选择与组织设计过程中反复推敲与认真思考。

今天,重新翻译这本 20 世纪 70 年代的作品,既是一次对经典理论的致敬,更是一种对不确定世界中"有序之道"的追寻。希望这本译著能够为更多中国企业提供思想启迪,为复杂商业世界中的战略行动者点亮一盏指引方向的明灯。

路江涌

北京大学博雅特聘教授

译者序

迈尔斯和斯诺的经典著作《组织战略、结构和过程》自1978年首次出版以来，对企业战略管理领域的发展产生了重要的影响，其提出的概念模型也成为企业战略管理教材中的经典概念模型之一。本次翻译的原著版本是斯坦福大学出版社2003年再版的经典版。

虽然很多读者可能会认为迈尔斯和斯诺40多年前提出的理论框架已经不适用于现在的产业环境和企业现实，但你仔细阅读本书后，可能会有不一样的想法。我认为即使是在今天，本书仍然具有举足轻重的影响，原因有三点。

第一，本书提出的看待组织战略、结构和过程的视角，非但没有因为时间的流逝而过时，反而更具有指导意义。迈尔斯和斯诺认为组织战略是组织响应外部环境的结果，结构和过程是随战略衍生出的适应周期所产生的结果。这一视角深刻影响了战略管理理论以及组织理论的发展。比如组织理论关注的一个核心问题是组织与环境的关系，而迈尔斯和斯诺强调组织战略会构建组织与环境之间的关系，并因此产生相应的结构和过程。同时，组织的结构和过程又会反过来限制组织搜索战略方案的范围，并影响战略形成的过程。这一观点颠覆了过去对于战略的静态视角，以一种内生互动的视角，提出了组织与其所处环境的关系。企业的决策者如何认知企业所处的环境影响了决策者准备以何种战略应对他所认识到的环境挑战，并影响其后续的适应周期中要回答的三个根本问题：组织应该在什么样的产品-市场范围内经营？应该选择什么样的技术来生产和分销其产品或服务？应该采用什么样的管理系统来固化已有的流程？在当前新技术不断涌现、国际关系纷繁复杂、全球市场多周期叠加等一系列因素的作用下，企业所处的环境比20世纪七八十年代更具动荡性，客户需求更多样也更多变，因此也更可能催生出新的组织战略和形态。在这个过程中，管理者的认知以及基于这种认知而采取的适应周期的行为最终决定了企业的基本战略类型和组织结构。迈尔斯和斯诺的这本著作为我们理解当前层出不穷的新组织形态和战略提供了一个基本的分析视角。

第二，本书提出的四种组织类型仍然适用于当前企业构建自身能力以适应环境变化的要求。其中三种战略类型是稳定的组织形态，包括防御型组织、分析型组织和开拓型组织。防御型组织的高层管理者在其组织的有限业务领域内具有高度的专业性，不倾向于在其领域之外寻找新的机会。由于这种聚焦，这类组织的结构相对稳定，并把主要精力放在提高现有业务的效率上。分析型组织常常同时在两类产品-市场领域运作，一类相对稳定，另一类不断变化。在其稳定领域，组织通过使用正式的结构和过程，进行常规而有效的运作。在另一类不断变化的领域，高层管理者密切关注竞争对手的新想法，然后迅速采纳那些看起来最有前景的想法。开拓型组织则几乎一直在寻找市场机会，它们经常做出反应以应对新出现的环境趋势。这些组织往往是变化和不确定性的创造者，它们的竞争对手必须对此做出反应。所谓"稳定"指的是这些组织的管理者所做出的战略选择使得组织能够有效应对环境挑战，并在相当长的时间里帮助企业取得不错的竞争地位，从而能够持续地发挥作用。而第四种战略类型，即反应型组织，被认为是不稳定的。组织的高层管理者经常感知到组织环境中发生的变化和不确定性，但无法做出有效的应对。这种类型的组织由于缺乏一致的战略-结构关系，因此除非迫于环境压力，否则很少做出任何调整。四种类型的组织在适应周期中表现出不同的特征以解决相应的创业（领域定义）、工程（技术）和行政管理（结构-过程和创新）问题。这四种组织类型对当前处于VUCA（即易变性、不确定性、复杂性和模糊性）时代的企业选择适合自身发展的战略路径仍然具有重要的参考价值。

第三，本书也为管理学者和实践者分析战略与环境的关系、组织结构特征等问题提供了重要的参考。逻辑推理、类型学的应用，加上典型案例分析，是构建一种在逻辑上自洽的理论框架的基本方法。事实上，战略问题远比书本上的任何理论都要复杂，其影响因素太多，既有微观层面的个体认知，也有中观层面的群体行为，还有宏观层面的经济波动，等等。如何在纷繁复杂且充满不确定性的条件下，理出一条逻辑主线以解释不同企业的战略选择以及后续的一系列行为，对任何一个战略研究者都是巨大的挑战。迈尔斯和斯诺的这本著作给我们提供了一个典范。作者通过对若干典型案例的观察和分析，首先依据战略决策和行为的先后顺序，构建了适应周期的一个基本框架。这个框架按照决策阶段面临的不同核心挑战将战略管理问题分为三类：创业问题、工程问题以及行政管理问题。其次，根据组织在每个阶段对相应问题的反应，迈尔斯和斯诺提出了类型学，将组织划分为防御型、分析型、开拓型和反应型四种，并归纳出每种组织类型的特征。最后，迈尔斯和斯诺用了更多的案例来验证这一理论框架的合理性。这一系列的分析逐步完善了其理论体系，使得原本比较模糊的想法逐渐变得清晰，也形成了一整套理论框架。迈尔斯和斯诺提出的这种组织分类为后续研究不同企业的战略差异提供了一个重要的概念支点,也使得其理论经久不衰。在讲好中国故事、构建中国理论、扩大中国影响的背景下,我们仍可以借鉴迈尔斯和斯诺的理论构建方法,从中国企业案例中总结经验,提炼思想,并进一步构建自己的理论。

经典的魅力在于思想的深邃。我们尽可能地通过我们的理解将迈尔斯和斯诺的著作分享给读者。如有疏漏之处,请读者多多包涵。但瑕不掩瑜,衷心希望读者能够通过此译本,理解作者的思想,并使其为己所用,在理论创新和指导实践中发挥作用。

杨治

序言

迈尔斯和斯诺的《组织战略、结构和过程》一书出版后，在战略管理理论和组织理论领域产生了深远的影响。和其他人一样，我的研究也从这本书的观点中受益良多，所以由我来把它的贡献（我所认为的）——从过去到现在——阐述出来，再合适不过了。

20 世纪 70 年代的研究领域

1978 年，商业政策（之后改称"战略管理"）领域正努力摆脱其非理论性的、临床性的起源。在之前的 10 年里，关于公司层战略（"我们应该从事哪些业务"）的研究取得了良好的进展，这主要归功于阿尔弗雷德·钱德勒（Alfred Chandler）和哈佛商学院的其他学者，尤其是理查德·鲁梅尔特（Richard Rumelt）的开创性工作。钱德勒（Chandler，1962）记录了美国大公司的崛起，追溯了它们从单一产品-市场，到垂直整合，再到多业务的典型演变。他还记录了这些战略上的转变是如何伴随着结构上的转变，从职能组织形式到事业部形式的。鲁梅尔特（Rumelt，1974）扩展了钱德勒的思想，主要是开发了一个更精细的多元化战略分类系统。他根据公司的整体多元化程度和一系列业务的关联性（就产品和市场的相似性而言）来分类，创造了我们今天仍然经常使用的战略类别：单一业务、主导垂直、相关约束、相关关联和不相关。这些学者的理论见解激发了大量的后续研究，正是钱德勒和鲁梅尔特开发的简洁而引人注目的分类系统，使得公司层面的战略研究以累积和有序的方式向前推进。

迈尔斯和斯诺也给了对业务层战略感兴趣的研究人员一个类似的"礼物"（"我们应该如何在给定的业务领域内竞争"）。在他们的书出版之前，两个对立的阵营主导着关于业务层战略的学术论述，但二者都没有带来多大的知识或实践进展。一派是情境主义者，他们将业务层面战略的设计和实施视为一种情境艺术。这些人会说，没有哪两种战略环境是相同的，因此不能用任何一般的方式来描述战略。当然，这种哲学思维给那些对概括性、理论和预测感兴趣的学者带来了麻烦。另一派是普遍主义者。他们认为存在普遍的战略法则：市场份额永远是件好事；优质的产品质量永远是一件好事；等等。情境主义者厌恶泛化，而普遍主义者拒绝承认情境性或偶然性。

迈尔斯和斯诺加入了这场争论，他们采取了中间立场，为解决争端提供了极大的帮助。在他们看来，商业领域中有四种基本的战略类型：防御型组织是那些通过稳定、可靠和高效而成功的企业；开拓型组织通过刺激和满足新的产品-市场机会而获得成功；分析型组织比防御型组织在产品-市场计划上更具创新性，但比开拓型组织更谨慎和有选择性，从而获得成功；反应型组织在适应环境时摇摆不定，因此难以取得成功。当然，这些基本类型的细节可能会有所不同，这取决于行业的性质。例如，防御型医院可能具有防御型出版公司或防御型钢铁公司无法完全复制的功能。但在广泛的层面上，每一种类型都被认为有许多共同点。例如，防御型组织投资于过程改进，而不是新产品-市场开发；它们投资于特殊用途的高效设备；它们在衡量标准中强调成本控制和过程产出；它们赋予会计和运营主管实质性的影响力；它们往往按职能进行组织；等等。在这里，我们有了泛化和强有力的预测的基础，这在业务层面战略的情境或普遍视角下都是不可能的。

迈尔斯和斯诺通过引入适应周期的概念，促进了对每种战略类型伴生物的后续研究。这个深刻的比喻将企业描绘成不断地围绕三类问题的决策进行循环的组织：创业问题（选择和调整产品-市场领域）、工程问题（生产和交付产品）和行政管理问题（建立角色、关系和组织过程）。相应地，一个在创业领域做出决策的企业，处在成为开拓型组织的方向，不久之后，将在工程领域做出开拓型组织导向的决策，然后是在行政管理领域，再在创业领域，以此类推。如果具有足够的循环和洞察力，一个给定的企业就会成为一个非常好的、全面的开拓型组织、分析型组织或防御型组织。如果企业缺乏洞察力，或者未能利用适应周期提供的调整机会，那么它将是一个不协调的、表现不佳的反应型组织。当然，如果需要改变战略，过度均衡的企业将面临重大挑战。但是迈尔斯和斯诺关于战略类型和适应周期的概念，甚至在评估从一种战略类型转变为另一种战略类型需要什么时也很有用。

随后的研究

迈尔斯和斯诺帮助明确了战略均衡性的基本概念，并帮助提出了后来被称为战略的结构观的观点。战略均衡性指的是，在一个特定的行业或环境中，成功的方式不止一种。但是——这就是结构观的用武之地——并没有无穷无尽的成功之路。相反，企业可以从一些基本模式中进行选择，以实现其目标。

在迈尔斯和斯诺提出战略类型后不久，波特（Porter，1980）提出了一套"通用战略"（成本领先战略、差异化战略和聚焦战略）；米勒（Miller，1990）提出了高绩效"完全形态"（工匠、建造者、先锋和推销员）；最终，咨询师特里西和威尔塞马（Treacy & Wiersema，1995）描述了三种战略类型（卓越运营、产品领先、客户亲密关系），它们和其他人的分类系统一样，都与迈尔斯和斯诺的战略类型惊人地一致。

战略学者寻找并提出这些不同的分类方案是完全可以理解的，甚至是必要的。战略由许多因素组合组成，可以想象，这些因素可以无限地混合和匹配。在没有分类方案的情况下，战略研究人员必须单独处理利息-价格、生产技术、产品线宽度、产品创新、前向整合、广告和财务政策等许多变量，并且必须通常假设所有组合都是可能的。战略分类方案有助于厘清混乱的概念格局。

在过去25年引入的几种战略分类系统中，迈尔斯和斯诺的分类是最持久、最详细，使用次数最多的。它的有效性经受了无数次考验——在各种各样的环境中（包括医院、大学、银行、工业产品和人寿保险），得到了强有力的一致支持（Hambrick，1981；James & Hatten，1995；Segev，1987）。

迈尔斯和斯诺的类型学不仅经过了检验，也被充分利用。企业管理和组织科学领域的学者都对领域的选择如何与企业战略共同变化感兴趣。迈尔斯和斯诺提出的类型学为研究大量此类关系提供了一个概念支点。例如，研究人员研究了战略类型在行政实践（包括环境扫描、权力和影响过程、组织结构和奖励系统）、职能概况和政策（包括研发强度、垂直整合、销售队伍管理实践、广告和固定资产配置）中的差异，以及在不同环境条件下的表现（Conant, Mokwa & Wood, 1987; Hambrick, 1981, 1983; McDaniel & Kolari, 1987; Ruckert & Walker, 1987; Simons, 1987）。从事这些研究的学者来自广泛的学术领域，包括战略、组织理论、人力资源管理、运营管理、市场营销和会计。显然，迈尔斯和斯诺的思想，特别是他们的类型学，对管理科学中几个领域的研究轨迹产生了重大影响。

当前的研究

在过去的 20 多年里，迈尔斯和斯诺的思想激发了大量的研究，今天，学者们仍然被它们所吸引。例如，当我写这本书时，我意识到四个不同的研究项目正在进行中——由人力资源管理、战略、市场营销和运营管理方面的学者进行，它们依赖于迈尔斯和斯诺的类型学。除了这四个项目，肯定还有更多我不知道的项目正在进行中。正是因为类型学涉及基本的战略和组织的权衡，所以它具有持久的关联性和吸引力。

但与此同时，我有时也会遇到一些学者，他们认为迈尔斯和斯诺的思想只适用于更早的时代（换句话说，"哦，我以为他已经死了"。）。这些假设往往只是基于英文原书年代久远，以及意识到书中的思想已经被大量研究过，而不是由于任何实质性的疑虑。一些研究人员似乎只被新事物所吸引，而不是那些有效的东西。迈尔斯和斯诺的想法是可行的，我能想到有许多地方可以很好地利用它们。让我简单描述其中三个机会。

近年来战略领域出现的最有趣的想法之一是波特（Porter,

1996)的概念,即任何组织获得可持续竞争优势的最佳方式是用一系列活动来强化其所选择的战略,包括职能政策、人员配备决策、结构等。波特介绍了一种反映企业各种活动之间一致程度的方法,他为几家公司提供了地图演示。此外,席格高(Siggelkow,2001;2002)还提供了 Liz Claiborne(女装)和先锋基金(Vanguard Funds,共同基金)的活动地图。这些地图信息丰富,引人入胜;但是,由于它们没有包含相同的活动(甚至没有相同的活动类别),并且是在事后构建的,所以不能用于预测、概括或理论构建。第一个机会是迈尔斯和斯诺的适应周期——包括创业、工程和行政管理问题——可以为学者们在构建这类地图或评估企业内部整体协调程度时应该考虑的活动类型奠定坚实的基础。此外,迈尔斯和斯诺的类型学可用于确定不同战略类型公司活动的一般特征。我们假设西南航空公司、宜家家居和先锋基金都是防御型组织,那么就它们的活动而言,我们期望看到它们之间的某些共同点。通过借鉴迈尔斯和斯诺的理论,我们可以预先确定我们期望看到的活动,进而做出描述性和规范性的预测。

第二个机会是利用迈尔斯和斯诺的类型学来增加目前人们对商业风险的兴趣。学者们逐渐认识到,风险的产生不仅仅是因为公司的资本结构或固定成本水平,而是因为公司所做的一切——它所服务的环境、它的战略、决策过程、奖励系统等(Simons,1999)。不过,到目前为止,还没有任何简单的方法从风险角度来描述整体业务概况。然而,在迈尔斯和斯诺的书中,他们描述了与每种战略类型相关的主要风险。例如,防御型组织面临着技术过时的风险,而开拓型组织面临着在太多新领域过度扩张的风险。今天的研究人员可能会从研究与替代战略类型相关的特殊风险中受益。

第三个机会是应对迈尔斯和斯诺提出的最复杂的战略类型——

分析型组织所面临的实际挑战。毕竟，从防御型组织或开拓型组织这两种极端模式中选择一种相对容易，每个人都清楚公司的目标是什么，适合的决策很容易被采纳，不适合的很容易被拒绝。诚然，奉行这些极端战略之一的公司最终会获得一个漫画形象——超级防御者或超级开拓者——并因为其夸张的形象而在边缘摇摇欲坠（Miller，1990）；但是，在这种情况发生之前，管理者喜欢清晰、一致，没有什么需要平衡的。不过，分析型组织的高层管理人员真可怜，他们就像在走钢丝——在努力创新的同时，也在努力变得高效可靠。他们很容易被视为优柔寡断和不自信的人。他们不像防御型组织或开拓型组织的管理者那样，有清晰的北极星指引他们。他们是否应该有一些子单位表现得像防御型组织，而另一些子单位看起来像开拓型组织？他们是否应该开展临时的活动使组织像开拓型组织一样，然后回到防御型组织的方向，之后采取更多像开拓型组织一样的行动，等等？还是说，这些管理者应该秉持中庸之道，对公司做的每一件事都采取温和或混合的方法？迈尔斯和斯诺为我们提供了分析型组织模板，但他们没有指导我们如何领导这种双能型企业。由于绝大多数企业接近（或打算接近）分析型组织的形象，因此有许多管理者在等待对这种困境的新见解。

实际上，我可以一直列举下去。可以这么说，有许多理论和实践难题可以通过借鉴迈尔斯、斯诺以及他们当时在伯克利的同事艾伦·迈耶（Alan D. Meyer）和亨利·科尔曼（Henry J. Coleman）的研究成果来解决，至少可以受到很大的启发。我希望并相信，这本了不起的书的再版将有助于向新一代学者介绍他们的思想。

唐纳德·汉布里克
（Donald C. Hambrick）

参考文献

Chandler, A. D., Jr.: *Strategy and Structure: Chapters in the History of the American Industrial Enterprise*, The M. I. T. Press, Cambridge, Mass., 1962.

Conant, J. S., M. P. Mokwa, and S. D. Wood: "Management Styles and Marketing Strategies: An Analysis of HMOs," *Health Care Management Review*, vol. 12 (4), pp. 65 – 75, 1987.

Hambrick, D. C.: "Environment, Strategy, and Power Within Top Management Teams," *Administrative Science Quarterly*, vol. 26, pp. 253 – 276, 1981.

——: "Environmental Scanning and Organizational Strategy," *Strategic Management Journal*, vol. 3, pp. 159 – 174, 1982.

——: "Some Tests of the Effectiveness and Functional Attributes of Miles and Snow's Strategic Types," *Academy of Management Journal*, vol. 26, pp. 5 – 26, 1983.

——: "Taxonomic Approaches to Studying Strategy: Some Conceptual and Methodological Issues." *Journal of Management*, vol. 10 (1), pp. 27 – 41, 1984.

James, W., and K. Hatten: "Further Evidence on the Validity of the Self-Typing Paragraph Approach: Miles and Snow Strategic Archetypes in Banking." *Strategic Management Journal*, vol. 16 (2), pp. 161 – 168, 1995.

McDaniel, S. W., and F. W. Kolari: "Marketing Strategy Implications of the Miles and Snow Strategic Typology," *Journal of Marketing*, vol. 51 (4), pp. 19–30, 1987.

Miller, D.: *The Icarus Paradox: How Exceptional Companies Bring About Their Own Downfall*, Harper Business, New York, 1990.

——, and H. Mintzberg: The Case for Configuration. In G. Morgan (Ed.), *Beyond Method: Strategies for Social Research*, Sage, Newbury Park, Calif., 1983, pp. 57–73.

Porter, M. E.: *Competitive Strategy: Techniques for Analyzing Industries and Competitors*, The Free Press, New York, 1980.

——: "What Is Strategy?" *Harvard Business Review*, vol. 74 (6), pp. 61–78, 1996.

Ruckert, R. W., and O. C. Walker: "Interactions Between Marketing and R&D Departments in Implementing Different Business Strategies," *Strategic Management Journal*, vol. 8, pp. 233–249, 1987.

Rumelt, R.: *Strategy, Structure, and Economic Performance*, Harvard University Press, Cambridge, Mass, 1974.

Segev, E.: "Strategy, Strategy Making, and Performance—An Empirical Investigation," *Management Science*, vol. 33, pp. 258–269, 1987.

——: "A Systematic Comparative Analysis and Synthesis of Two Business-Level Strategic Typologies," *Strategic Management Journal*, vol. 10, pp. 487–505, 1989.

Siggelkow, N.: "Change in the Presence of Fit: The Rise, the Fall, and the Renaissance of Liz Claiborne," *Academy of Management Journal*, vol. 4, pp. 838–857, 2001.

——: "Evolution Toward Fit," *Administrative Science Quarterly*, vol. 47, pp. 125–159, 2002.

Simons, R.: "Accounting Control Systems and Business Strategy," *Accounting, Organizations and Society*, vol. 12, pp. 357–374, 1987.

——: "How Risky Is Your Company?" *Harvard Business Review*, vol. 77 (3), pp. 85–94, 1999.

Treacy, M., and F. Wiersema: *The Discipline of Market Leaders: Choose Your Customers, Narrow Your Focus, Dominate Your Market*, Addison-Wesley, Reading, Mass., 1995.

Zajac, E. J., and S. M. Shortell: "Changing Generic Strategies: Likelihood, Direction, and Performance Implications," *Strategic Management Journal*, vol. 10 (5), pp. 413–430, 1989.

引言

中心概念与主题的更新

在本书最初的引言中,我们列出了五个目标,其中一些目标,正如引言中经常出现的那样,是回顾性的。新版引言评论了这些最初目标的目的,并追溯了它们自该书出版以来对我们的思考和研究的持续影响。此外,我们还讨论了现有的理论框架及其总体方向。希望我们对研究内容和过程的分享,有助于你思考并开展自己的研究。

适应过程

第一个目标是促进对组织不断调整以适应其所处环境的过程的理解。我们当时的目的是把重点放在组织对环境的适应上,这是一个重要的主题，只是得到了初步的理论发展。在这样做的过程中，我们希望整合和拓展诸如钱德勒（Chandler，1962）、汤普森（Thompson，1967）、韦克（Weick，1969）和蔡尔德（Child，1972）等理论家的工作。例如，钱德勒证明了战略和结构之间的相互依赖，汤普森描述了技术和管理过程之间的关键关系。我们所称的适应周期不仅有助于解释战略类型的出现和稳定性，而且还将蔡尔德的战略选择观点与韦克的观点联系起来，后者认为组织通过关注某些事情而不是其他事情来构造环境。适应周期说明了战略决策本质上是选择一个特定的技术和能力的组合。这些选择反过来又影响了组织结构和管理过程的设计。此外，适应周期表明，为适应技术而选择的结构和过程如何制约未来的战略决策。

与现在一样，适应周期的概念在当时帮助我们对组织与环境的关系有了比以前更全面的认识。（我们在早些时候回顾了这方面的文献（Miles，Snow & Pfeffer，1974）。）

适应类型

第二个目标是为我们所研究的行业中存在的其他形式的适应性行为提供解释，这些形式可能存在于大多数其他行业中。尽管考虑到我们的行业样本有限，这种说法可能有些片面，但类型学仍然为我们提供了一种简洁的方法，来描述在不同的行业环境中存在的可选的、复杂的和成功的适应性行为。我们仍然认为，企业试图遵循一致的决策和行为模式的观念是有价值的，其他人也将组织描述为追求通用战略（Porter，1980）。相反，我们通过反应型组织（波特称之为"夹在中间的组织"）识别出来的缺乏一致的或模式化的行为，仍然是组织效率低下和失败的最有可能的预测因素。

诊断检查表

第 7 章分析我们追求的第三个目标，利用适应周期和四种战略类型，开发一种方法来诊断组织与环境之间的关系。我们创建了诊断检查表，以此为学者和管理人员提供一种专家系统方法，以评估公司当前或预期战略与其组织结构和管理过程的一致性。虽然我们没有开发出超出其原始形式的诊断清单，但有人将其改编用于咨询和培训。例如，加拿大太平洋公司（Canadian Pacific）总部的人力资源专业人员开发了一种名为 SENSOR 的工具，他们在内部用它来确定一个特定的业务部门属于开拓型、防御型还是分析型，从而确定它需要什么样的人力资源实践组合（Miles & Snow，1984a）。此外，人力资源管理学会（Society for Human Resource Management）将类型学作为一套培训材料的理论基础，用于认证战略人力资源管理专家。

适应与管理哲学之间的联系

我们的第四个目标是让人们更加清楚地认识到，成功的组织诊断和变革在多大程度上取决于管理者关于如何管理人和应该如何管理人的理论。在阿吉里斯（Argyris，1964）、本尼斯（Bennis，1966）、利克特（Likert，1961）以及麦格雷戈（McGregor，1960）

的这些有影响力的著作中，我们发现了一个共同的主题，即先进的领导方法、增强的适应能力和成功有关。基于这种普遍关联，以及钱德勒（Chandler，1962）、本迪克斯（Bendix，1974）等人过去的研究，我们假设管理哲学和我们的战略类型之间存在关联。迈耶的研究（见第13章）为这种关联提供了一些实证支持，后来他对这种关联进行了更详细的探讨（Meyer，1982）。日益复杂的组织战略和结构需要更广泛的管理概念和方法，这一理念仍然是我们分析框架的核心，并指导我们当前的研究。

理解适应的新类型

本书的第五个也是最后一个目标是为研究新兴的组织类型建立一个概念基础。类型学的发展使我们能够解释当时可用的三种主要组织类型。本质上，防御型组织使用职能型组织结构，开拓型组织使用事业部制组织结构，分析型组织采用某种形式的矩阵式组织结构。然而，我们注意到（在第9章），一些特别复杂的环境需要混合战略和结构——资源和分配机制的新组合。通过解释在一些先进的组织内部，市场机制（与层级机制相比）是如何在稳定和不稳定的环境（我们称之为市场矩阵）中分配资源的，我们为创建更复杂的战略提供了一条前景光明的道路。很明显，回想起来，我们创建一个完整的概念基础来解释新的组织类型的目标并没有完全实现。然而，正如下面所讨论的，在设计组织时用市场过程代替层级过程的选择提供了一个概念化的途径，我们随后的理论和研究一直沿着这个途径继续进行。

原始概念和发现的扩展

对我们来说,我们提出的概念框架(适应周期和类型学)的主要价值在于它能够对我们所了解的组织及其环境进行分类。它还为解释周围世界的组织发展提供了一种方法。然而,到 20 世纪 80 年代初,我们意识到我们的概念框架并没有完全描述企业成功整合战略、结构和过程的动态过程。也许同样重要的是,我们的概念框架无法充分解释一种新的、可迅速传播的组织类型。随后,我们对理论框架进行了扩展并取得了三个成果,这三个成果为我们形成当前的思想发挥了重要作用:发展了"契合"概念,确定了网络组织形式,并阐明了"人力投资"管理理念。

1984 年,我们发表了一篇题为《契合、失败和名人堂》(Fit, Failure, and the Hall of Fame)(Miles & Snow,1984b)的文章,首次尝试使我们的理论框架更具包容性。这篇文章的主要目的是扩展一致性的概念,许多适应周期和战略类型都是围绕这个概念构建的。对我们来说,不一致会引起战略和运营问题的原因很明显——公司根本不确定它们要做什么。然而,我们不太确定战略、结构和过程之间的一致性如何有助于企业的成功。最终,我们认为契合可以用来解释组织适应和有效性的动态性。非常成功的公司不仅不断地在战略、结构和过程中形成更强的一致性,而且还想办法来理解和表达这些要素如何契合在一起。契合越清晰,市场关系和维持这些关系所需的内部过程就越简单。在简单清晰的情况下,可以实现跨组织单元和层级的广泛理解,从而降低协调成本并促进适应。

我们对契合过程和结果的进一步理解也开始帮我们明确新的组

织类型是如何产生的。回顾过去的经济时代，当一个领军企业不仅确定了市场需求和机会，而且还设想了满足这些需求的方法时，一个新的组织类型就出现了。换句话说，这个领军企业阐明了一种实现契合的新方法——简化以前看起来极其复杂的问题。

更重要的是，阐明一种新的契合模式可以降低复杂性的观点，为实现书中只部分实现的目标之一提供了手段。在第9章，我们描述了一种新的组织类型，实际上，这只是复杂矩阵组织中资源配置的一种新方法。我们举例说明了在集团企业、航空航天公司和一些跨国公司等组织中，市场机制是如何取代层级机制的。在这些组织中，正如经济学家所预期的那样，买卖关系似乎简化了原本复杂的讨价还价或基于影响力的决策。

20世纪80年代早期，类似的基于市场的资源配置过程出现在一类新兴组织的核心，我们称之为网络组织（Miles & Snow, 1984b; 1986）。在1984年的文章中，我们指出，在快速的技术变革和全球化等力量的推动下，复杂性日益增长，这推动许多行业的企业走向垂直解体。企业不再按层级控制整个价值链上的资源，而是开始只关注那些它们具有独特能力的业务，并将其他非核心业务外包给上游或下游企业。因此，以前由一家企业组织创造的产出现在由关联的多家企业组织创造。

在1986年的文章中，我们进一步阐明和扩展了网络的概念。从本质上讲，我们说明了网络过程如何允许多企业组织利用与每一种战略类型相伴的最佳特性。也就是说，下游企业可以专注于快速抓住市场机会并适应市场趋势（开拓型技能），而上游企业可以专注于新产品设计的高效生产（防御型技能）。此外，虽然我们最初的框架证明了三种战略类型能够在一个行业中共存，但我们对网络组织形式的新理解表明，丰富的战略类型组合很可能与一个行业的整体健康有关。我们关于产业协同价值的假设在后来的实证研究中得到了很大程度的支持（Miles，Snow & Sharfman，1993）。

与以前的组织类型一样，网络组织形式要求管理者获得新的知识和技能。回想一下，在第 8 章中，我们讨论了战略类型和管理理论的演变在时间上的相似性。例如，我们得出结论，开拓型组织实际上需要人力资源模型。在 1992 年的一篇文章（Miles & Snow，1992）中，我们更详细地探讨了这种关系。例如，网络失败经常是一种管理哲学的结果，这种管理哲学限制了网络伙伴的能力的充分利用。在 1992 年的另一篇文章（Snow，Miles & Coleman，1992）中，我们描述了不同类型的网络组织所需要的新角色，如"网络架构师"和"关系管理员"。

到 20 世纪 90 年代中期，我们已经确定了网络组织对管理哲学和管理行为的主要要求以及所需的响应。现在很明显，一家公司在多公司网络中取得成功的关键在于它能在多大程度上迅速将其全部能力提供给合作伙伴。我们观察到的最成功的多公司网络似乎拥有强大的团队组织，能够以高度分散的方式迅速满足多个合作伙伴的复杂需求（Miles & Snow，1995）。相应地，最成功的多公司网络，似乎就是这样的网络——成员公司共享基于团队的能力以及信任、开放和关心合作伙伴福祉的理念。

在我们看来，这些多公司网络已经形成了一套价值观和信念，我们称之为人力投资哲学（Miles & Creed，1995；Miles & Snow，1994）。这种哲学要求在个人、团队、公司和多公司网络等不同层次上投入时间、金钱和其他资源。人力投资哲学设想大多数个人、团队和公司都是值得信赖的，并且有能力发展创业和自我管理能力。

我们目前的理论框架

21世纪初，我们和许多其他观察家一样，既要回顾过去，又要展望未来——既要评估组织及其环境，又要展望未来。过去十年的经验为我们提供了直接而丰富的背景，因为20世纪90年代的经济成就令人印象深刻，同时人们越来越担心企业的潜力未得到充分利用，甚至被浪费掉。在20世纪90年代的大部分时间里，生产率的增长都达到了创纪录的水平，尤其是对于一个成熟的经济体而言。与此同时，特别是在前沿行业，管理人员和商业媒体都在感叹企业无法充分利用其最宝贵的资源，即组织成员不断积累和增加的专业知识。我们的核心问题变成：我们当前的理论框架对20世纪90年代的经济收益和问题有何启示？

采用上述概念视角，我们首先审视了组织计分卡的优点。商业报刊的分析师将生产率的提高主要归功于"沃尔玛效应"——持续改进供应链管理的累积结果。在我们的理论框架中，取得这些收益的公司是现代的防御型组织。然而，它们并不仅仅受益于其在与效率有关的技能和技术方面的投资，它们也从上下游网络合作伙伴的类似投资中受益。此外，对我们来说，一个重要的新见解是，公司层面和网络层面的这些投资，已经通过过去100年来由前辈公司和机构投资所积累的管理知识得到了加强。

20世纪90年代，许多公司不仅效率高，而且适应性强。在许多行业，也许是大多数行业中，产品生命周期变得越来越短，而像戴尔这样的公司正通过与网络伙伴合作来响应这些需求，一些观察人士将其称为虚拟组织。使公司（以及整个公司网络）能够快速有效地采取行动的适应技能使它们看起来像现代的分析型组织和开拓型组织。然而，像戴尔这样的公司的成功不仅仅依赖于内部项目团队或部门的能力，在很多方面还依赖于它们利用合作伙伴公司的知识和能力的能力。在关系管理和其他跨公司技能方面的投资是在这样的假设下进行的，即合作伙伴是称职的，可以为扩大业务提供想法。这些投资反过来又受益于过去约 50 年在领导力培训、目标管理、组织发展和其他相关领域的投资成效。

在当今世界，我们清楚地认识到，一家公司的能力通常不仅仅是公司的特有资产。通常，它们是与网络伙伴共享的资产，并被网络伙伴的资产所倍增。此外，企业特有的和共享的网络资产是更广泛的社会资产的一部分，它们是通过对教育和培训的社会投资逐渐累积的。因此，我们开始从元能力的角度来思考，以反映这样一个事实，即特定公司的能力至少部分依赖于其合作伙伴的能力质量，以及特定技能在整体经济中的存在程度。有了元能力的概念，就很容易重新解释 20 世纪早期的主流组织模式——通过协调的元能力驱动日益高效的生产，从而实现市场渗透，这种生产首先在公司内部进行，后来在公司网络中进行。同样，许多公司在 20 世纪下半叶的成功似乎基于在相关市场实现多元化的能力，该能力通过由元能力授权促进的部门和矩阵结构而得到发展。协调和授权的交互元能力帮助我们理解，像戴尔这样的公司是如何将开拓型组织的响应能力与防御型组织的效率结合起来的。

元能力的概念也为我们提供了新的思维方式，使我们能够思考 21 世纪面临的挑战，即将未充分利用的组织知识转化为持续的创新产品和服务。为了应对这一挑战，我们的框架需要再次扩展，以包括一种新的组织形式——一种新的"创业"战略和一种新的组织方法，这两者都受到促进知识创造和共享的新元能力的激励。我们的文章"TheFuture.org"（Miles，Snow & Miles，2000）阐述了这样一种形式的基本要求，公司内部和公司之间的契合度要达到较高的新水平。与早期的市场渗透和细分战略（针对或多或少可预测的市场）相反，我们认为持续创新需要市场探索战略。为了利用不断扩大的创新产品和服务创意流，企业及其合作伙伴必须建立以创新为基础的网络，专注于为它们共同生产的产品寻找或创造市场。我们相信，企业内部和企业之间的知识共享过程，以及来自市场应用的联合探索的回报共享（Kaser & Miles，2002），对于技术和产品创新至关重要，而且将由协作的元能力驱动。

最后的想法

在写新版引言的过程中，我们产生了与写作这本书时同样的期待和兴奋之感。这坚定了我们对研究工作的一些信念，我们将在最后简要地分享这些信念。最重要的是需要一个广泛、灵活的概念框架。这个框架有几个目的：有助于对已知事物进行分类和解释，允许你解释别人的工作，并指导你未来的研究。一个真正灵活的框架永远不会终结，它总是可以被修改和扩展以更有用。事实上，对其他研究人员最有价值的可能是概念框架本身，而不是从框架中衍生出的任何一个想法或由框架催生的任何一项研究。通过了解你的想法和整体方法，而不是机械地使用你的结构或遵循你的方法，同事们可以得到更多有用的想法来开展自己的研究。最后，你应该毫不犹豫地发展自己的理论框架，而不是简单地采用别人的理论。一开始，我们对发展关于组织如何适应环境的理论这一挑战感到畏惧，但我们最初的努力总体上取得了不错的成果。希望在未来的某一天，你会对自己的研究有类似的积极感受。

参考文献

Argyris, C.: *Integrating the Individual and the Organization*, John Wiley and Sons, New York, 1964.

Bendix, R.: *Work and Authority in Industry*, 2nd ed., University of California Press, Berkeley, 1974.

Bennis, W. G.: *Changing Organizations*, McGraw-Hill, New York, 1966.

Chandler, A. D., Jr.: *Strategy and Structure: Chapters in the History of the American Industrial Enterprise*, The M. I. T. Press, Cambridge, Mass., 1962.

Child, J.: "Organizational Structure, Environment, and Performance—The Role of Strategic Choice," *Sociology*, vol. 6, pp. 1 – 22, 1972.

Kaser, P. A. W., and R. E. Miles: "Understanding Knowledge Activists' Successes and Failures," *Long Range Planning*, vol. 35, pp. 9 – 28, 2002.

Likert, R.: *New Patterns of Management*, McGraw-Hill, New York, 1961.

McGregor, D.: *The Human Side of Enterprise*, McGraw-Hill, New York, 1960.

Meyer, A. D.: "Adapting to Environmental Jolts," *Administrative Science Quarterly*, vol. 27, pp. 515 – 537, 1982.

Miles, G., C. C. Snow, and M. P. Sharfman: "Industry Variety and Performance," *Strategic Management Journal*, vol. 14, pp. 163-177, 1993.

Miles, R. E., and W. E. D. Creed: "Organizational Forms and Managerial Philosophies: A Descriptive and Analytical Review," *Research in Organizational Behavior*, vol. 17, pp. 333-372, 1995.

——, and C. C. Snow: "Designing Strategic Human Resources Systems," *Organizational Dynamics*, vol. 13, pp. 36-52, 1984a.

——: "Fit, Failure, and the Hall of Fame," *California Management Review*, vol. 26, pp. 10-28, 1984b.

——: "Network Organizations: New Concepts for New Forms," *California Management Review*, vol. 28, pp. 62-73, 1986.

——: "Causes of Failure in Network Organizations," *California Management Review*, vol. 34, pp. 53-72, 1992.

——: *Fit, Failure, and the Hall of Fame: How Companies Succeed or Fail*, The Free Press, New York, 1994.

——: "The New Network Firm: A Spherical Structure Built on a Human Investment Philosophy," *Organizational Dynamics*, vol. 24, 5-18, 1995.

——, and G. Miles: "TheFuture.org," *Long Range Planning*, vol. 33, pp. 300-321, 2000.

——, and J. Pfeffer: "Organization-Environment: Concepts and Issues," *Industrial Relations*, vol. 13, pp. 244-264, 1974.

Miller, D.: "Configurations of Strategy and Structure: Towards a Synthesis," *Strategic Management Journal*, vol. 7, pp. 233-249, 1986.

——: "Configurations Revisited," *Strategic Management Journal*, vol. 17, 505-512, 1996.

Porter, M. E.: *Competitive Strategy: Techniques for Analyzing Industries and Competitors*, The Free Press, New York, 1980.

Snow, C. C., R. E. Miles, and H. J. Coleman, Jr.: "Managing 21st Century Network Organizations," *Organizational Dynamics*, vol. 21, pp. 5-20, 1992.

Society for Human Resource Management, Senior-Level Learning Systems, Certificate in Strategic Human Resource Management, 1990.

Thompson, J. D.: *Organizations in Action*, McGraw-Hill, New York, 1967.

Weick, K. E.: *The Social Psychology of Organizing*, Addison-Wesley, Reading, Mass, 1969.

前言

过去几年，人们对于组织战略的概念及其与组织结构和管理过程的关系的兴趣迅速增加。在早期，研究经理人理论对组织结构和过程的影响时，我们相当平和地宣称"经济或企业行为和决策……尽管是人们关注的重要领域……但是在本书的范围"（Miles，1975）。假定组织的战略或市场导向仅仅是环境的一个固定部分，所有其他管理决策都是在这个环境中做出的，这种假定在某种程度上是对篇幅限制以及组织理论和管理理论领域现有学术界限的一种让步。然而，比篇幅限制或学术界限更重要的原因导致我们决定将战略视为一个调节变量。从当时的文献来看，无论是我们还是其他学者，都没有清楚地理解战略、结构、过程和管理理论是如何交织在一起的。

现在，仅仅几年后，我们提供了一个理论框架，这超出了早先那本书的范围。在此期间，我们越来越确信，不仅内部组织过程遵循可识别的甚至可预测的模式，组织与其任务环境的关系也遵循这样的模式。本书的目的是将这两个行为领域结合在一起，形成一个易于描述和分析的整体模式。

这里提出的框架还不成熟。相反，正如第1章和描述我们实施的行业研究的章节所述，该框架是按顺序开发的。虽然我们绝不认为这里报告的实证研究为我们的概念方法的有效性提供了证据，但我们的第一项研究表明，随着时间的推移，一个行业或集团中的组织会发展出一种与市场或顾客相关的战略，这是行业观察者（以及他们的竞争对手）所认可的。随后，很明显，特定的市场战略最适合特定类型的组织结构、技术和管理过程——这种内部模式不仅支持现有的战略，而且倾向于使其永久化。有了基本的框架之后，填补缺失部分就相对容易了。例如，管理理论与组织战略和结构的发展在时间上的相似性被赋予了新的含义，成为我们后来研究的主要对象。最后，我们确信，如果目前的战略、结构和过程模式是可识别的，那么推测未来的组织类型也是合理的。

早期，我们在相关文章（Miles, Snow & Pfeffer, 1974）和论文（Darran, Miles & Snow, 1975; Snow, 1976）中展示了不断发展的框架的部分内容。在那时，通常的做法是撰写更多的论文和文章，逐渐形成一个完整的理论。事实上，有几篇论文已经开始撰写，但随着新数据和新见解的出现而被放弃。

在这个过程中，我们清楚地认识到我们无法把整个框架及其相关的研究证据压缩到一篇论文中。因此，我们认为一本书比一系列零散的介绍更合适，特别是我们的主要目的是综合相关理论和研究。

显然，这一决定是正确的。我们给自己留出了充分发展想法的空间，却发现在很多点上我们的观点很稀缺，我们被迫回到分析文献、数据，以及与同事的讨论阶段，以扩展和加强框架。此外，为了保持一本书的逻辑性和表述的一致性，我们不得不重新思考和澄清一些在早期看起来非常合理且有用的想法。然后，随着本书的成型，将我们的观点与之前的管理理论联系起来，并发展新的组织类型，成为一项明确的职责（否则容易被忽视）。

事实证明，一旦开始后，这本书很快就成型了，这证明时机已经成熟。在我们看来，对组织的研究已经趋向于采用这里所介绍的综合方法，我们的研究帮助我们顺应了这一趋势，并有望加速这一趋势。通过学生和管理者对书稿几个发展阶段的反应可以看出，关于组织战略、结构和过程的理论是确实需要的。我们在几所大学的课堂上、在大学行政人员的培训项目中以及在与高层管理人员的私人咨询活动中使用了书稿的全部或部分内容。他们的口头和书面答复足以鼓励我们继续完成本书。

然而，即使在本书最终定稿时，我们也不是没有顾虑，大部分顾虑都集中在我们工作的不完整性上。就像任何综合尝试一样，我们没有描绘出塑造组织行为的所有力量，我们对组织的分类不可避免地掩盖了组织战略和结构的丰富性和多样性。更值得关注的是，随着本书的出版，新的话题和见解不断出现（例如，我们的框架和组织发展之间的关系，与代表性机构中治理问题的联系，等等）。由于种种原因，我们决定不再修改书稿，并将其提供给学生、管理人员和学者，供他们使用和讨论。

贡献与致谢

我们希望与读者分享我们写作本书的过程，并感谢诸位参与者为本书的完成做出的贡献。

虽然迈尔斯和斯诺提供了关于组织适应过程的初步见解，以及组织经历这一过程的各种方式的最初见解，但是完整的理论框架来自小组对文献的讨论和第 11～13 章中报告的三项研究。这些研究是由斯诺（大学教材出版行业）、科尔曼（电子工业和食品加工行业）和迈耶（慈善医院）进行的。本书前 6 章的主要作者是斯诺、迈尔斯和迈耶（大致按此顺序），科尔曼对案例研究做出了重要的贡献。然而，这部分内容的所有权显然归于整个团队。

当我们开始认真写作本书的后半部分时，小组成员已分散在各地工作。第 7～10 章的大部分案例材料由迈尔斯提供，并再次部分借鉴了早期的小组讨论。然而，这些章的定稿反映了与斯诺在创意上的紧密合作，与迈耶在重要概念和编辑上的合作，以及来自科尔曼有限但重要的贡献。同样，最终形式的想法的所有权仍属于整个团队。

最后，斯诺完成了文献综述和评论（第 14 章），但最终成果更像是在科尔曼和迈尔斯的贡献和见解的支持下，与迈耶的共同努力成果。

总之，本书几乎每一页书稿都可以看作我们小组两个或更多成员的共同成果。署名只反映了部分作者对本书的贡献。

我们在致谢和引言中已经认可了他们的见解和研究。此外，我们也直接受益于许多同事的意见和建议。加州大学伯克利分校的乔治·施特劳斯（George Strauss）阅读了书稿的大部分内容，一如既往地发现了无数概念和格式上的问题。塔克学院的小约翰·亨尼西（John W. Hennessey, Jr.）、罗伯特·格斯特（Robert Guest）和布赖恩·奎因（Brian Quinn），以及哈佛大学的克里斯·阿吉里斯（Chris Argyris）和查尔斯·克里斯坦森（Charles Christenson），对整个书稿提出了许多有价值的建议。定期在杨百翰大学任教的里奇（J. B. Ritchie）在加州大学伯克利分校讲授高级工商管理硕士（MBA）课程时使用了这本书，并为我们提供了许多有用的建议。杜克大学的罗伊·莱维基（Roy Lewicki），塔克学院的玛丽安娜·杰利内克（Marianne Jelinek），以及宾夕法尼亚州立大学的约翰·斯洛克姆（John Slocum）、罗伯特·皮茨（Robert Pitts）、马克斯·

理查兹（Max Richards）和威廉·米尔曼（R. William Millman）也提供了建议和鼓励。特别是在撰写本书的早期，加州大学伯克利分校的杰弗里·普费弗（Jeffrey Pfeffer）为我们提供了很多想法和有用的批评意见。我们在书中直接引用了南加州大学公共管理研究生院院长罗伯特·比勒（Robert Biller）的几个概念，事实上他的贡献远不止这些。

在撰写本书的后期，塔维斯托克人类关系研究所（Tavistock Institute of Human Relations）的弗兰克·赫勒（Frank Heller）和国际管理学会（International Institute of Management）的伯恩哈德·维尔珀特（Bernhard Wilpert）为我们提供了富有建设性的批评意见。

许多学生和管理者对本书提出了意见和建议。在某些情况下，他们还提供了一些例子来说明书中的概念。虽然我们不能一一感谢他们，但有六位值得特别表扬：道格拉斯·达伦（Douglas Darran）、唐纳德·汉布里克（Donald Hambrick）、拉奇（M. C. G. Lardge）、理查德·马塞尔博巴（Richard W. Matselboba）、爱德华·波拉克（Edward W. Pollack）以及米尔顿·斯蒂尔（Milton Steele）。我们还要特别感谢参与研究的许多组织的管理人员。

最后，每个作者都知道，如果没有秘书的大力协助，任何一本书都无法圆满完成。在这里我们非常感谢洛林·菲斯（Lorraine Fies）、特里西娅·哈里森（Tricia Harrison）、芭芭拉·波特（Barbara Porter）和伊尔迪科·塔卡斯（Ildiko Takacs）的帮助，这些帮助有时是在非常艰难的条件下提供的。

雷蒙德·迈尔斯

查尔斯·斯诺

目录

第 1 部分 理论与应用

第 1 章 引 言 / 003
理论与研究基础 / 005
理论框架的发展 / 009
目标与内容 / 012

第 2 章 组织适应过程 / 014
组织适应：三种不同观点 / 019
适应周期 / 023
组织适应的类型 / 031
小 结 / 033

第 3 章 防御型组织 / 034
创业问题及解决方案 / 040
工程问题及解决方案 / 044
行政管理问题及解决方案 / 046
小 结 / 052

第 4 章　开拓型组织 / 055

创业问题及解决方案 / 062

工程问题及解决方案 / 065

行政管理问题及解决方案 / 067

小　结 / 074

第 5 章　分析型组织 / 076

创业问题及解决方案 / 081

工程问题及解决方案 / 082

行政管理问题及解决方案 / 083

小　结 / 087

第 6 章　反应型组织 / 090

一个不明确的战略 / 091

结构与战略的不当结合 / 096

坚持不合时宜的战略与结构 / 100

小　结 / 103

第 7 章　模型应用 / 105

模型在理想状况下的应用 / 106

模型在正常条件下的应用 / 113

诊断检查表 / 121

小　结 / 128

第 8 章　管理理论与组织战略及结构的联系 / 130

组织战略和结构的演化 / 131

管理理论的演变 / 136

小　结 / 143

第 9 章　混合战略与结构 / 145

复杂的任务环境 / 146

当前适应模式的有效性 / 148

一种新的适应模式：矩阵式组织 / 153

市场矩阵组织：一种新的组织类型？ / 156

市场矩阵组织的管理 / 166

小　结 / 168

第 10 章　总结和拓展 / 169

组织适应性：理论、过程和管理 / 170

回顾和拓展 / 172

扩展搜索：学习型组织 / 175

未来组织——第四类组织 / 183

小　结 / 186

第 2 部分　行业研究

第 11 章　单一行业战略：大学教材出版行业案例 / 189

最初的研究问题 / 189

第一阶段的研究设计及初始研究成果 / 191

后续研究 / 199

小　结 / 212

第 12 章　跨行业战略比较：电子工业和食品加工行业案例 / 214

研究设计 / 215

研究发现 / 221

假设的关系 / 229

小　结 / 235

第 13 章　管理和战略：医院案例 / 237

研究设计 / 238

研究发现 / 245

讨　论 / 254

组织适应的预测 / 258

小　结 / 270

第 3 部分　学术文献回顾

第 14 章　早期理论和研究 / 273

早期观点 / 274

权变视角 / 276

新权变视角：管理者选择的角色 / 286

小　结 / 288

参考文献 / 290

01

第 1 部分

理论与应用

第1章
引 言

组织既是明确的目标，也是实现目标的既定机制。大多数组织都处于一个持续评估其目标的过程——质疑、验证和重新定义它们与环境交互的方式。有效率的组织为其产品或服务开拓一个可行的市场并维持其运行。无效的组织则往往无法完成这项市场匹配的工作。组织还必须不断地修改和细化其实现目标的机制——重新安排它们的角色和关系结构以及其决策和控制过程。高效的组织能够建立起与市场战略相匹配的机制，低效的组织则在这些结构和过程机制中挣扎。

对于大多数组织来说，适应环境变化和不确定性的动态过程是非常复杂的——有效管理内部相互依赖关系的同时与环境契合，包括在不同组织层面的无数决策和行为。尽管如此，我们认为这种调整过程的复杂性是可以理解的：搜索组织行为中的模式，可以说明甚至预测组织适应的过程。本书基于我们对现有文献的解读和对四个行业的持续研究提出了一个理论框架，可以描述组织的调整或适应过程，识别其关键变量并定义它们之间的关系。

更具体地说，本书提出的框架尝试回答以下的组织和管理问题：

- 同一行业内的组织在战略、结构和过程上存在多大程度的差异？为什么会有这种差异？换言之，是什么因素——包括所提供产品线或服务线的宽窄，是围绕功能还是产品来构建组织，是采用集中的还是分散的决策和控制方式等——影响了决策？
- 组织的市场战略是如何与管理层为执行该战略而选择的结构和过程联系起来的？
- 组织在多大程度上发展出应对环境变化和不确定性的典型方式？为什么？在既定的行业中，某种持久的组织行为是否可以识别？
- 组织的类型可以被诊断和改变吗？必须改变哪些关键的变量、关系和特征才是有效的改变？
- 某一特定的组织类型或组织形式是否需要特定的管理风格？组织领导者所持的管理理论如何增强或抑制组织适应环境的能力？
- 现有的组织战略、结构和过程模型能够满足所有环境条件吗？如果不能，是否可以构建新的组织形式？这些新形式会有什么特点？

我们尝试在本书中给出答案，但我们没有最终的证据，也不太可能有证据来证明我们的理论框架的有效性。任何验证组织适应性的尝试都很困难，因为这个过程是高度复杂且多变的。尽管如此，我们认为开发适应过程的概念模型以及对组织在适应环境的过程中所采用的行为进行实证检验是极为重要的。管理人员和管理专业的学生需要一种理论和词汇来将组织视作一个整合和动态的整体——一种考虑到战略、结构和过程之间相互关系的模型。

本书提出的理论框架主要有两个关键要素：(1)一个适应过程的一般模型，该模型描述了组织为保持与环境的有效一致所需要的决策；(2)一种组织类型学，描绘了在特定行业或其他分类里的组织所采用的适应性行为的不同模式。这个框架可以描述和诊断现有的组织行为，并在必要时指导组织向其他可能的方向转变。然而，成功的组织变革需要在框架中加入另一个关键要素——管理理论。组织对适应性行为的选择受限于高层管理者认为可以有效指导和控制人力资源的行为。因此，我们在讨论中引入了管理者关于人们如何管理和如何被管理的理论。

理论与研究基础

本书中总结的研究和我们正在进行的研究的基础包括三个关键想法，这些想法由很多学者提出和发展。虽然这些想法并不一定源自组织适应性研究，但对我们的研究大有裨益。

组织行为创造其环境 直到最近，许多组织研究都基于这样一个假设，即组织以可预测的方式对周围的环境做出反应，调整其目标和形态，以适应市场和其他环境特征。因此，研究人员倾向于寻找那些塑造组织行为的环境因素。然而，在过去的几年中，组织学者不再沉迷于这种机械的、决定性的"组织-环境"关系的概念。蔡尔德（Child，1972）和其他学者提出了一种不那么僵化的观点，认为组织与环境之间的互动应该考虑到这两种力量之间的动态交互。蔡尔德呼吁用一种战略选择的方法来处理组织与环境的关系，即认识到管理层做出的重大决策有助于定义组织与广义环境之间的关系。

韦克（Weick，1969；1977）提出了一个类似的概念，称为环境构造。他认为，组织不会对预先设定的环境条件做出反应，而是通过一系列关于市场、产品、技术、经营规模等方面的选择来创造自己的环境。考虑到这些因素的选择范围，在理论上，可能形成的不同环境的数量和种类只受人类想象力的限制。事实上，如今组织中许多被认为理所当然的东西在早期阶段都是新奇的。

然而，事实上，管理者可以构造的环境类型受到两个宽泛因素的严格限制：现有的关于替代性组织形式的知识，以及管理者对于人们如何管理和被管理的信念。构造一个新的或不同环境的能力，在很大程度上受制于人们对以组织的形式分配、构建和开发资源的认识。组织自出现以来，已经历了几种不同的形式。每一种新的或改良的形式都使管理者能够实现过去认为无法实现的目标。然而，正如斯汀库姆（Stinchcombe，1965）所指出的那样，每一种新形式也受到"新生者困境"的影响——管理者可能不愿意采用新的结构和过程，除非环境强烈要求。因此，环境构造很有可能以谨慎和渐进的方式进行，直到新的组织形式被清晰地描述出来。

此外，每一种新的组织形式都需要一种新的或至少是拓展的管理理论，才能发挥实际作用。如果管理者认为人们不能在新型组织中得到适当的指导、协调和控制，那么他们的行为就不可能让系统完全运作起来。正如阿吉里斯（Argyris，1973）所主张的，管理态度和行为的改变通常优先于组织设计的改变。

总而言之，一个组织环境的构造不可能轻易地发生在目前关于组织形式和管理理论的知识边界之外。然而，正如蔡尔德、韦克、阿吉里斯等人所认为的，管理者在创建、塑造和管理组织所处的环境方面享有极大的自由。

从灵活而非机械的角度看待组织，要求组织行为学理论更加重视那些做出战略选择的个人，即组织的高层管理者。从有利的角度来看，高层管理人员有机会也有必要将组织视为一个整体系统——一个必须与组织所选择的环境有效契合的人员、结构和过程的集合。汤普森（Thompson，1967）强调了这一行政管理角色的重要性，并讨论了某些与不同组织环境相关的结构-过程安排。我们试图在研究中扩展汤普森的思想，特别是在研究组织如何发展一系列方法以持续一致地应对其已经构造的环境时。

管理层的战略选择塑造了组织的结构和过程　对许多观察者来说，制定一致的组织战略是一门高度情境化的艺术，其特点是极具洞见的管理决策戏剧性地使组织的资源重新转向环境机会。然而，在明茨伯格（Mintzberg，1976）和我们看来，战略更像是一种模式或由大小决策组成的过程，以决定组织未来可能的领域。并且，这些决策只有在通过组织的结构和过程实现时才有意义。换句话说，虽然我们可以在概念上把战略和意图联系起来，把结构和行动联系起来，但一个组织的战略更可以通过其行为推断出来。

战略和结构之间联系的两个最有影响力的支持者是德鲁克（Drucker，1954；1974a）和钱德勒（Chandler，1962）。钱德勒将战略定义为"……确定企业的基本长期目标和目的，并为实现这些目标和目的采取必要的行动和进行资源分配"。在对100家美国公司的研究中（包括对四家大公司的深入调查），钱德勒中肯地讨论了战略对组织结构的影响。他发现"一个新的战略需要一个新的或至少是重新设计的结构，这样才能使扩大后的企业有效地运作"。然而，从钱德勒和德鲁克的描述中可以清楚地看到，战略和结构之间不是简单的因果关系。他们都研究过的开创性公司，如通用汽车（General Motors）和西尔斯百货（Sears），都花了数年时间开发和形成实施战略所需的结构。遵循德鲁克和钱德勒的早期研究，其他学者如汤普森（Thompson，1967）、劳伦斯和洛尔施（Lawrence &

Lorsch，1967)、佩罗（Perrow，1967)、加尔布雷思（Galbraith，1973）等也试图发展一个理论框架和标准，以便根据环境的性质和管理层的战略选择对组织结构和过程做出选择。在本书中，我们试图指出这些选择的优点和缺点。

结构和过程制约着战略　一旦一个组织形成了特定的战略-结构安排，可能就难以开展正常业务范围以外的活动。例如，福雷克和斯托普福德（Fouraker & Stopford，1968）试图将钱德勒的研究结果扩展到跨国公司，他们发现由半独立部门组成的多元化组织比集权化、职能化的公司更有可能、也更有能力开展国际业务。

马奇和西蒙（March & Simon，1958）关于个人如何做决定的讨论，提供了一个关于为什么会出现这种战略约束的视角。他们的结论是，由于人类是有限理性的（做出完全理性决策的能力受到限制），因此组织结构和过程会不断演化，以防止过度受限的能力带来的不确定性。因此，规则、程序和其他行动惯例的发展有助于将大型和复杂的问题分解为决策者更易于管理的单元。于是事实上，组织可以设置需要理性决策的小领域。

然而，以这种方式减少不确定性，组织鼓励——如果不是要求——个人决策者有限地感知和感受到责任。西尔特和马奇（Cyert & March，1963）根据其研究得出结论，管理者在试图找出组织问题的解决方案时，只在熟悉的替代方案范围内进行搜索。从本质上讲，组织的结构和过程影响了高层管理者可用的扫描机制的范围。随着时间的推移，这种有限的搜索活动在任何组织中都趋于常态化，因此组织可能在某些方面做得很好（如高效地生产产品)，但缺乏其他方面的能力（如开发新产品）。

这些研究表明，战略和结构之间的相互作用变得高度复杂。一方面，德鲁克、钱德勒和佩罗的研究表明，组织结构往往遵循战略，两者必须适当地结合起来才能使组织有效运作。另一方面，像福雷克、斯托普福德、马奇、西蒙和西尔特这些研究者已经证明了结构约束战略；如果不对结构和过程进行重大调整，组织很少能够大幅偏离其当前的路线。在我们的研究和本书中，我们尝试将这些战略-结构的相互作用考虑在内。我们不仅考虑战略、结构和过程的一致性，同时探求战略的结构约束。

理论框架的发展

如前所述，本书提出的理论框架不仅借鉴了前面提到的（以及稍后提到的其他）学者，同时也建立在我们正在进行的四项行业研究的基础之上。我们的研究在某种程度上是偶然发生的，其松散但合乎逻辑的顺序给我们提供了机会去构建并测试（至少部分地）适应过程的动态模型——一个我们认为综合、扩展了现有文献，并具有实践意义的模型。在我们看来，现在似乎可以根据其战略导向对组织进行分类，并预测与所选战略相关的结构和过程特征。至少在某种程度上，给定管理层的战略选择，也有可能预测一个组织的未来发展，并指出这种演变模式的固有优势和劣势。最后，我们也发现一些初步迹象，即某些类型的组织需要特定的管理风格，而其他类型的组织则允许有更广泛的管理哲学和实践。

大学教材出版行业

我们的第一项研究是在大学教材出版行业的 16 家公司中进行的。我们探讨了这样一个问题："一个组织形式的构造——其在更大的环境中对特定领域的选择和发展——是否会产生可预测的组织结构和过程的模式?"之所以选择大学教材出版行业进行这项研究,是因为在当时(1972年),该行业正在且已经经历了重大的变化,这些变化会在该行业的主要参与者中引发各种反应。事实确实如此,因为许多公司在经历某种形式的组织调整:进入或退出某些市场,改良生产教材的技术,改变组织结构等。众多公司的管理层都做出了或者即将做出有关公司政策或结构的重大决定。作为研究人员,我们身处持续的、时而急促的调整之中,我们常常不愿意停止对某个组织的研究,因为我们担心一旦离开研究对象,它又会发生改变。

面对信息失效有可能快于信息收集速度的窘境,我们认为,理解这个不断变化的信息库的最佳方法,是尽可能多地了解每家公司的历史、各公司在不同发展阶段中最关键的事件、高管对行业现状的看法,以及这些高管对未来的总体规划。简而言之,我们试图确定每个组织应对不断变化的出版行业条件所做出的战略调整。三年后,我们对最初的16家公司中的几家进行了调查,结果表明,每个组织的战略都有力地决定了该组织的结构和运作方式。

虽然很明显这个行业中有不同的组织行为模式,而且这些模式似乎是稳定持久的,但显然还没有可用的框架来描述我们的发现。此外,我们还生成了一份关于适应性行为的清单——兼并、收购、改进的计划系统、管理层变更以及许多其他行为,但这些行为并没有一个适当的分类方案。因此,我们通过类型学的方法对四种不同的组织形式进行归类(基于对市场条件的反应模式和结构-过程的互补特征)并建立适应过程的动态模型来总结对出版商的研究。

电子工业和食品加工行业

我们的第二项研究涉及电子工业和食品加工行业的49个组织,

这项研究为理论框架的进一步发展提供了机会。为了能够更全面地考察领域构造的形式与组织结构及过程关键方面之间的联系，我们选择了电子工业和食品加工行业，因为它们在技术变革和市场不确定性方面有很大的差异。在这些行业的公司中，高管被要求指出环境不确定性的来源和程度，说明组织哪些职能领域的战略重要性最高，并描述主要结构和过程特征。此外，高管被要求使用四种组织类型的描述来对他们所处行业的公司进行分类。然而，在这个更大、更复杂的样本中，高管并不总是能够描述或评估各自行业中的其他公司，并且虽然类型学得到了普遍的支持，但不能百分之百地被认为是一种有效的组织分类方法。

然而在一个特定的公司内部，结构和过程的模式却与上文所描述的大学教材出版企业有着明显的相似性。例如，依据组织是创建了一个稳定的还是变动的领域，我们有可能预测高管团队中最有影响力的成员是谁，哪些职能部门将会获得当前最大份额的预算，以及如果有额外的人力和财务资源将用于何处。此外，虽然上述关系在食品加工行业比电子工业行业更明显，但我们在两个行业中都发现了与我们提出的四种组织类型相似的适应模式，它们的结构-过程特征与我们的模型描述一致。因此，我们的框架在描述和预测方面可能具有潜在的有效价值。

医　　院

我们的第三项研究涉及 19 家非营利性私立医院，并对理论框架的所有主要特征进行了更严格的检验。在这项研究中，医院管理者和其他健康专家根据战略类型对样本医院进行了特征描述。医院院长报告了医院结构、过程和项目在过去几年中发生的变化；描述了医院内部势力的布局；并形成了一套工具-测量管理理论。由于医院样本规模小，组织紧密，评估者通常能够根据战略类型评估绝大部分的样本对象。本研究的结果表明，对某一特定医院的战略通常都有较高的外部共识，从而证实了我们的分类方法。而且，被竞争对手判断为某种特定类型的组织，往往也呈现出我们的模型所显示的结构-过程特征。此外，前一年所做的适应性改变在很大程度上符合医院的战略预期。最后，我们初步发现，某些管理哲学和实践适用于某些特定类型的组织，但不适用于其他类型的组织。

与现有文献一样，只有将这一系列研究作为一个整体来看待时，研究结论才有意义。虽然我们的证据还不完整，但已有的有限证据似乎支持我们的框架。同样，当我们的框架通过案例得以充分且具体地展现出来时，其在理论和实践层面的意义才是最大的。毫无疑问，这就是我们写作本书的目的。

目标与内容

如前所述，本书的主要目标有五个。第一个目标是理解组织不断调整以适应环境的过程。我们将这一过程的动态模型称为适应周期，并在第 2 章中予以讨论。该模型的目的是描绘关键问题的性质和相互之间的关系，这些关键问题是组织为了在其选择的环境中获得有效定位而必须解决的。

第二个目标是解释适应性行为的其他形式，这些形式存在于我们所研究的行业中，并且也可能存在于其他大多数行业中。我们将在第 2 章中简要介绍我们称之为战略类型的组织分类方法，并在第 3～6 章中详细阐述这几种类型。在四种战略类型中，有三种类型有其独特的、可行的适应模式。第四种类型则是当管理层无法以一致的方式协调战略、结构和过程时出现的一种组织形式。

第三个目标将在第 7 章中体现。我们将利用适应周期和四种战略类型，开发一种诊断方法以评价组织与环境之间的关系。诊断是完善或改变组织适应性行为的第一步。我们提供了一个诊断检查表，表中列出了一系列问题，以帮助管理层维持现有的战略或转向另一种战略。

第四个目标是强化对管理者所持有的理论的认识。成功的组织诊断和变革在极大程度上取决于管理者所持有的关于人们如何管理和如何被管理的理论。因此，在第 8 章中，我们将不同的管理理论和前文所描述的战略类型联系起来，从而同步展示了管理理论和战略类型的演变。

第五个目标即最后一个目标是为考察新兴组织类型建立一个概念基础。前 8 章讨论了组织适应过程，四种可供选择的组织类型，这些组织类型和管理理论之间的联系，以及与诊断和改变组织的战略导向相关的问题。所有这些讨论都基于现有的组织行为模式。在第 9 章中，我们讨论了组织行为的未来模式，预测了新兴的环境条件，并讨论了成功适应这些条件所需的组织类型和管理理论。

我们在第 10 章提出了研究的结论，并进一步推测了未来的组织类型和管理理论。

我们在最后四章中更详细地阐述了我们的研究工作和对文献的诠释。第 11~13 章分别描述了关于大学教材出版行业、电子工业和食品加工行业以及医院的研究。第 14 章提供了组织-环境关系相关文献的非技术性概述，供希望更多、更完整地了解相关理论和研究的读者参考。

第 2 章
组织适应过程

我们已经指出,组织适应是管理上的一个重要议题,但只得到了有限的和零散的理论讨论。在这一章,我们对适应过程提出了自己的观点。首先,我们通过一个案例,分析了一家公司的子公司所遇到的适应性问题。根据公司管理层的意见,这家子公司在产品、市场和经营方式上都做出了巨大的改变。我们举这个例子是为了说明分析组织适应过程是非常困难的,同时我们还简要描述了与这个问题相关的主要观点。

在案例讨论之后,我们研究了关于组织适应的三种不同观点,每一种观点都赋予了管理层不同的角色。当尝试将这些观点应用到案例解释中时,我们发现本书第 1 章中所讨论的战略-选择方法显得最为恰当。这一方法也成为本书讨论的一个基础。

之后介绍了组织适应模型,我们称之为适应周期。尽管组织适应是一个复杂且持续的过程，但为了便于分析，我们将其分解为需要管理者关注并做出决策的三个主要问题：创业问题、工程问题以及行政管理问题。当然，这些问题是相互关联的，但在一个有效的适应周期结束之前，管理部门必须充分考虑每一个问题。

最后，我们描述了四种组织类型，分别代表了经历适应周期的不同方式。其中三种战略类型是稳定的组织形式——我们分别称之为防御型组织、分析型组织和开拓型组织。也就是说，如果管理层选择采用其中一种战略并据此设计组织，那么在相当长的一段时间内，该组织可能是其特定行业中的一个有效竞争者。另外，如果管理层不选择追求这些纯粹的战略，那么组织对市场机会的反应就会很慢，很可能在其行业中表现不佳。我们称这些组织为反应型组织，并认为它们本质上不稳定。第 3~6 章将对这四种战略类型进行更全面的讨论。

Porter Pump and Valve（PPV）是一家中型设备制造公司——一家高度多元化的大型企业集团的一部分——半自治子公司。PPV 生产一系列用于流体传动系统的重型泵和组件。它的大部分铸件以及许多零部件是自己生产的，并拥有完整的备件库存。PPV 还在生产进度允许的情况下为其他公司提供特殊订单的代工服务。

直到最近，PPV 一直将其业务定义为：为有限的值得信赖的客户提供优质产品和服务。经过 20 世纪 40 年代末和 50 年代初的迅猛增长，PPV 在 60 年代和 70 年代初基本保持了大致相同的规模。使用了 30 多年的部分铸造装备已经变得越来越低效，有时甚至不安全，所以四年前 PPV 投资 85 万美元更换设备并翻新工厂。PPV 的总经理是一位一流的工程师，他大部分时间都在机械厂和铸造厂工作，是公司质量和成本效率的形象代言。他认为最近的资本支出大大提升了公司有效生产当前客户所需产品的能力。

然而，在70年代中期，公司管理层开始关注PPV的增长速度和方向。公司管理层和员工开始考虑能源领域的两个新产品和市场机会。核能发电所需要的流体传动系统是其中一个市场机会，石油勘探、油井开采和流体输送新技术的发展提供了第二个市场机会。PPV过去曾向这些市场提供过一些部件，但很显然，现在销售整套系统或大规模子系统的机会正在迅速增加。此外，高层管理人员坚信，PPV目前的市场正逐步进入衰退状态，虽然这种衰退可能是渐进的。因此公司管理层认为是时候改组PPV的业务了。

根据内部专家的建议，公司管理层开始尝试将PPV转向能源领域。PPV最初对这些新机会采取了试探性的举措。总经理发现，签订销售合同需要大量的计划、实地考察和谨慎的谈判——这些活动他既不感兴趣也不擅长。最后，为了更迅速地进入这些新市场，公司的高管将总经理调到了总部，并令一位在销售和工程方面都有广泛背景、擅长大规模合同谈判的经理任PPV的总经理。

在更换总经理之后的一年内，PPV签订了几个利润丰厚的合同，而且似乎还有更多的合同在等着他们。然而，这些合同所创造的新业务对公司管理层提出了更高的协调要求，虽然在过去的两年里，公司的技术（生产和分销系统）没有大幅度修改，但工作流程和几位经理的业务职责却发生了明显的变化。物料控制和调度等过去的常规工作，现在变成了至关重要的活动，而且这些业务经理还要定期与执行计划委员会开会。此外，还出现了一个初步的矩阵结构，在这个结构中，不同的部门经理在其常规职责之外还承担具体的项目责任。市场部门已经增加了关键人员，并计划增加更多人员，特别是能够执行现场规划和监督的人员，以及能够快速使新的流体传动系统全面投入运行的人员。一些旧部门的预算正在被削减并转用于新的活动领域。

这些变化似乎使PPV的结构和管理过程更加符合其新战略。然而，这些改变是需要付出代价的。现在回想起来，公司管理层可以更清楚地认识到当时如果有更多的指导措施哪些领域将会更受益。首先，管理层现在希望有一种更有效的手段来扫描环境，以找到不仅适用于PPV，也适用于其他子公司的新的市场机会。如果能更早发现PPV的新产品和市场机会并采取行动，就能节省下为现在看来应该淘汰的旧业务而翻新工厂设备花费的那些成本。

其次，管理层如今认为，如果公司总部能认识到生产和分销新产品所需的技术与以往技术的不同，就可以更快地完成转换。例如，在过去，PPV的客户为公司提供了基本上可预测的重型泵和其他相关产品的订单流。其中许多部件都是产成品，只是从库存中取出，然后运送给客户。然而，如今PPV必须积极寻找新客户，根据客户的独特要求投标项目，然后生产所需的组件。此外，PPV还必须雇用并快速培训现场专家来监督这些系统的安装。

再次，管理层还注意到PPV在解决了一组问题的同时，又出现了另一组问题。例如，在解决市场和技术问题的过程中，PPV发现自己面临一些棘手的行政管理问题，而这些问题是以前没有遇到过的。从以前稳定的制造业务转变为涉及大量现场工作的车间业务，给管理层带来了许多新的计划、协调和控制问题，管理层必须尽快制定解决方案。

最后，公司管理层如今意识到，这些变化可能要经过几年时间才能完全融入组织的日常运作中。如果公司管理层能够早些预见到PPV的整个调整过程，就有可能减少过去和现在仍在继续的用于解决适应性问题的时间和资源。

其他分析视角

随着时间的推移,来自多个领域的专家已经开发出有助于分析和协助组织变革——如 PPV 进行的变革——的知识和技术。然而,这些领域的专家虽然承认适应过程可能涉及更广泛的领域,但他们往往只关注适应过程中有限的几个方面。例如,经济学家开发的模型,通过对市场需求、产出水平和产品价格的估计,为评估组织资源的配置方式提供了工具。然而,更有可能的是,这些模型可能无法帮助 PPV 的员工识别新市场,也不会提出实现组织目标和技术变革的机制。

市场营销专家和商业政策分析师将主要精力放在组织扫描环境以寻找机会的方法上,并决定应该采取哪些方法以及如何采取这些方法。然而,这些领域的专家一般很少处理如 PPV 为实现新市场目标所需做的内部调整。也就是说,他们的模型通常不会强调组织内相应的调整,包括培训和人员调整、信息系统和奖励机制的设计等。

为新产品或服务设计(或重新设计)生产流程历来是工业工程师的专长。在某种程度上,工业工程师对流程调整的观点与市场营销专家或商业政策分析师的看法恰恰相反。后者更倾向于关注不同市场目标的选择,而工业工程师历来是在变革方向确定后才进入场景。工业工程师的技能在改造组织的技术以适应新的市场目标方面最有帮助。

近年来,工业工程师除了对传统领域的关注之外,还通过考虑组织行为学领域的概念和技术,增加了对生产、调度和控制的最低成本系统设计问题的关注。组织行为学专家将精力集中在管理问题上,如领导力、动机、工作设计和奖励制度,以努力减少人对系统高效运行的阻碍。在某种程度上，组织行为学领域已经开始关注适应过程，但还没有完全整合。组织发展专家——归属于组织行为学专家，则表示他们关注整个组织系统的变革过程，但并不关心变革的目标。也就是说，他们承认管理技能对创造和维持新的组织形式的重要作用，但认为组织变革的主要动力——组织对外部环境的反应——是给定的。在 PPV，组织行为学专家会对新的目标和流程变化给人员系统带来的压力保持警惕。他们的导向会让人们注意到工作角色、权力和责任的改变所带来的行为影响，他们可以向 PPV 的总经理提供有关工作设计、沟通和控制系统等方面的建议。组织发展专家将与 PPV 的高层管理者合作，努力深化他们对营销和工程决策的人为影响的认识，并帮助他们认识到决策过程中的抑制因素。随后（在极少数情况下是同时），他们会在组织层次开展类似的活动。然而，几乎在所有情况下，组织发展专家的导向都应该是转向实施变革的过程，而不是转向更实质性的问题，即变革究竟为什么发生。

因此，这些基本的方法——经济学的、营销的、政策的、工业工程的或行为学的——似乎都不能解决与 PPV 发生的变化相关的所有问题。PPV 的产品和市场、制造新产品和服务新市场所需的技术流程，以及计划、协调和控制新业务所需的行政管理结构和过程都发生了变化。因此，如何才能完整地描述在 PPV 发生的适应过程？要回答这个问题，需要讨论组织适应的概念到底是什么，具体包含什么内容。

组织适应：三种不同观点

可以说，每个组织都被嵌入一个由外部影响和外部关系组成的网络，我们可以将这些影响和关系称为环境，尽管这种说法并不十分全面和深刻。然而，更具体地说，环境不是一个同质的实体，而是由产品和劳动力市场条件、行业习俗和惯例、政府法规以及与金融机构和原材料供应商的关系等各种因素组成的复杂组合。其中每个因素都以其独特的方式影响组织：某些环境因素可以较为确定地预测，而其他因素则不能；某些条件的影响可以缓冲，而其他条件的影响则不能；有些因素对组织的运作至关重要，而其他因素则是次要的。

如第 1 章所述，高层管理人员肩负着使组织与环境保持协调一致，以及管理由此产生的内部相互依赖关系的双重责任。可以说，组织的生存取决于管理层在主要变量之间实现匹配的质量。这些变量包括组织的产品-市场领域、服务于该领域的技术以及为协调和控制技术而开发的组织结构和过程等。维持和改善环境变量与组织变量的协调一致显然很困难，主要是因为每一组变量都随自身的动态而变化，而每一次变化都对管理团队提出新的或不同的要求。因此，正如汤普森（Thompson，1967）所指出的那样，如果高管不断地"瞄准一个移动的目标以实现一致"，那么这种协调过程是如何发生的？

自然选择

第一种观点显然将管理层在协调过程中的作用降到最低。正如阿尔奇安（Alchian，1960）所说，我们可以将这种协调想象成一种自然选择过程。也就是说，在一个特定的组织群体中，一些组织会偶然地发展出比其他组织更符合新环境要求的特征。那些有幸在当时拥有"正确"结构的组织将表现得最好，迫使它们的竞争对手模仿这些结构或退出。因此，在前述的 PPV 案例中，管理层必须观察其成功的竞争对手是如何运作的，然后简单地复制它们的结构和过程的重要方面。

理性选择

第二种观点是，我们可以将协调过程想象成一个理性选择过程。这一观点认为，虽然环境条件在很大程度上决定了不同组织结构和过程的有效性，但成功组织的管理者会有效地选择、采用和抛弃结构和过程的部分要素，以保持组织与环境的平衡。因此，根据这种方法，PPV 的管理层会确定公司的市场正在发生变化，公司应对这些变化的能力不足，需要进行某些调整以使 PPV 与这些新的环境条件达到最佳匹配。

正如我们所看到的，这个过程并没有完全如此运作。事实上，如果不干涉部门管理，管理人员可能在一段时间内都无法发现市场机会。此外，虽然高层管理者介入改变 PPV 的市场战略，但是新战略对结构和过程的要求既没有被完全预见，也没有被有效实施。事实上，PPV 管理层最终做出的许多调整都是为了解决其之前决策所造成的问题。因此，回顾过去，在 PPV 的协调过程中表现出的理性只是管理层在做出重大决策时的有目的的理性。

无论是协调过程中的自然选择还是理性选择，似乎都不符合 PPV 的经验——或者大多数组织的经验。似乎令人难以置信的是组织幸存于环境波动，而环境波动很少受到管理者对这些条件的反应的影响。同样，个体和群体决策是有认知局限性的，那种认为管理者完全理性地选择合适的组织结构的观点也是值得商榷的。一个更容易接受的观点是，这两种观点在一定程度上是正确的，因为管理者通常努力根据他们不完美的感知做出理性的选择，其中一些选择比其他选择更幸运地符合现实。

战略选择

如果协调过程的自然选择和理性选择的观点不准确，那么组织如何使自己与环境保持一致呢？也许将这一过程概念化的最准确方式是第 1 章讨论的战略-选择方法（Child，1972）。这种方法认为，组织结构只是部分地由环境条件预先决定，并非常强调最高决策者的作用，他们是组织和环境之间的主要纽带。这些管理者不仅在必要时调整组织结构和过程，而且试图操纵环境本身，以使其与组织已经在做的事情一致。我们在研究中使用的战略-选择方法有几个重要特征，这些特征将在后续章节的讨论中不断提及。

1. 主导联盟——每个组织都有一群决策者，他们对系统的影响最大。这群决策者肩负着发现问题和解决问题的责任。

2. 感知——主导联盟在很大程度上构造或创造了组织的相关环境。也就是说，组织在很大程度上对其管理层所感知到的东西做出反应；那些被忽视或被故意忽略的环境条件对管理层的决策和行动几乎没有影响。

3. 分割——主导联盟负责分割环境，并将其不同部分分配给组织的各个子单元，依据组织的各子单元的战略重要性来分配资源。

4. 扫描活动——主导联盟负责监控那些被认为对组织至关重要的环境要素。对于所收集到的信息，可以选择被动反应（等待事态明确后再做出反应）还是主动出击（预测事件的发展态势并迅速采取行动）。

5. 动态约束——主导联盟的适应性决策受到组织过去和现在的战略、结构和绩效的约束。通过对战略进行调整，现有约束会变得宽松甚至被消除，但新的选择又会产生新的约束。

适应周期

战略-选择方法从本质上认为，组织适应的有效性取决于主导联盟对环境条件的感知，以及它对组织如何应对这些条件的决定。如本章开头所述，我们认为，组织适应这个复杂而动态的过程可以分解为管理层必须不断解决的三个主要问题：创业问题、工程问题和行政管理问题。在成熟的组织中，这三个问题通常会或多或少同时发生，但是为了方便解释，下面我们依次讨论它们。

创业问题

适应周期虽然存在于所有组织中，但在新的或快速增长的组织中（以及在最近渡过重大危机的组织中）可能最明显。在一个新的组织中，创业洞察力最初也许只是模糊的概念，必须逐步发展成关于组织边界的明确定义：特定的产品或服务和目标市场或细分市场。在一个持续发展的组织中，创业问题还有另外一层含义。由于该组织已经获得了一套解决方案来解决其工程和行政管理问题，那么组织的下一次创业可能会很困难。在 PPV 的例子中，该子公司试图调整其产品和市场的努力就受到其现有生产流程的限制，同时也受到总经理和员工缺少必要的市场导向的制约。

在一个新的或不断发展的组织中，创业问题的解决取决于管理层对特定产品-市场定位的接受，当管理层决定投入资源来实现与该领域相关的目标时，这种接受就变得显而易见了。在许多组织中，对解决创业问题的外部和内部承诺是通过预测和发展组织形象来实现的，这种形象定义了组织的市场和方向（例如，强调规模、效率或创新）。

虽然我们指出工程问题也会在这时涌现出来，但创业活动的需求显然没有消失。创业仍然是最高管理层的责任，必须为其投入时间和其他资源。

工程问题

工程问题是指建立一个系统，将管理层提出的创业问题的解决方案应用到实际经营管理中。建立这样一个系统需要管理部门选择适当的技术（投入—转换—输出过程）来生产和分销所选择的产品或服务，并形成新的信息、传播和控制联系（或改变现有的联系），以确保技术的合理使用。

随着这些问题的解决，可以着手建立初步的组织系统。然而，不能保证在这一阶段形成的组织结构，在工程问题得到最终解决时仍会保持不变。组织结构的实际形式将在行政管理阶段确定，此时管理层将固化组织与环境的关系，并建立协调和控制的内部运作程序。再来看 PPV 的例子，它对其领域的重新定义要求技术也随之做出调整，从纯粹的大规模生产技术变为单元生产或小批量生产技术（Woodward，1965；1970）。

行政管理问题

正如大多数管理理论所描述的那样，行政管理问题主要是指减少组织系统内的不确定性，或者，就本模型而言，是合理化和稳定化那些成功解决了组织在创业和工程阶段问题的活动。然而，解决行政管理问题不仅仅是使已开发的系统合理化（减少不确定性）；还包括制定和实施那些能使组织继续发展（创新）的程序。行政管理问题是适应周期中的关键因素，这一概念值得进一步阐述。

合理化和明晰化　在理想的组织中，管理层将履行两个有点矛盾的职能：管理层要能够创建一个行政管理系统（结构和过程），这个系统能够顺利地指导和监督组织的当前活动，但同时还要保证该系统不会变得根深蒂固，以免将来的创新活动受到威胁。这种观点要求行政管理系统同时扮演适应过程中的滞后变量和主导变量。一方面，作为一个滞后变量，行政管理系统必须通过开发适当的结构和过程，使协调过程中前几个阶段的战略决策合理化。另一方面，作为一个主导变量，行政管理系统会促进或限制组织未来的适应能力，这取决于管理层在多大程度上能够阐明和加强这种活动的实施途径。例如在 PPV，管理层为了追求公司新选择的业务领域（行政管理的滞后方面），彻底修改了其计划、协调和控制过程。与此同时，市场部门增加了关键人员，他们的职责包括产品开发、市场研究和技术咨询。这些活动旨在使 PPV 保持在新产品和市场机会的最前沿（行政管理的主导方面）。

整个适应周期如图 2-1 所示。

图 2-1　适应周期

适应失败的例子

当管理层开始实施组织变革计划时,若没有将创业、工程和行政管理问题作为适应过程中相互关联的方面来考虑,其结果往往是不理想的,正如我们研究中的以下例子所示。①

例1(新领域) 1967年,美国电子公司(American Electronics,AMEL)是航空航天工业公司使用的高质量电子元件的老牌制造商。AMEL的用户认为它是目前最好的设备供应商之一。该公司的四个产品部门大多按照客户的规格设计设备,AMEL作为研究和开发方面的行业领导者受到广泛尊重。该公司的营销力度相对较小,主要限于特定类型的工业客户。

尽管许多竞争对手和客户认为AMEL是行业内最重要的公司之一,但该公司并没有产生巨大的利润。因此,最高管理层决定利用公司的声誉和专业知识,利用其现有的技术进入消费品制造领域。由此公司增加了两个部门,并派驻了产品管理人员。

到1971年,很显然,消费品部门的表现不仅没有达到预期,事实上反而抽走了公司的整体利润。消费品销售低迷,规模经济从未实现,很显然,AMEL的高质量形象并没有延伸到消费品市场。董事会认为公司扩张过度,并迅速任命了一位新总裁。他立即出售了两个消费品部门,并从根本上使公司恢复到以前的工业品业务。此外,新总裁还聘请了一位一流的财务总监,其任务是积极控制成本来提高利润。到目前为止,AMEL还没有尝试重新进入消费品市场。

---

① 本书使用的案例主要来自我们的研究。但是,出于企业管理层的要求,我们对部分企业身份或者行业背景做了脱敏处理。同时,还有一些案例是我们在与经理们讨论我们的研究和理论架构时,由经理们提出并引起我们关注的。

就适应周期而言，管理层扩展了组织的产品-市场领域，但似乎不愿意进行必要的工程和行政管理改革，以服务于这个扩展的领域。在消费品市场取得成功的一个主要条件——大批量、低成本的生产——AMEL从未满足。相反，该公司试图利用其现有的技术——很适合工业客户所需要的定制设备——来生产产品，以和对手在大规模生产基础上制造的低成本产品竞争。此外，该公司没有试图开展更积极的营销活动，将公司的质量形象延伸到消费品市场。结果，AMEL的产品被认为价格过高。

例2（新技术） 20世纪60年代末，新出版公司（New Publishing Company）由一群人创办，他们以一种创新的方式来编写大学教材。该公司放弃了与特定作者签约编写教材的标准程序，要求多达40名特定领域内受人尊敬的研究人员和教师以任何形式（书面章节、大纲、录音带等）表达他们对各自感兴趣领域的想法。

在收集了这些材料后，公司聘请了一位专业作家将所有的信息整合为一本质量上乘的书。此外，公司还聘请了一位专业摄影师为重要的插图材料拍摄彩色照片，该书的整体设计非常精致。这一出版工作的结果至少在销售方面是惊人的。采用同样的生产模式，该公司继续出版了其他几本教材，其中大部分也受到好评。

一旦以这种方式制作书籍的新鲜感消失，几个关键人物就离开了公司，几乎所有的工程专业技术也随着关键人物的离开而流失。此后，该公司被一家更大的、更传统的出版公司兼并，原来的大多数人都各奔东西。直到今天，公司的新主人还不能完全将这种出版方式发展起来。

这家公司的管理层针对编写大学教材的工程问题开发了一种全新的解决方案，管理层出色地完成了管理过程中的领导工作，为组织明确了一个有前途的新方向。新的生产或工程能力创造了一个相当大的机会，而后续的每一本书，虽然没有第一本那么成功，但还是有利可图。然而，管理层没有考虑到行政管理方面的滞后性，即将这一出版过程正规化，以便在更大范围内更有效地运行。由于管理层未能保留新开发的专业技术，工程上的突破是短暂的。

例 3（新结构） 山谷社区医院（Valley Community Hospital）的首席执行官（CEO）对医院护理部门的成本上升和近期护士对病人的护理质量下降的迹象表示担忧。在一次非正式的调查中，楼层的护士抱怨护士长强迫他们更重视规则和程序，而不是为病人提供良好的护理服务。反过来，护士长似乎也因其行政职责的数量和复杂性的增加感到沮丧。

为了缓解这两个问题，该医院的首席行政官对医院的结构进行了调整。护士长的病人护理和行政职责被分开，并在每个病房设立了一个新的职位，即行政协调员，负责人员配置、预算编制和其他行政职责。首席行政官预计行政协调员可以更好地改善目前的低效率和控制运营成本。此外，一旦解除了这些职责的负担，护士长就可以将他们的时间和专业知识用于培训经验不足的护士，以及直接监督病人护理活动。

这次调整实现了其预期的目的之一。护理预算变得更及时和精细，从而节省了大量的成本。人员配置模式和轮班安排的效率和标准化程度提高了。然而，许多护士长并没有如期地利用由此获得的自由时间来做好病人护理工作，而是无意地从干了这些护理工作，全身心地抵制他们认为的这些对护理工作前所未有的行政干预和对他们自身地位和权威的直接威胁。

行政协调员和护士都提出了投诉，而且在几个病房里爆发了激烈的冲突。护士们声称，行政协调员一心一意地追求节约成本，以至于病人的护理质量受到影响，而行政协调员则指责护士隐瞒关键信息以及以某些形式蓄意对抗。在调整后的一年内，许多新雇用的行政协调员和一半以上的护士长都离开了这家医院；留下来的人明显因被压制存在敌意。此外，该医院的首席行政官开始收到医生的投诉，他们认为护士和行政协调员之间日益增加的敌意使他们难以向病人推荐这家医院。

在这种情况下，特定的结构调整被视为解决护理单元问题的办法（尽管也可能考虑其他的解决办法，如取消不必要的行政管理程序；改变评价护理业绩的标准，以考虑护理质量和对规则的遵守）。结构上的改变产生了管理层所期望的主要结果：成本降低，经营效率提高。然而，病人护理质量并没有得到直接改善，而且产生了其他不理想的技术和人员后果：许多护士长不仅不愿意或无法适应这种只重视病人护理的做法，而且把这种变化理解为对个人和职业的冒犯。随之而来的不和，导致专业员工大量流失和医院的形象受损。

是什么导致组织无法成功适应？钱德勒（Chandler，1962）经研究已经确认了至少三个重要原因。首先，高层管理者可能会过度参与日常运作，而未能理解其组织的长期需求。在新出版公司，管理层没有停下来考虑，当/如果关键人物离开组织时，如何维持其创新的出版计划。其次，高层管理人员所接受的培训和教育可能没有让他们对行政管理问题的认识更加敏锐，或者没有培养他们处理问题的能力。山谷社区医院的管理人员单方面毫无预兆地调整了护理单元的结构，表明他未能预见到这一改变可能带来的阻力。如果护理人员参与组织结构设计，反对意见可能会减少，同时他们的投入还可能解决病人护理质量差和成本过高的问题。最后，钱德勒认为，如果有可能威胁到管理者的个人地位、权力或心理安全，组织结构和过程的变革就可能会受到阻碍。事实上，在钱德勒研究的公司中，组织系统的重大改变通常只发生在一个或多个高层管理人员被更换之后。

模型总结

我们认为，尽管组织适应是一个复杂而动态的过程，但它可以被广义地概念化为一个适应周期，可能需要同时解决三个主要问题：创业（领域定义）、工程（技术）和行政管理（结构-过程和创新）问题。适应周期有以下几个重要特征：

1. 适应周期是组织行为的一般生理机能。通过将组织作为一个整体来处理，适应周期提供了一种将适应的主要元素概念化的方法，并将它们之间的关系可视化。此外，该模型还明确了哪些领域可以用经济学、市场营销学等一些基础学科进行解释和规定。

2. 三个适应性问题——创业、工程、行政管理——错综复杂地交织在一起。前述的适应失败的例子都表明，仅仅解决最突出的适应性问题并不能确保调整有效。例如，AMEL 试图创建一个新的产品系列，希望将其出售给不同的目标市场。然而，该公司并没有进行必要的技术和管理调整。其结果是四年的努力基本白费，并造成了严重的经济损失。一般而言，适应模型强调了一个组织中可能受到特定战略决策影响的各个领域。

3. 适应经常是按顺序经历创业、工程和行政管理阶段的，但这个周期可以在其中任何一点上被触发。新出版公司的适应过程是由生产大学教材的新技术的发展发起的，这反过来又创造了一个创业的机会。在山谷社区医院，适应过程始于一项行政管理改革。然而，在这两种情况下，组织的适应性问题只解决了一部分。（这一点将在第 7 章中充分讨论，但在这里应该注意到，虽然适应过程可以在适应周期的任何时刻触发，但适当的行政管理系统变更之后的调整似乎才是最迅速和有效的。）

4. 今天做出的适应性决策往往会被固化下来，并成为明天结构的方方面面。在我们观察的组织中，出现的适应模式往往会在下一个适应周期中限制管理的选择。下面将简要介绍其中四种适应类型。

组织适应的类型

我们认为，在大多数成功的组织中，管理层都会像对待产品和市场形象一样，认真发展和阐述（寻求共识）内部组织形象。也就是说，管理层试图证明组织的结构和过程是如何以及为什么反映了以前关于市场的决定，而且，这些决定如何为未来的组织发展铺平道路。成功的行政管理解决方案（通用汽车的"联邦制"：分权和集中控制；西尔斯百货的"扁平"结构；等等）可能与产品或技术创新一样受到重视，而且往往是真正可以市场化的；高管们被聘请去把"他们的系统"带到其他组织。正是这种内部形象和外部形象的结合，构成了战略-结构关系。

由于组织构造了自己的环境，因此至少在理论上，任何两种组织战略可能都是不同的。也就是说，每个组织都会选择自己的目标市场，开发自己的一套产品或服务，然后这些领域的决策将得到有关组织的技术、结构和过程的适当决策的支持。由于管理层可以相对自由地选择这些主要组织特征的替代形式，因此，战略-结构关系的范围有可能非常广泛。然而，当观察单一行业内相互竞争的组织时，一些趋同的行为模式开始出现，这表明这些不同的组织形式可以归结为几种原型。到目前为止，从我们的研究和对文献的解释来看，已经确定了四种这样的组织类型。每种类型都有自己应对环境的战略，并且每种类型都有与其战略相一致的特定技术、结构和过程配置。我们将这些组织类型分别命名为防御型组织、反应型组织、分析型组织以及开拓型组织，其一般特征如下。

1. 防御型组织指那些产品-市场领域狭窄的组织。这类组织的高层管理人员在其组织的有限业务领域内具有高度的专业性，但不倾向于在其领域之外寻找新的机会。由于这种有限的聚焦，这些组织很少需要对其技术、结构或运营方法进行重大调整。相反，它们把主要精力放在提高现有业务的效率上。

2. 开拓型组织是那些几乎一直在寻找市场机会的组织，它们往往对新出现的环境趋势做出反应。因此，这些组织往往是变化和不确定性的创造者，它们的竞争对手必须对此做出反应。然而，由于它们对产品和市场创新的强烈关注，这些组织通常不是完全高效的。

3. 分析型组织是同时在两类产品-市场领域运作的组织，一类相对稳定，另一类不断变化。在其相对稳定的领域，这些组织通过使用正式的结构和过程，进行常规而有效的运作。在不断变化的领域，高层管理者密切关注竞争对手的新想法，然后迅速采纳那些看起来最有前景的想法。

4. 反应型组织是指高层管理者经常能感知到组织环境中发生的变化和不确定性，但无法有效应对的组织。由于这种类型的组织缺乏一致的战略-结构关系，因此除非迫于环境压力，否则很少做出任何调整。

尽管类型学研究也提出了类似的组织行为的各个方面（例如，Ansoff，1965；Rogers，1971；Segal，1974；Anderson & Paine，

1975），但我们认为，我们的划分方法明确了战略、结构和过程之间的关系，使整个组织可以被描绘成与环境动态交互的综合整体。当然，任何类型学都不可能涵盖所有形式的组织行为——组织领域存在太多变化并且错综复杂。然而，如果在这个层面没有合适的概念作为分析基础，作为整体系统的组织行为就无法被充分理解和预测。类型学在这方面提供了一个很好的工具，因为类型学尤其擅长编码和预测。编码指的是将异质元素排列成不同的组别，当这些不同组别中的元素恰好在现实中结合在一起时，其规律就变得可以预测（Tiryakian，1968）。我们上面讨论的类型学分类，至少暂时是允许我们尝试进行编码和预测的。我们观察到的每个组织似乎都符合四种类型中的一种，而且组织行为似乎也可以根据其类型来预测。这些组织类型的更纯粹形式将在接下来的四章中进行描述。

小　结

　　本章为本书的其余部分奠定了基础。我们已经通过实例和论证表明，组织适应过程是由最高管理者的战略选择所支配的。我们试图证明，尽管这些选择众多、复杂且或多或少是连续的，但通过将它们大致归类为创业决策、工程决策或行政管理决策，并研究它们之间的一致性，仍然可以对它们进行有益的分析。最后，我们指出，并非所有的高层管理团队都以同样的方式做出这些决定。我们提出了四种类型的组织，每一种都有自己独特的适应战略。在接下来的四章中，我们会更详细地讨论每一种战略类型。

第3章

防御型组织

上一章简要介绍了我们在研究中发现的四种组织类型。在本章中，我们将更详细地讨论防御型组织的特征和行为。本章的目标是：(1) 描述防御型组织所面对的三个适应性问题（创业问题、工程问题、行政管理问题）；(2) 讨论防御型组织为解决这些问题所采用的组织和管理手段；(3) 指出这种适应模式的成本和收益。

以下是我们研究的四个组织的简要描述，它们是近乎"纯粹的"防御型战略的例子。在阅读这些例子时，请寻找管理层构造组织环境和设计内部运作方式的一致性证据。在第一个案例中，由于资源有限，管理层选择了一个狭窄的产品-市场领域，组织也被精心设计以服务于这个领域。

卡车司机农场（Trucker Farms）是一家位于加利福尼亚州北部的半综合性的食品加工公司。"起初我们只是一家种植企业，但后来随着细分市场的竞争加剧而转入加工领域，"该公司的总裁芭芭拉·博斯特（Barbara Borst）如是说，"今天我们加工为数不多的一些特色食品，主要是干果和果汁，我们没有足够的土地种植其他水果或蔬菜。"

该公司约有100名员工，在食品加工行业中属于规模相对较小的企业。该公司是按职能组织的，生产主管、田间作业主管、销售和财务主管直接向总裁报告。多年来，随着劳动力成本的上升，制造业的机械化程度越来越高。由于机械化在保证收获的农作物进入不同加工阶段时表现出的高效率，公司面临巨大的压力。总裁博斯特说："我与生产经理和财务总监密切合作。我们规模太小，如果不能提高效率，就会被一些大公司吞并。但不要误解我的意思，销售仍然很重要，尤其是在短期内。"

这家公司已经成功地将大部分业务流程化了。不能准确预测的主要因素包括天气条件、价格竞争和劳动关系。显然，天气是无法人为改变的，但管理层已经积极尝试降低其他两个变量的影响。首先，田间作业要在保持产量和质量的同时将成本保持在绝对的最低水平。其次，如前所述，由生产部门来控制加工成本。再次，产品小组不断尝试提高现有产品的质量，这样公司就不会只在价格上竞争。最后，公司支付的工资略高于平均水平，以防止劳动纠纷并保持稳定的劳动力。

卡车司机农场很满意其已经解决了主要的适应性问题：员工流失率很低，管理层没有快速扩张或多元化的愿望，产品顺利地从工厂转移到零售店的货架上。当然，激烈的价格竞争威胁始终存在，该公司也一直是其他公司的理想收购目标，但管理层认为，如果卡车司机农场继续在其领域和加工业务方面变得越来越高效，就能始终在其细分市场上保持优势。

第二个案例中的公司是威拉德出版公司（Willard Publishing Company），它也有一个狭窄而稳定的产品-市场领域，这是其管理层有意选择的结果。此外，多年来，这个组织已经开发出一种技术流程，可以有效地生产有限的产品。

威拉德出版公司是一家成功的、备受尊敬的出版企业，出版社会科学、人文科学以及自然科学领域的大学教材。此外，该公司还出版普及读物（更能满足大众需求的书籍），此类读物在大学英语、心理学和社会学课程中经常使用。

该公司成立于20世纪初，多年来一直由其所有者比尔·威拉德（Bill Willard）领导。该公司早期主要出版小说，因其出版的小说经常被用于大学文学课程，之后公司进入了教材出版领域。多年来，威拉德出版公司已经成功地在社会科学教材市场的某些细分市场获得了较高的地位，其书籍因作者的声誉、内容和可读性而备受青睐。

威拉德出版公司是一家小公司（拥有不到50名员工），其产品-市场领域被非常严格地界定。现任总裁罗纳德·福克斯（Ronald Fox）说："为什么要糟蹋一个好东西？我们会考虑出版几乎任何书籍，但必须符合我们的出版计划。"举个例子，福克斯拿起一本目前在畅销榜上的书。"我们有机会竞标这份书稿的版权。我的两个编辑对这个项目非常感兴趣，但我最终否决了。如果这样做，我们将不得不开始出版这个领域的各种书籍，而这与我们的形象不符。"

威拉德出版公司的生产过程相当稳定。多年来，书稿一直以基本相同的方式转化为可以印刷和装订的最终形式。生产员工的流动率很低，每个领域的编辑都很有经验，知道哪些美工、设计师和文字编辑最适合加工哪种类型的书稿。稳定的专业人才，加上组织规模小，使编辑能够与生产员工进行非正式的"谈判"，以加快书籍的生产速度，或将重点暂时转向另一个项目。

威拉德出版公司的高层管理团队一直很稳定，并在一个类似于联合会的基础上运作。总裁、分部主任、全国销售经理和高级编辑都已在公司工作多年，每个人的专业知识和意见都受到整个管理层的认可或尊重。此外，整个组织的人员流动率在行业中是最低的。

由于其规模小和现有的成就，威拉德出版公司似乎是大型出版公司收购的主要目标。然而，据福克斯说这不太可能发生。他指出，该公司很好地覆盖了其特定的细分市场。此外，管理层没有快速扩张的计划，由于公司的高薪和股票分红，所有高管人员都生活得很舒适。因此，该公司认为无论是组织内部还是组织外部，其目前和未来在行业内的地位几乎不存在威胁。

与前两个案例一样，与同行业的其他公司相比，联合石油（Federated Oil）的产品种类有限。此外，该组织通过纵向一体化，将技术效率几乎提高到了极致。最后，其管理层敏锐地意识到公司的优势，并不断尝试尽可能地强化这些优势。

联合石油是一家老牌的大型石油公司。虽然该公司围绕五个领域（勘探、采油、运输、炼油和营销）完全纵向一体化开展业务，但是联合石油仍然认为自己主要是一家石油炼制公司。该公司越来越依赖中东的原油来源，在汽油和其他终端产品的销售方面没有进入行业领先位置。与其他通常至少经历过一次重大结构重组以提高营销和炼油的回报率的石油公司相比，联合石油的组织结构表现出极大的稳定性。

联合石油最初是一家炼油厂，经过审慎的发展逐渐实现了纵向一体化。该公司在营销方面适度向前推进，努力减少与汽油销售有关的不确定性，并向后延伸到勘探和采油，以确保原油的稳定供应。

20多年来，联合石油的总裁一直是格雷森·赫夫纳（Grayson Heffner），他是一位具有炼油背景的工程师。他亲自监督运营，并亲自做出每一个重大的组织决策。赫夫纳往往在政治、国际经济和其他领域的事件发展成为重大问题时才会处理。今天，联合石油在采油和炼油方面的专业知识已经得到业内的广泛认可。

在整个20世纪50年代和60年代，石油工业的环境情况是稳定和富足：原油供应充足，需求不断扩大，联邦监管措施尽管正在增加，却依旧宽松。70年代的石油危机打破了这种平静，许多公司借此机会采取措施扩大盈利基础。例如，有公司通过收购全国性的大型零售企业来实现多元化经营。其他公司将其业务领域更广泛地定义为能源生产而不局限于石油，并横向整合天然气等相关领域。相比之下，联合石油所从事的多元化经营非常有限。一位副总裁谈到了管理层对多元化的态度："我们认为，任何新的业务领域都应该对我们目前的优势形成直接补充。"

在最后一个例子中，先锋社区医院（Pioneer Community Hospital）的运作诠释了一个真正的防御型组织：有限的服务范围，极其高效的技术，以及非常适合维持稳定和效率的行政结构。

先锋社区医院是一家非营利性私立医院。首席行政官史蒂芬·波特（Stephen Porter）将医院描述为"一个优质的社区机构——提供优秀的基本医疗保健服务，但将疑难的、高度复杂的或需要复杂医疗设备的病例转出"。

在过去的5年里，医院的目标、结构和业绩表现出令人瞩目的稳定性。这一时期的特点是病床数量或所提供的医疗服务范围都没有增加或扩大。1975年，医院保留了140张床位（比1970年少了22张），医疗项目和服务的变化反映了合并和缩减，而非多样化。

在过去5年中,低廉的劳动力成本和高效的运营使医院每年都能产生盈余,从而使医院积累了丰厚的财务储备。

医院的财务总监将这家医院描述为一个"精瘦而饥渴"的组织。部门领导级别的人员,工作责任重大,工资也相对较高。这种级别之下的人员,工资低于该地区的其他医院,员工与病人的比例也很低。"这里的每个人都做一些机械性工作",这一原则适用于所有管理和行政职位。所有行政人员或部门主管都没有助理或私人秘书。人事部只有一名行业心理学家,全权负责面试、测试和统计分析。医院的每位护理主管定期轮换指导病人护理活动。财务总监不仅要准备财务报表,而且要自己打印。

行政人员的低流动率和医院政策的较少变化,使得各部门能够在基本自主的活动范围内运转。医院提供医疗服务的基本方法所涉及的问题几乎都能得到解决;改变通常只是微调,目的是提高效率。因此,与同类医院相比,该医院的部门间沟通和协调是非正式的,且不频繁。据波特所说,"在其他医院所做的大约60%的'工作'是非必要的",他认为大量的备忘录、会议和报告基本上是无意义的活动。

组织决策通常由首席行政官和财务总监共同做出。医务人员代表会频繁参与决策制定并对决策有重要影响,特别是当医务人员的利益受到影响时;但董事会成员很少参与医院决策。所有行政人员都执行开放式政策,问题出现时通常通过面对面的讨论来处理。

该医院应对外部变化的政策是:"除非已成事实,否则只静观其变,并尽可能少地采取行动。我们不想成为第一,在许多情况下,这是一种时间和金钱的浪费。我们只是根据需要做出反应。"波特估计,他将90%的时间和精力用于医院内部运作,只有10%左右的时间和精力用于监控事件和解决与外部环境有关的问题。他说，对于组织环境中的许多因素，医院几乎无能为力。医院规模较小，政治关系和其他外部影响机制较少。与其他大多数医院形成鲜明对比的是，该医院的政策不鼓励管理人员和医务人员加入医院和专业协会、参加会议，或建立其他外部联系。

波特认为，1974年《国家健康规划和资源开发法案》(National Health Planning and Resources Development Act)要求设立的区域卫生系统机构对社区医院有潜在的威胁。他认为大约有20%的可能性，该医院被迫在10~15年内退出这个行业。然而，与此同时，他打算使该医院的活动尽可能地简单和高效。

这四个组织在产品、市场、生产和分销技术方面的差异很大，但都是行业内的佼佼者。同行业中其他组织的管理者都将这四个组织视为防御型组织。那么其共同特点是什么？

创业问题及解决方案

在这些组织中，管理层都试图锁定一部分市场，针对明确界定的细分市场提供一套稳定的产品或服务。正如四个组织的管理者所表明的，防御型组织的管理人员通常认为他们的组织环境很稳定。对于普通的观察者来说，这样的看法似乎是没有根据的，因为就像学术研究和大众出版物中描述的，像医疗保健这样的行业经常被认为一直在经历快速和广泛的变化。在行业层面，防御型组织通过一系列的决定和行动创造稳定性，以免组织面对环境变化和不确定性时不堪一击。

确立领域及监督

防御型组织的产品-市场领域最显著的特点是其狭窄性和稳定性。防御型组织通常只聚焦于整个潜在市场中的一个细分市场，而这个细分市场往往是整个市场中最健康的一个。在其目标市场内，防御型组织经常试图向客户提供他们需要的全部产品或服务。通过建立一个满意的客户群，防御型组织能够固化其与细分市场的关系，以便其持续的产出能够被这个客户或客户群所吸纳。卡车司机农场、威拉德出版公司、联合石油和先锋社区医院都有一个明确的和有限的细分市场，这些年来几乎没有改变。

防御型组织在行业中的成功取决于其在选定的细分市场中保持进取的能力。防御型组织为提高技术效率所做的持续而深入的努力，就极为明显地体现了这种进取精神。有了稳定的产品和市场，管理层就可以把注意力放在降低制造和分销成本上，同时保持或提高产品质量。其结果是，防御型组织在价格或质量方面始终具有竞争力。例如，医生们经常让他们的病人到先锋社区医院做常规手术，因为该医院对病人的整体护理很好，安排手术的效率高，护理团队经验丰富，而且收费合理。然而，该医院往往不接收其他需要密切监测或治疗的复杂疾病患者。同样，卡车司机农场长期以来一直以其有限但高质量和价格合理的产品而闻名。在这两个组织中，管理层都非常积极地降低成本。

也许是由于防御型组织对其限定领域采取了积极进取的做法，管理层倾向于忽视该领域以外的发展。防御型组织的管理者通常将他们的认知局限于可能会影响组织的外部刺激因素（大多与技术发展有关），而且只分配少量的管理时间和人员来监测其他组织、事件和发展趋势。此外，环境分析只由少数高管或员工执行。例如，先锋社区医院并不倾向于领域外的发展，表现为其政策不鼓励管理人员和医务人员加入医院和专业协会，而且对外的监控也非常有限，首席行政官只投入少量时间来处理外部事务。同样，联合石油的总裁认为，间接影响炼油业的因素往往是一种滋扰，除非这些变化给公司带来严重问题，否则他拒绝做出回应。因此，防御型组织的主要管理者倾向于以类似的方式看待组织领域之外的环境，将其视为极少的几个重要因素的集合——要么这些变化可以被非常准确地预测，要么这些变化不会对组织的内部运营产生很大影响。

成　长

防御型组织通常通过深入渗透当前市场来实现增长。这种类型的增长得益于一个狭窄而稳定的领域，使组织能够完全熟悉客户的需求。防御型组织的产品开发通常是现有产品线的简单延伸，只扩展到密切相关的领域。例如，威拉德出版公司起初是一个小说出版商，它把小说卖给私人书店和其他经销商（而不是学院和大学书店）。这些大众图书在大学文学课上的流行促使该公司首先出版英语教材，然后进入社会学、心理学和其他社会科学领域的教材市场。然而，尽管预测有增长趋势，威拉德出版公司还是选择不扩展到法律、工商管理和职业-技术等关系不太密切的领域。

即使在防御型组织的既定领域内，增长通常也是谨慎和渐进的。生产能力的扩张更多产生于内部，而不是通过收购实现。因此，防御型组织有时无法跟上其细分市场的快速扩张。例如，医疗保险立法的通过为先锋社区医院创造了一个由低收入人群和老年人口构成的潜在的大规模病人群体。该医院对这一机会做出了响应，将工作人员从常规活动中抽出，并要求他们设计一个方案来吸引那些属于医院专业领域（常规检查和手术等）的医疗保险患者。然而，由于该医院过去长期的稳定性和缺乏快速实施实质性内部变革的经验，有效的计划从未实现，该医院仍然主要依靠医生推荐病人。回想起来，该医院的首席行政官觉得这次变革尝试不论在财务还是行为方面都付出了代价：正常的行政职责被忽视，管理人员和医务人员之间的关系遭到破坏。

创业问题解决方案的成本和收益

总而言之，防御型组织的创业问题涉及创建一个狭窄而稳定的领域，其实现方式包括：稳定的产品和客户组合、积极努力"保护"该领域不受竞争对手影响、倾向于忽视该领域以外的发展、最小化产品开发以及通过市场渗透实现增长。

这些解决创业问题的方法既有明显的优势，也有劣势。一方面，由于防御型组织对其领域非常熟悉，竞争对手通常很难撼动其在行业中的地位。另一方面，在市场发生重大转变的情况下，防御型组织也面临迅速消亡的风险，因为其将赌注全押在了有限的产品和在该市场的持续生存上。此外，正如先锋社区医院试图吸引医疗保险患者所表现出的那样，鲜有防御型组织善于进行快速的内部调整。

看来，一些防御型组织可能没有充分认识到维持一个狭窄的产品-市场领域所涉及的风险。例如，联合石油对中东原油的严重依赖，导致在因石油危机供应受到限制时，炼油业务受到严重干扰。联合石油的管理层称，在石油危机发生之前，该组织的脆弱性一点都不明显。然而，在我们所研究的行业中，有一些组织显然愿意将它们的成功建立在少数产品和市场上。例如，社会学科和人文学科的大学入学率已经连续数年下降，而且预计在近期甚至相当长一段时间内都不会改善。尽管如此，以这些领域为核心业务的威拉德出版公司并不打算向当前更热门的工商管理和职业-技术领域扩展。首先，该公司的管理层指出，当这些领域的几家主要竞争对手裁员时，该公司根本没有受到影响。其次，管理层意识到，公司进入新领域将会遇到困难，市场形象会因扩张而被弱化。显然，该公司不愿意以任何重大方式改变其既定领域，这一决定似乎没有对公司的销售和利润产生不利影响。

工程问题及解决方案

正如本章开头的案例所展示的，防御型组织把大部分的财政和管理资源用于解决工程问题。防御型组织对其工程问题的解决方案，即如何尽可能有效地生产和分销产品或服务，在很大程度上依赖具有成本效益的技术。而反过来，相对稳定的产品-市场领域也有利于技术效率的提升。换句话说，一个稳定的市场将持续大规模地吸纳该组织的产出，从而使防御型组织的管理层可以进一步开发技术，而不必担心不可预测的需求波动造成重大损失。此外，防御型组织一般不重视其既定领域之外的事态发展，这有效减少了成本高昂的监控机制，进一步降低了成本。因此，防御型组织工程问题的整体解决方案主要围绕质量改进、库存控制、材料处理、生产调度和分销方法等展开。有了标准化的产品和稳定的市场，这些生产和分销领域的改进直接提高了组织的整体绩效。例如，通过将创新活动限制在技术改进上，联合石油已经成为石油开采和生产方面的行业领导者，而这些活动是该公司成功的关键。

在许多情况下，防御型组织将只开发一种单一的核心技术，管理层利用此技术来缓解外部冲击，从而使其能够持续有效地运行。为了提供不间断的技术投入，防御型组织突出了采购职能的重要性，并采用量化库存模型来控制成本。在技术的输出端，防御型组织也可以通过对产品库存的有效管理和高效的分销系统缓解外部冲击。

也许对防御型组织而言，最终的缓冲方式是纵向一体化。通过将生产的全部或大部分流程（原材料供应、制造、最终产品分销）整合成一个单一的技术系统，纵向一体化为防御型组织所追求的目标贡献了两个重要的技术特征：（1）通过生产流程控制物料流动的能力；（2）准确计算生产成本的能力。虽然纵向一体化需要大量的长期投资，但其却是提高技术效率的有效手段。

但是，应该重申的是，技术发展对防御型组织具有非常特殊的意义。不同于那些积极寻找新的市场机会，然后试图开发相应技术以适应新市场的组织，防御型组织只专注于更新现有技术以维持效率。例如，卡车司机农场已经在一定程度上进行了一体化（包括加工和田间作业），随着更好的设备出现，该公司正努力进一步实现收割和加工作业的机械化。

工程问题解决方案的成本和收益

防御型组织的技术系统设计是为了尽量减少变动和不确定性。组织尽可能地使所有流程程序化，并用机器来代替人力。因此，防御型组织通常看起来是"精干的"，人力、财力或物力资源很少未被充分利用。因为防御型组织很少寻求新产品或新市场机会，由此产生的效率是组织保持高绩效的主要决定因素。

虽然技术效率是防御型组织成功的主要原因，但在该领域的大规模投资有一个潜在的缺陷：技术投资的回收期可能很长，这将迫使组织在相当长的一段时期内保持现有的路线，以获得预期的经济效益。如果在这期间，必须重新开发技术以处理不熟悉或不可预测的问题，那么这些经济效益就会减少或完全丧失。

行政管理问题及解决方案

为了最大限度地提高效率，防御型组织对行政管理问题的解决方案应按照解决创业和工程问题的逻辑来引出。也就是说，防御型组织对计划、结构和控制等行政管理机制的使用，应该与组织确立其领域和发展其技术的方式相一致。对防御型组织而言，行政管理问题的解决方案必须使管理层能够集中控制组织的运作。

主导联盟和管理者继任

正如第 2 章所指出的，简单来讲，主导联盟就是对组织影响最大的一部分人。主导联盟的成员做出关键的战略决策，决定如何在组织中分配资源。在大多数防御型组织中，这一群体由首席执行官（或部门总经理）、财务总监以及生产经理和销售经理组成。在我们研究的几乎每个案例中，财务总监或生产经理都是这个群体中非常有影响力的成员。在防御型组织中，市场营销通常不包括研究和促销等活动，其部门经理的影响力远远小于财务总监和生产经理，研发经理也是如此。当然，这一发现与防御型组织对创业和工程问题的解决方案完全一致。也就是说，由于其稳定的市场和对技术效率的高度重视，财务总监和生产经理在防御型组织中拥有相当大的权力。例如，在卡车司机农场，总裁的主要下属是财务总监和生产经理。在联合石油存在的大部分时间里，其总裁是一名工程师，曾任炼油业务主管。除去纯粹的医疗事务，先锋社区医院的主导联盟仅由首席行政官和医院的财务总监组成。

在我们研究的防御型组织及其他防御型组织中，主导联盟的任期很长，其成员通常是从组织内的某些职能领域晋升而来。由于防御型组织的大部分适应性问题是工程问题或行政管理问题，主导联盟不需要拥有大量面向外部的专业知识，如市场营销或研发。相反，联盟成员往往来自那些对组织成功最关键的职能部门，即生产、财务或工程部门。一般来说，在防御型组织中，主导联盟了解本公司的优势和能力比了解所处行业的趋势和发展更重要。

计　划

由于防御型组织稳定的领域和技术，其计划往往更强调深度而非广度，更注重问题的解决而非问题的发现，并先于组织行动进行。防御型组织感知到的环境相对简单和稳定，这使得组织可以在只考虑少量因素变化的情况下进行深入规划。在组织的现有领域和运营没有受到重大威胁的情况下，组织可以通过一系列的步骤制订计划，这些步骤使组织能够充分利用当前和可预见的环境条件。这些步骤主要涉及设定产出和成本目标，然后将其转化为具体的运营目标和预算。

防御型组织计划小组中的核心管理人员是首席执行官（或总裁等）、财务总监和生产经理，实际上这就是一个主导行政管理联盟。

非常典型的情况是，这个联盟为整个计划小组提供一些初步的宏观指导方针（例如，考虑未来五年内工厂整修更新的最佳时间），之后，更多的日常琐事如销售准备活动和生产预测、测算适当的库存水平等就交给专业员工完成。然后，在计划小组人员制定的行动方案经成本核算后，核心管理人员重新进入这个过程，将财务数据与整体资源进行比较，并选择那些可能为组织带来最大利润的方案。

随着组织按计划不断发展，可以将实际结果与预测数字进行比较，并做出必要的调整。因此，防御型组织中的计划遵循经典的顺序：

计划→行动→评估[①]

在这种模式下，组织先制订计划，然后采取行动。例如，在卡车司机农场，生产计划和人员需求在收割行动之前就已制订。公司的利润直接取决于其预测作物产量的能力以及与之相适应的加工工序。除非发生不可预见的天气问题，否则该公司的业务通常按计划进行。

结 构

防御型组织在其产品、市场和技术领域显示出的专业化还延伸到了组织结构（构成组织的一组部门以及这些部门之间的关系）中。防御型组织往往依赖职能型组织结构，将具有类似技能的专家分成独立的单位。职能型组织结构很适合拥有单一或主导核心技术的组织，因为每个部门都非常善于执行其特定的生产和分销过程。

此外，在每个职能单位内都有广泛的分工。高度专业化的工作

[①] 关于不同类型组织所使用的其他计划方法的描述主要基于罗伯特·比勒（Robert Biller）所提出的概念。

角色提高了技术操作人员的可交换性（从而降低了任何单一员工群体的重要性），它允许组织雇用和培训人员，然后以最小的干扰将他们安排到技术过程。因此，通过雇用只拥有有限专业技能的人员，防御型组织将其工资支出、培训成本和流动成本控制在最低水平。

最后，防御型组织发展出相对较高的规范化程度，即组织以规章制度的形式将工作描述和操作流程固定下来，并详细规定组织成员恰当的行为方式。鉴于防御型组织强调稳定性和效率，这类组织往往不能承受偏离规定行为的后果。

控　制

当然，防止和纠正组织运行偏离计划是组织控制系统的责任。防御型组织应及早发现执行计划过程中的偏差以维持运行效率，因为组织运行具有内在的稳定性，组织也能够及时发现这些偏差。

职能型组织结构的特点，特别是其专业化特点，要求防御型组织的控制系统是集权的。只有高层管理人员拥有必要的信息和适当的有利条件，才有能力控制跨部门的运行。决策权可能集中在高管层面，如联合石油的总裁几乎可以独自做出所有重大的组织决策。同时，决策权也可能是多中心的，如先锋社区医院的部门负责人在自己的责任范围内以相对独立的方式行事，并进行有限的横向沟通。

然而，无论决策是高度集权的还是多中心化的，防御型组织通常都将信息流限制在垂直渠道上：高层的指令和指示向下传递，下属的进度报告和解释则向上传递。在稳定的条件下，组织运行很少发生偏离，而且通常事先就知道合适的纠正措施。因此，防御型组织通过使用长循环垂直信息系统来控制其运营单位的绩效，在该系统中，有关下级单位的信息会一直传递到最高管理层。一般来说，质量控制和生产调度等关键职能并不向生产部门报告，而是直接向最高管理层报告。虽然控制也可以通过简短的反馈循环来完成，使运营单位能够立即评估和调整自己的绩效，但防御型组织很少选择这种方式，也许是因为担心这样做可能会付出高昂的代价。

协调和冲突解决

职能型组织结构使组织的各个部门产生了很大的相互依赖性，因为每个部门只参与整个技术过程的一部分。防御型组织能够通过简单且低成本的协调形式，如标准化和调度，来管理部门之间的相互依赖关系。这些类型的协调只能在稳定和重复的情况下使用，因此很适合具有贯序依赖关系（一个部门的输出是另一个部门的输入）的防御型组织。在联合石油很容易看到这种贯序依赖关系，比如其主要部门包括勘探、运输、炼油、生产和销售；当然在先锋社区医院这种关系也很明显。

人们经常说，现代综合医院是一个复杂的专业化组织，需要持续和频繁的协调工作。从理论上讲，每个病人入院都会导致形成一个新的专业医疗团队，他们会密切合作以满足病人的独特医疗需求。然而在先锋社区医院，这种复杂的相互依赖关系只存在于手术室中。先锋社区医院的大多数病人都是常见病，因此，病人护理相当简单且高度规范化，医务人员和非专业人员的数量都保持在最低水平。在先锋社区医院，通常一位新病人不是由专业医疗团队接待的，而是由他的私人医生和非医疗工作人员接待的，然后他们会引导病人完成一套常规的流程：从有效管理的术前检查到稳定且严格计划的手术，最后病人转移至康复室。该医院因此避免了其他很多医院所需的复杂而高昂的协调机制——那些医院需要针对罕见病协调各种诊断检查、医疗专家和设备。

通过标准化和日程安排进行的协调，减少了部门之间的频繁沟通，并降低了必须做出非常规决策的频率。因此，部门之间的横向联系大幅减少，部门之间出现的任何冲突通常都可以通过正常的层级渠道解决。例如，在威拉德出版公司，出版过程包括将书稿在独立的编辑、生产部门和销售部门之间传递。如果对于某一特定稿件，部门之间出现严重分歧，将由组织的高层管理人员来处理（例如部门主任）。在该公司，单位间的重大冲突很少发生，因此没有设置永久性（甚至是临时性）的协调员作为各部门之间的联络人。

绩效评估与维持

正如本章所述，防御型组织的重点是效率（正确地做事），而不是有效性（做正确的事）。当组织的基本战略是尽可能长时间保持目标、市场和产品不变时，"我们是否在做正确的事情"这个问题可能很少被提出来，对绩效的评估是通过细致地计算每单位产出所需的标准化投入的数量和成本来进行的。因此，防御型组织评估绩效的一般方法是将目前的效率指数与本组织在以前的时间段所取得的效率指数进行比较。也就是说，防御型组织一般不会通过与其他类似组织进行比较来评估其绩效，因为它们相信"我们能比任何人做得更好"。

防御型组织对效率的强调，明显影响了人力资源规划和对组织成员的奖励分配。最关键的新员工或替代者是制造或成本控制领域聘用的员工，对这些职能领域的重视反映在奖励制度和流动机会上。如果由于某种危机，防御型组织被迫削减预算，生产和财务部门往往是最后受到影响的领域。事实上，一个更典型的反应可能是增加它们的影响力，以试图控制组织中其他方面的成本。

行政管理问题解决方案的成本与收益

防御型组织在解决行政管理问题时采用的结构和过程特征，着重强调了管理角色的滞后或合理化方面。也就是说，将专业化部门、集权决策和控制、强化的计划和安排等结合起来，以减少组织内部的不确定性。这些特征结合在一起，使高层管理者拥有严密控制运营的能力，并在逻辑上从之前的解决方案转向创业和工程问题。正如在许多情况下所说明的，其结果是提高了整个组织及其环境的稳定性。

防御型组织面临的风险当然是无效性，即防御型组织最重要的或创新性的活动主要集中在组织内部，从而为技术和运营人员提供了高薪和晋升机会。由于用来分析环境的资源很有限，防御型组织几乎不具备寻找新产品或市场机会的能力。此外，由于其专业技能过于专业化和精细化，即使新机会出现，防御型组织也可能无法迅速做出调整以抓住新机会。

小 结

在这一章中，我们描述了防御型组织的特征和行为，展示了这些特征是如何联系在一起形成一个一致的模式的，并讨论了防御型组织的成本和收益。我们说明了防御型组织如何将自己与整个环境的特定部分进行适配，以及管理由此产生的内部相互依赖性。这一适应过程产生了领域、技术、结构和过程的独特架构（有限的产品和客户范围，节省成本的技术，以及高度专业化和规范化的组织结构）。

此外，我们还描述了防御型组织如何维持与其所选择环境的关系。通过案例分析，我们认为防御型组织构造了一个比同行更稳定的环境。即使在以快速变化的环境而闻名的行业中，也有一些潜在的稳定领域可以让防御型组织茁壮成长。因此，按照战略-选择方法，我们认为防御型组织有意地创造和维持一个适合稳定的组织生存的环境。

最后，我们指出了防御型组织的主要风险。我们认为防御型组织依赖于其在单一狭窄领域持续生存的能力；只有当组织面临的主要问题仍然是工程或技术性质的时候，组织才能从其大规模的技术投资中获得回报；这种类型的组织是为其现有领域服务的最佳设计，但几乎没有能力找到和开发新的领域。简而言之，防御型组织完全有能力应对当今的世界。只要明天的世界与今天的相似，防御型组织就能很好地适应环境。

表3-1总结了防御型组织的特征。

表3-1 防御型组织的特征

创业问题	工程问题	行政管理问题
问题： 如何锁定一部分市场，创造稳定的产品和客户	问题： 如何尽可能高效地生产和分销产品或服务	问题： 如何保持对组织的严格控制以确保效率
解决方案： 1. 创建一个狭窄而稳定的领域 2. 积极保护该领域（例如，提供有竞争力的价格和优质的客户服务）	解决方案： 1. 具有成本效益的技术 2. 单一的核心技术 3. 倾向于纵向一体化 4. 持续改进技术以保持效率	解决方案： 1. 首席执行官（或总裁等）、财务总监和生产经理是主导联盟中的核心成员；环境扫描有限

续表

创业问题	工程问题	行政管理问题
3. 倾向于忽视该领域以外的发展 4. 谨慎而渐进式增长，主要是通过市场渗透 5. 最小化产品开发，且与当前的产品或服务密切相关		2. 主导联盟任期较长；多从内部晋升 3. 周密的计划，以成本为导向，并在采取行动之前制订 4. 职能型组织结构倾向，且具有广泛的分工和高度专业化的特征 5. 集中控制和长循环垂直信息系统 6. 简单的协调机制，通过层级渠道解决冲突 7. 根据过去的情况来评估组织绩效；奖励机制向生产部门和财务部门倾斜
成本与收益： 竞争对手很难取代该组织在独特细分市场中的地位，但市场的重大转变可能会威胁到其生存	成本与收益： 技术效率是组织成功的主要原因，但在这一领域的大规模投资要求技术问题在很长一段时间内对组织而言是熟悉的且可预测的	成本与收益： 行政管理系统非常适合维持稳定和效率，但不太适合发现新产品或市场机会并做出回应

第 4 章
开拓型组织

在上一章中，我们讨论了防御型组织如何构造和响应它们的环境。本章的主题是开拓型组织，开拓型组织应对环境的方式几乎与防御型组织完全相反。本章描述了开拓型组织对三个适应性问题的看法和解决方案，并指出了这种特殊适应模式的成本和收益。

我们首先介绍四个纯粹的开拓型组织的案例。然后，我们对四个组织进行比较，找出其共同特征，并指出它们之间的内在一致性。在第一个案例中，计算机服务公司（Computer Services Company）迅速扩大其领域，不断地重新定义其产品和市场。请注意这些开创活动所产生的技术和行政管理问题。

计算机服务公司是一家年轻、发展迅速的公司，提供各种信息的计算机化处理服务。该公司是20世纪60年代中后期成立的众多信息处理公司之一，挺过了那个年代末发生在该行业的大洗牌。今天，其增长势头有增无减，并且该组织已经经历了几个发展阶段。

在成立之初，计算机服务公司和其竞争对手一样，只在分时的基础上提供原始计算能力。其早期客户是大学和研究实验室的科学家，他们开发自己的计算机程序，仅使用计算机服务公司的设备。然而，与大多数竞争对手不同的是，计算机服务公司认识到，其客户有一天能够在内部满足自己的需求；如果公司继续只提供计算服务，最终会被淘汰。同时，随着分时服务公司不断进入这个行业，竞争者之间的产品差异化将越来越难以实现。

因此，计算机服务公司很早就开始开发软件包，向客户提供只能与该公司的设备兼容的"封装"程序。起初，这些软件包主要是科学类的，因为该公司继续专注于分时计算机的最重要的用户。但很快，公司将其客户群扩大到了商业用户，并开发了处理非科学类商业问题的软件包。在几年内，该公司的客户构成发生了巨大的变化，科学家用户逐渐成为公司客户的一小部分。由于商业应用有可能涉及组织的众多领域，软件包变得更加复杂，产生的收入也比应用领域狭窄的科学类软件多。

大约在计算机服务公司将其服务扩展到原始计算能力之外的同时，管理者察觉到该行业的一个新兴趋势：他们预见到在线的远程用户每天通过电话与计算机保持数小时的连接。他们意识到，除非用户与计算机位于同一地区，否则他的电话费很快就会超过其利用计算机服务节省下来的费用。因此，计算机服务公司开发了一个全球通信网络，在美国60多个城市以及欧洲一些主要城市提供本地拨号服务。这个被称为"Current"的网络极具吸引力，因为它为那些办公室遍布全国各地的企业客户提供了访问同一计算机系统的途径。计算机服务公司的下一步是将通信网络本身作为一种产品，与其他公司的私人计算机捆绑在一起。

计算机服务公司的产品-市场领域沿着几个不同的路线继续拓展。公司现在为拥有其电脑的客户提供电脑维修、专业的医疗信息、有线电视计费以及计算机化报税等服务。该公司希望迅速进入这些市场，并尽量减少技术和财务成功的不确定性，因此，它的进入方法是收购已经进入这些领域的小公司。

计算机服务公司是一家市场营销导向的公司，不仅对市场变化反应迅速，而且能够预测环境变化并做出相应的反应。例如，在商业应用方面，管理层首先察觉到市场机会，然后开发产品供应相应市场。在计算机维护和网络服务方面，该公司开发了供内部使用的资源，然后寻找市场来销售这些资源。

计算机服务公司的创始人和现任董事会主席曾是一家大型企业集团的营销经理。他一直强调营销是组织竞争能力的基础。公司的其他两个主要部门，即编程和运营，在组织中的整体影响力显然不如市场营销部门。事实上，随着公司继续从独立软件公司购买更多的软件而不是自主开发软件，编程部门的影响力在不断下降。另外，公司的财务和行政服务部门（人事和法律部门）的规模较小。

计算机服务公司的组织结构似乎处于不断变化之中。在开发了全球通信网络后，公司按照地域进行组织，由各地区的单位完全负责所有的计算机业务运营。然而，几年后，市场营销部门开始抱怨这种组织安排带来的非营销需求。因此，公司转向了目前的职能结构：市场营销、编程和运营是独立的实体。然而，这种结构也有不足之处，即不同的领域不能顺利合作，并形成了许多非正式的沟通渠道。状态报告由发起人定期提供副本并分发给其他领域的同事。该组织现在似乎即将在组织结构上再次实施重大变革。

虽然星电子公司（Star Electronics Company）比计算机服务公

司规模大得多，也成熟得多，但星电子公司也是一个一直寻求在新产品开发方面领先的开拓型组织。请注意该公司对研发的重视，以及其市场营销与生产互动的方式。

星电子公司是一家大型精密电子设备制造商，业务同时覆盖消费品市场和工业品市场。其生产的设备包括小型计算机、电子计算器、数字电压表、电气测试设备等。该公司约有30 000名员工，分为20个部门。该公司以其研发能力而闻名。

最高管理层在每个部门都营造了一种有利于产品和市场创新的氛围。"我们首先开发新产品，然后围绕新产品设计组织结构，这就是为什么我们有这么多部门。"一位总经理表示。该公司的做法是，只要现有的任何一个部门达到大约2 500名员工，就会创建一个新的部门。

电子产品的价格普遍在下降，因此，在星电子公司服务的大多数细分市场中，价格竞争非常激烈。然而，尽管该公司有许多强大的竞争对手，但其通常并不试图打价格战。相反，该公司努力成为第一家推出新产品的公司，然后依靠其营销部门向潜在的买家推销每款高质量产品。公司总裁戴维·奥特曼（David Ortman）说："我们是一家率先进入市场的公司，我们对价格下降见招拆招。当价格大幅下降时，我们的生产部门就会着力降低产品成本，而且通常情况下，我们会准备好一种新产品来取代旧产品。在任何时候，公司都在进行二三百个研发项目，平均每2～3年就出一款新产品。

该公司的新任总经理必须至少拥有电气工程专业的大学学位，而且应该同时具备营销和研发经验。该公司认为，这种教育背景和管理经验的特殊结合使其具有强大的研发和营销能力，这使得该公司能够在新产品开发过程中投入更多资金并以更高的价格将其推向市场。此外，总经理必须具备一定的技术背景以了解生产问题，生产问题的战略地位仅次于研发和市场问题。每个主要部门都反映了公司的基本方向，其他部门如会计、财务和人事则提供辅助服务。

该公司的技术流程以 2~3 年为一个周期。由 6~8 名工程师和科学家组成团队，他们在一个研发项目中工作大约 2 年，直到产品准备生产。同时，市场营销也在此时介入，并开展积极的宣传活动，以便在新产品投产时进行销售。在这里时机至关重要，因为必须在竞争迫使价格下降之前获得足够的利润来支付研发成本。每一代新产品都要重复这个循环。

最近，该公司一直在寻找可能的收购对象，但公司的既定政策强调公司不进入过度多样化的领域，以防止公司无法在技术上做出实质性的贡献。

在第三个案例中，Cooperative Canners 刚刚进入新的市场领域。注意 Cooperative Canners 的高层管理人员对行政适应的认识，这将是实施该组织的新兴战略所必需的。

Cooperative Canners 是一家年轻的中型食品加工公司，正在力图赶上该行业的巨头。"目前我们主要是一家自有品牌的蔬菜和水果罐头供应商，"总裁托马斯·博尔特（Thomas Bolt）说，"但最终我们希望以自己的品牌提供完整的产品线。"该公司拥有 2 000 名员工，显然比业内的小公司要大，然而其规模远不如行业巨头，后者的员工可能达到 3 万人。

该公司与一群种植者合作，公司与他们签订合同，他们将收获的水果和蔬菜销售给公司。传统上，大部分果蔬产品都有自己的独立品牌，但随着公司越来越多地推出自有品牌产品，情况不再如此。

Cooperative Canners 的总裁博尔特来自该行业最大的公司之

一，他在营销、财务和生产方面都有经验。博尔特说："营销是公司面临的主要问题。我们正试图用自己的标签销售那些竞争者已提供多年的产品。这是我们的主战场，我们同时还要为决定销售的新产品提供资金。"因此，该公司正在招聘一些营销和财务方面的管理者。

到目前为止，该公司一直是按职能组织的，负责计划、财务、营销和生产的副总裁向总裁报告。然而，最近，管理层开始重新考虑这种组织结构是否恰当。在过去的几年里，公司的产品线有了很大的扩展，管理层认为公司可能很快要改组成按产品组织。

该公司面临的另一个更长远的问题，是管理层有兴趣进入冷冻食品市场。公司目前不具备生产和销售冷冻食品的能力，所以在公司能够在这个领域成功竞争之前，必须进行大量的研究和开发工作。公司任命了一个小型工作组来调查与进入冷冻食品市场有关的问题。

在最后一个案例中，滨江医院（Riverside Hospital）进一步展示了开拓型组织开拓领域的活力。然而，请注意，滨江医院的案例也说明了许多开拓型组织所面临的一个共同的管理困境：如何对不断变化的服务、市场和技术实施有效控制。

滨江医院是一家拥有 110 张床位的社区医院，服务于位于加利福尼亚州中部山谷的四个郊区新社区。经过 30 年的快速增长，山谷地区的人口规模似乎趋于稳定。滨江医院主要为患有短期可治愈疾病的患者提供基本手术和医疗服务。首席行政官理查德·西尔弗曼（Richard Silverman）将医院的使命和作用描述为："通过提供面向社区的初级医疗服务，直接或通过作为独立卫生服务发展的催化剂，促进山谷人民的健康和增进其福祉。"

滨江医院建于 1966 年，除了提供正常的外科医疗服务外，目前还提供妇幼保健服务和 24 小时急诊服务。1973 年，为了满足山谷远郊居民的需求，滨江医院开发了一个实验性的家庭医疗中心，位于距离主院区 15 英里的地方。该中心试图将简易门诊和医生办公室结合起来，以提供一般的急诊治疗和常规体检及健康咨询服务。最近，滨江医院与社区团体合作，设立了 24 小时危机干预服务中心。该医院还负责管理四个山谷社区的所有救护车服务。

西尔弗曼说："1971 年我们面临的问题是，医院是以自己的方式还是以满足社区居民需要的方式来界定其使命。一方面，我们可以保持传统的运营方式，规避风险，实现良好的投资回报。另一方面，我们可以重新定义医院的使命，以社区为单位，将自己扩展到熟悉的领域之外，满足人们的要求和需求，无论他们是否属于我们现有的病人群体。我们选择了后者，并制订了一个全面的总体计划来扩大我们的使命，以满足所有山谷居民的健康需求。这要求建立一个灵活的、可扩展的中心医院，并由分散在每个社区的家庭医疗中心来支持。在未来，社区卫生保健发展的充分性不是取决于床位的数量，而是取决于针对具体问题的卫生保健计划的完善程度，包括从预防治疗、诊断、流动治疗、急性病治疗到康复和后续治疗等。"

西尔弗曼能够将 70％的时间用于管理医院不断拓展的外部关系，因为几乎所有的日常运营职责都下放到部门主管一级。然而，滨江医院过度强调识别新需求和开发新的服务系统，这导致成本控制出现了问题，而且有时董事会、行政部门、医务人员和社区之间常常发生冲突，导致效率低下。人员配置的效率一直难以提升，不仅某些领域的生产率不尽如人意，而且面对持续的组织变革，与制定和更新生产率标准相关的问题又阻碍了对生产率的衡量和控制。

一些医生评论说，除了查看医生的病历，医院对所提供的护理质量只进行了最低限度的控制。

滨江医院在落实应急计划方面经验丰富。1975年，医生为抗议医疗事故保险费暴涨进行了长达一个月的罢工，医院对此事的处置和回应充分体现了医院的应急能力。虽然滨江医院的平均日入住率下降到其应诊能力的40%，而且在罢工期间进行的手术数量从预计的350次下降到只有15次，但医院进行了有效的调整，使罢工期间的净利润达到1万美元。这个结果主要得益于首席行政官有能力预测罢工的时间和强度。他指示每个部门的负责人制定一套关于罢工对部门影响的预测方案，还要求制订一份在不取消基本服务的情况下削减部门成本的详细计划。西尔弗曼把这次罢工描述为一次宝贵的学习机会："我们知道，只要有足够的预兆，我们几乎可以适应任何事情——包括病人数量的急剧下降。"

当与各行业的管理者讨论上述四个组织时，他们一致认为这四个组织属于开拓型组织。下面我们将讨论这类组织的特征和行为。

创业问题及解决方案

防御型组织的成功主要来自高效地服务一个稳定的领域，与防御型组织不同，开拓型组织的主要能力是发现并开发新产品和市场机会。开拓型战略的一个最纯粹的表达来自星电子公司的总裁，他说："我们是一家率先进入市场的公司……"对于开拓型组织来说，保持产品和市场开发创新者的声誉可能与高利润率同样重要，甚至更重要。事实上，由于产品和市场开发活动不可避免地会失败，开拓型组织可能会发现很难持续达到效率较高的防御型组织的盈利水平。

确立领域及监督

开拓型组织的产品-市场领域通常是广阔的且处于持续发展的状态，而防御型组织的产品-市场领域则是狭窄而稳定的。系统性地增加新产品或市场，同时放弃其他产品或市场，这使开拓型组织的产品和市场具有与防御型组织不同的变动性。开拓型组织的领域动态特性也许在计算机服务公司的案例中得到了最好的印证。该公司最初是向科学家出售原始计算能力，随后该公司迅速开发了其他各种服务，并将这些服务出售给许多不同的工业品和消费品市场（例如，医疗信息和所得税信息的计算机化处理）。此外，鉴于其过去的经验，几乎没有理由认为该公司目前的领域会在未来很长时间内维持现状。然而，一个组织不一定非要快速成长才是开拓型组织。星电子公司近年来没有急剧增长，但其产品-市场组合在这一时期经历了持续的转变。大约每三年，该公司的大部分产品就会被新产品或改良产品替代。

为了找到新的市场机会，开拓型组织必须开发并保持监测各种环境条件、趋势和事件的能力。因此，开拓型组织会在个人和团队身上进行大量投资，让他们扫描环境，寻找潜在机会。发现和利用机会的一种手段是通过将扫描活动分配给组织内适当的部门来发展精细的监测能力。例如，在星电子公司的 20 个部门中，每个部门都可以相对自由地探索任何产品、市场或技术开发，以改进现有产品或开拓新的市场。另一个迅速进入新领域的手段是购买开发好的专业技术。计算机服务公司通过收购已经在这些领域运营的小公司，进入了几个新市场。

因为它们的环境扫描不限于组织当前的领域，开拓型组织常常是行业变革的引领者。事实上，变革是开拓型组织用来获得竞争优势的主要途径之一。随着开拓型组织开发新产品和开辟新市场，竞争对手在自己的环境中面临着越来越多的变化和不确定性，它们必须想对策来应对这些突发事件。如第 3 章所示，防御型组织可能已经采取措施将自己与这些变化隔离开来，且只在组织自身领域受到不利影响时才会做出反应。因此，在一个特定的行业中，开拓型组织积极寻找市场机会，因此比防御型组织或其他两类组织更能感受到环境变化和不确定性。

成　长

开拓型组织的成长模式有两个显著的特点。第一个特点是成长主要来自新市场定位和新产品开发。在横向拓展相关产品和市场方面，开拓型组织与防御型组织表现出一样的积极性以加强对现有市场的渗透。例如，计算机服务公司试图通过进入既定市场（如商业应用）和开发新市场（如网络服务）来保持在计算机信息处理领域的领先地位。

开拓型组织成长模式的第二个特点是成长速度。防御型组织倾向于稳定的增长，而开拓型组织则可能经历跳跃式的增长。虽然开拓是一项不确定的活动，但当组织发现"金子"时，其结果可能是惊人的。在 10 年的时间里，计算机服务公司从一家小公司发展成一家价值数百万美元的公司，但从那时起，其增长速度已大大放缓。

创业问题解决方案的成本和收益

重申一下，开拓型组织的成功基于寻找和利用新产品和市场机会。因此，开拓型组织的创业问题是如何不断地进行精细的环境监测，以改善其对领域的选择。如果愿意，这种类型的组织是一个领域的定义者，而不是一个领域的防御者。真正的开拓型组织几乎不受环境变化压力的影响，因为这种类型的组织会不断地跟上变化的步伐，而且正如所指出的那样，它们经常自己创造变化。因此，与将自己和环境变化隔离开来的防御型组织相反，开拓型组织热衷于寻找新的创业项目，努力操纵对自己有利的竞争领域。

开拓型组织的效益导向有两个潜在的代价。首先，由于需要在所有业务上保持灵活性，开拓型组织很少能达到从其所选择的市场中获得最大经济利益所必需的效率。由于其领域不断变化，开拓型组织通常无法建立稳定的技术和组织结构，而防御型组织则利用这些技术和结构从其领域中获取最大的收益。其次，产品和市场的不断变化可能会导致开拓型组织过度扩张。也就是说，如果预期的需求没有在大量的风险项目中出现，那么"率先进入市场"就会变得空洞无物。

工程问题及解决方案

与防御型组织不同，开拓型组织对产品和市场的选择并不局限于组织现有的技术能力范围。开拓型组织的技术既取决于组织当前的产品结构，也取决于其未来的产品结构：创业活动始终占据首要地位，在产品开发过程的后期才会选择或开发适当的技术。因此，开拓型组织的工程问题是如何避免长期致力于单一类型的技术过程，而解决这一问题的指导思想是："我们应该制造什么产品"而不是"我们能制造什么产品"。

由于开拓型组织的领域通常是动态的，任何特定产品的预期寿命都相对较短，因此，技术过程必须灵活。开拓型组织很少试图在其生产和分销系统中达到高稳定性和高效率。为了保持灵活性，开拓型组织尽量减少对生产过程的长期资本投资，它们推迟投入资源，直到新产品的市场可行性得到证明。因此，在开拓型组织中，大部分技术的核心涉及原型产品的开发与生产。

与防御型组织相比，开拓型组织也不太可能将所有生产过程整合到单一的核心技术中，相反，它可以为不同的产品开发多种技术。一系列相对独立的技术只需要稍加改动就可以增加或中断，并且所有的技术的运行都不需要过多的相互依赖。开拓型组织拥有多种技术，其中一些只是创造原型产品的初级工艺，要求开拓型组织使用不同于防御型组织的机制来缓冲其技术系统的影响。如前所述，防御型组织通过标准化、机械化和可能的纵向一体化等结构性缓冲来保护技术的稳定性。与此相反，开拓型组织则通过雇用掌握各种技能的人，并在特定情况下选择应用哪些技能，来保护技术的灵活性。开拓型组织认为，任何特定的技术过程都是一次性的，然而，操作它的人却是不可或缺的。因此，从很大程度上来说，开拓型组织的技术是嵌在人身上的，而不是嵌在常规或机械操作中。

工程问题解决方案的成本和收益

如前所述，开拓型组织设计其技术系统以使其灵活性最大，从而促进新产品的开发。非标准化技术的操作有赖于更广泛的自由裁量权，因此组织形成了一系列能够指导和控制自身技术运作的工作团队。这种以人为本的方法在最大限度地提高灵活性的同时，也最大限度地降低了标准化程度。

尽管灵活的技术允许生产资源的简单重新分配，但灵活性也有一定的代价。因为有价值的技术由人掌握，人员替换是一个漫长且高代价的过程，而且协调多种半自主技术的成本也很高。一般来说，开拓型组织不愿意在任何特定的技术上进行大量投资，这导致与开发更标准化和更高效方法的竞争对手相比，开拓型组织可能效率低下。

行政管理问题及解决方案

与防御型组织不同的是，开拓型组织的领域允许改变，实际上是鼓励改变的。开拓型组织的产品-市场组合的可变性反映在组织的技术上，即其技术必须足够灵活以适应不断变化的领域。因此，一般来说，开拓型组织的行政管理问题主要集中于如何促进而不是控制组织运作。也就是说，开拓型组织的行政管理系统必须能够在许多分散的单位和项目之间部署和协调资源，而不是集中规划和控制整个组织的运作。

主导联盟和管理者继任

与防御型组织的情况一样，开拓型组织的主导联盟反映并强化了那些对组织成功至关重要的职能。因此，开拓型组织的主导联盟主要由营销和研发专家组成。此外，开拓型组织的主导联盟比防御型组织的规模更大，更多变，持续时间更短暂。正如本章开头的案例所示，开拓型组织往往围绕产品部门展开，而产品部门负责其领域内产品或服务的开发、生产和销售的几乎所有阶段。由于了解自己单位所面临的具体环境条件，部门经理及关键员工也可能与组织的高层管理人员一起成为主导联盟的潜在成员。

这里似乎出现了一个明显的悖论。星电子公司有20个部门，如果每个部门经理及其关键员工都是主导联盟的成员，那么整个联盟可能包括30多人。很少有组织能在如此庞大的决策机构下运作，尤其是开拓型组织，它不能太繁重。然而，在这种权力分布广泛的情况下，经常会出现一些较小的高管团队来处理联盟事务。这个核心小组可以通过选举或任命代表的方式正式确定，也可以通过非正式的方式确定。例如，在星电子公司，当高层管理人员必须迅速采取影响整个组织的行动时，他们会非正式地联系由几个高级部门经理组成的核心小组，征求他们对某一战略问题的意见。管理层认为，如果整个核心小组能够召开会议，这些高级部门经理的意见能够反映本公司其他人的意见。

如前所述，开拓型组织的主导联盟比防御型组织的主导联盟更多变。换句话说，即主导联盟中某些成员的影响力可能因为该组织当前的开拓领域的变化而增强或减弱。例如，当几个社区团体要求滨江医院合作建立一个24小时危机干预服务中心时，首席行政官首先咨询了精神病专家。随后，这些人和首席行政官一起担任医院和社区团体之间的主要联络人。然而，在这个服务中心建成后，精神病专家不再履行进一步的联络或行政职责。

开拓型组织的高层管理人员大多来自市场营销或产品开发这两个具有重要战略意义的领域。然而，开拓型组织的管理者继任过程在以下方面与防御型组织不同。第一个不同之处在于，开拓型组织的关键的管理人员既可能从外部聘用，也可能从内部晋升。结合第3章相关内容，开拓型组织试图建立一个与行业重要领域相关的国际化管理团队，而防御型组织则试图建立一个熟悉本组织及其特定领域的本土化执行团队。正是基于这一原因，开拓型组织的管理者继任过程的第二个不同之处在于，主导联盟成员的任期很少像防御型组织的任期那么长。

计　划

由于开拓型组织持续监测各种外部组织和事件，组织必须处理与当前和潜在业务领域相关的各种不同的，有时甚至是相互矛盾的信息流。因此，开拓型组织的计划过程通常是广泛的而不是集中的，以发现问题为导向，并依据实验行动的反馈做出调整。

管理层倾向于感知复杂多变的环境，因此必须采取综合计划方法，将各种因素纳入考虑范围。对未知领域的探索使组织无法采用深入而详细的计划方法，反而要求开拓型组织对一系列的潜在机会做出初步的响应。

开拓型组织的计划取向也强调发现问题而不是解决问题。组织目标与当前探索的领域相结合，因此组织很少能达到稳定的平衡。开拓型组织往往必须在不完全的信息基础上采取行动，并等待市场和其他相关环境因素的反馈，然后才能进行大规模投入和制定详细规划。例如，在计划建立一系列基于社区的家庭医疗中心时，滨江医院发现自己无法预测所需要提供的护理数量和种类。因此，医院没有制订详细的计划并签订所有四个设施的建设合同，而是建立了一个实验性的原型中心。通过将一个商业区的购物中心改建为临时医疗中心，滨江医院推迟了大规模投入和更详细的规划，直到获得有关社区医疗需求的充分信息。

这个例子反映了开拓型组织典型的计划过程。防御型组织的计划过程通常在计划实施之前已经完成。但与防御型组织不同，开拓型组织往往必须在计划制订之前已经直接介入新的问题或机会。这类实验行动要求开拓型组织采用与防御型组织完全不同的计划顺序,即在事件的形态变得更加清晰之前,不要将组织锁定在一个特定的方向上。对一些潜在的机会进行初步评估后,在最有希望的领域采取有限的探索行动。只有在对问题或机会领域进行初步探索之后,开拓型组织才会尝试制订更详细的计划。因此,开拓型组织的计划顺序如下:

评估→行动→计划

结　构

开拓型组织必须愿意改变其组织结构,以促进对环境变化的快速反应。开拓型组织通过将多数成员分配到任务小组、项目团队和其他旨在开发某一特定产品或开拓某一特定市场的临时团队中,最有效地利用其资源。这种方法在组织结构中的逻辑延伸是产品组织,即把研究、开发、生产和销售一组相关产品所需的所有资源放在一个独立的部门中。这种创业和工程活动的分散化,使开拓型组织能够在许多领域应用其专业知识,而不会受管理控制的过度限制。

由于组织成员很少被永久地分配到某一项目中,开拓型组织必须维持大量的员工,并且其技能可以很容易地转移到其他项目上。例如,为调查 Cooperative Canners 进入冷冻食品市场的可能性,公司成立了由市场营销、财务和生产专家组成的工作组。在完成可行性研究后,这些人便与负责计划的副总裁一起,围绕公司的新产品系列制定了一项重组组织的提案。为了保持将人员频繁地从一个项目组转移到另一个项目组的能力,开拓型组织没有防御型组织那么广泛具体的分工。如前所述,开拓型组织利用具有一般技能的专业员工，他们的工作职责比较宽泛，并给予其最大的自主权。此外，开拓型组织的结构的正式化程度较低，因为在一个任务经常发生变化的组织中，编纂工作岗位描述和工作程序在经济上是不可行的。的确，结构的正式化是一种降低异常行为发生概率的方法，但是在许多情况下，异常行为正是开拓型组织试图鼓励的。

控　制

为了培养有利于组织效益的行为，开拓型组织的控制系统是结果导向的。也就是说，开拓型组织强调结果评价，如产品被市场接受的程度，而不是投入评价，如资源利用的效率（防御型组织非常强调这点）。

这种效益导向要求开拓型组织的控制系统采取去中心化的方式。控制的去中心化在某种程度上是因为评估当前绩效和采取适当纠正措施所需的信息存在于各业务单元本身，而不是上层管理者。此外，开拓型组织工作人员的专业化允许个人进行相当程度的自我控制，这在很大程度上使业务单元能够控制自己的业绩。例如，当星电子公司的几个客户抱怨该公司的台式电脑的冷却系统出现故障时，产品部门的销售经理直接将这一问题交给项目协调员，后者又联系了一位工程专家，并请他提出建议。工程专家找到了有问题的部件，并制定修改方案解决了这个问题。然后，项目协调员与生产经理会面，生产经理重新设计了几个装配程序以纳入更新。在这个例子中，纠正行动没有求助于更高的管理层，这种行为在开拓型组织中被认为是合规的。

这个关于星电子公司的例子也说明了开拓型组织偏好较短的水平反馈循环。要使业务部门的成员有效地行使自由裁量权，他们必须及时获得业绩信息。因此，当发现部门业绩出现偏差时，这些信息不会传递给上级管理层，而是直接反馈到该部门以便立即纠正。

协调和冲突解决

由于许多分散的活动只受高层管理者的总体控制，开拓型组织必须采用复杂和广泛的协调形式来管理部门间的相互依赖关系。开拓型组织的许多业务是高度关联的，简单的协调机制，如标准化和调度是不够的。例如，在任何时候，星电子公司都在从事二三百个研发项目，其中许多项目采用重叠的项目组。这些项目组的工作无法用标准化的程序或非常详细的计划来协调。相反，对这些研究和开发工作非常熟悉的项目协调员却可以汇集信息和其他必要的资源，以完成一系列相关项目的工作。

与防御型组织相比，开拓型组织更有可能发生各种形式的冲突，因此组织必须建立不同的冲突解决机制。在开拓型组织中，有许多个人和团队在环境中寻找机会，他们有可能对组织的发展方向产生大量的分歧。这些分歧无法通过正常的层级渠道来解决，因为高层管理人员没有时间或不具备相应的专业知识来密切监控组织的日常运作。因此，冲突必须由受影响的单位直接面对，并通过项目协调员来解决，他们在相互依赖的项目组之间充当联络人。在开拓型组织中，最高管理层只负责整体协调和解决重大组织冲突。

绩效评估与维持

正如第 3 章所讨论的，防御型组织主要从效率（正确地做事）的角度来看待组织绩效，而开拓型组织则从有效性（做正确的事）的角度来评价绩效。当一个组织系统正在经历相对持续的变化时，比较不同时期的效率水平变得很困难，且没有太大意义。因此，开拓型组织通常以产出或结果来定义组织绩效，通过将过去和近期的绩效与类似组织的绩效进行比较来评估有效性。虽然有点过于简化，但计算机服务公司主要从保持产品-市场创新的行业领导地位来评估其业绩：它并不总是行业中最赚钱的公司。

这种对有效性的强调对开拓型组织的管理者继任过程和对组织成员的奖励分配有直接影响。营销和研发等跨界职位被认为是最关键的，对这些领域的重视反映在奖励制度和晋升机会上。在困难时期，开拓型组织的行为很像防御型组织：削减与其独特能力没有直接关系的领域。因此，防御型组织保护生产和财务职能，开拓型组织则保护研发和营销职能。

行政管理问题解决方案的成本与收益

开拓型组织在解决行政管理问题时所采用的结构和过程特点，即临时项目小组、分散的决策和控制、很少的标准操作程序等，强调了管理角色的创新性或先导性，有助于提高组织对环境变化的快速反应能力，甚至是创造环境变化的能力。这些行政管理问题解决方案在逻辑上从之前关于创业和工程问题的选择中自然产生，而灵活性是贯穿开拓型组织适应模式的共同主题。开拓型组织处理行政管理的滞后性方面——组织活动合理化——主要是为了促进和协调一套系统，使得中层管理人员可以做出重大战略决策。

在努力实现有效性的过程中，开拓型组织遇到的主要风险是资源的无效使用。在任何时候，开拓型组织都可能对其很大一部分的资源利用不足或利用不当。由于开拓型组织从事的许多任务的复杂性和不确定性，与特定项目相关的学习曲线可能会很漫长。在这期间，高薪专业员工需要把任务分解成可管理的单位。同时，从想法到最终产品的不同时间跨度的项目很难协调，而且可能有一段时间，某个人在他被分配到的各个项目中没有得到最佳利用。

比资源利用不足更糟糕的是资源利用不当。就其本质而言，开拓型组织是有风险的，许多项目根本不会成功。当然，当涉及产品和市场创新时，很难在可接受和不可接受的失败率之间划清界限，但开拓型组织显然比防御型组织不当使用了更多的资源。

小　结

在本章中，我们描述了开拓型组织构造和响应环境的过程，以及与这种特殊适应模式相关的成本和收益。具体来说，开拓型组织创造的环境比同行业中其他类型的组织更有活力。开拓型组织通过不断调整其产品-市场领域来利用所感知到的市场机会，并强调其技术和行政管理系统的灵活性，以促进组织的快速调整。

然而，开拓型组织面临几个风险：组织可能在产品和市场方面过度扩张；可能在技术上缺乏效率；其行政管理系统可能至少暂时没有充分利用资源或不当使用了资源。简而言之，开拓型组织是有效的——可以满足未来世界的需求。然而，在明天的世界与今天的世界相似的情况下，由于其固有的低效率，开拓型组织无法实现利润最大化。

表4-1总结了开拓型组织的特征。

表 4-1　开拓型组织的特征

创业问题	工程问题	行政管理问题
问题： 如何发现并开发新产品和市场机会	问题： 如何避免长期致力于单一的技术过程	问题： 如何促进和协调组织运作
解决方案： 1. 广阔和持续发展的领域 2. 监测各种环境条件和事件 3. 在行业中创造变化 4. 通过新产品开发和新市场定位实现增长 5. 增长可能是跳跃式的	解决方案： 1. 灵活的、原型化的技术 2. 多种技术 3. 标准化、机械化程度低；技术嵌在人身上	解决方案： 1. 营销和研发专家是主导联盟的核心成员 2. 主导联盟是庞大的、多变的和暂时的；往往围绕产品部门展开 3. 主导联盟任期并不总是很长；关键的管理人员可能从外部聘用，也可能从内部晋升 4. 计划是广泛的而非深入的，以发现问题为导向，在采取行动之前不能最终确定 5. 趋向于分工程度低、正式化程度低的产品结构 6. 控制的去中心化和较短的水平反馈循环 7. 复杂的协调机制，通过项目协调员解决冲突 8. 与类似组织进行比较来衡量组织绩效；奖励制度有利于营销和研发
成本与收益： 创新的产品和市场保护组织免受环境变化的影响，但组织面临低利润率和过度扩张的风险	成本与收益： 技术灵活性允许对不断变化的领域做出快速反应，但由于多种技术的存在，组织不能最大限度地提高其生产和分销系统的效率	成本与收益： 行政制度非常适合保持灵活性和有效性，但可能会未充分利用资源或不当使用资源

第5章 分析型组织

基于我们的研究，我们认为防御型组织和开拓型组织是组织持续进行战略调整的两个极端。在这两个极端之间，我们发现存在一种新的组织类型——分析型组织。分析型组织是开拓型组织和防御型组织独特的结合体，也是一种可行的战略选择。我们将在本章讨论分析型组织，需要注意的是分析型组织独有的特征以及其与防御型组织和开拓型组织的区别。

一个真正的分析型组织应当在最小化风险的同时使利润最大化。这意味着，一个有经验的分析型组织应该将防御型组织和开拓型组织的优势整合到一个系统中。因此，最适合描述分析型组织适应模式的词应该是"平衡"。在接下来的案例中，我们将寻找硅系统公司（Silicon Systems Company）所具备的开拓型组织和防御型组织的特征。注意，要特别关注这家公司是如何定义其产品-市场领域的。

硅系统公司是一家具有中等规模和较强盈利能力的电子公司。公司成立于20世纪60年代，拥有将近1 000名员工。该公司主要为消费者市场提供计算器及相关产品，还为工业企业客户提供各种电子元件。

"外界总是非常惊讶我们做了很少的长期计划，"公司总裁小约翰·多伊格（John Doig, Jr.）说，"但是我们为什么要这么做呢？当我们看到一个新的产品设计出现在市场上时，我们需要快速应对，而不是制订那些可能在未来变得无用的详细计划。我们确实也做一些仔细的计划，但是仅针对工业企业客户。"取而代之的是，硅系统公司在销售和应用工程领域进行了大规模投资，这使得它能快速生产和销售其开发的新产品。

硅系统公司是一个矩阵式组织，不仅包括产品部门，还包括职能部门。公司有三个主要的职能部门（生产部门、营销部门和工程部门）以及其他小的职能部门。此外，公司还包括四个产品部门，每个部门都由一个经理以及负责营销和研发的人员组成。四个产品部门中有三个负责工业企业市场，另一个（最近成立的）负责消费者市场。产品经理的权力通常比职能部门的经理要大，职能部门必须调整它们的产品和营销计划来满足四个产品部门的需要。

如前所述，硅系统公司希望在营销和工程方面的投资上维持平衡。这一尝试源于几年前该公司进入消费者市场的时候。虽然在硅系统公司成立后的前几年，公司已经被公认为产品创新者，但是管理层认为，公司一方面可以在稳定的工业企业市场上发展，另一方面可以在更有利可图的消费者市场中进行尝试。因此，管理层大幅减少了研究和开发活动，只在四个产品部门中保留了一些小的研发小组。这些小组负责观察竞争者的产品创新情况，并且选择那些看起来最为成功的创新成果。与此同时，管理层迅速成立工程小组以使公司在发现有新产品进入市场后快速将自己的产品投放市场。这种能力在产品周期较短的消费者市场是十分重要的。

对于硅系统公司这样并不希望自己的产品失败，哪怕是短期失败的企业，产品部门经理的更换是十分频繁的。"我们在走钢丝，"总裁多伊格说，"我们不再是过去的那种开创者，我们也从未像其他公司那样高效。但是目前而言，还没有一家企业能像我们这样快速将新的产品设计转化为产品并投放市场。"

像其他分析型组织一样，硅系统公司对其创业问题的定义与开拓型组织和防御型组织相似：如何在发现并利用新产品和市场机会的同时维持核心传统产品和客户。分析型组织的问题解决方案是开拓型组织和防御型组织解决方案的结合，即分析型组织仅仅在新产品和新市场的可靠性得到证明时才会布局进入。对于分析型组织而言，这种周期性转型主要通过模仿来实现——仅将领先的开拓型组织开发的最成功产品或市场创新作为模仿对象。与此同时，分析型组织的收入主要来源于相对稳定的产品和客户——防御型组织的一个特征。因此，分析型组织一方面要对开拓型组织的关键行为做出快速反应，另一方面需要保证其在稳定的产品和市场中的运营效率。

在第二个案例中，阿灵顿社区医院（Arlington Community Hospital）将自己定义为分析型组织。然而，需要注意的是这家医院是如何通过内部组织来应对自身的双重领域特征的。

阿灵顿社区医院是一家综合性医院，成立于20世纪初。目前该医院拥有320张床位，并凭借其针对高收入群体的稳定的高质量服务在其所在地区形成了良好的口碑。然而在过去10年间，阿灵顿社区医院经历了较大的内部变革。

1968年，在医院服务了近20年的约尔·罗杰斯（Joel Rogers）

院长认为，医院应该针对医疗服务的提供方式进行一次大的变革。他一方面希望将阿灵顿社区医院的医疗服务范围扩大到享受医疗保险的低收入群体，另一方面希望减小来自竞争对手的影响。这些竞争对手由于拥有较为先进的医疗技术获得了良好的口碑，这吸引了阿灵顿社区医院的传统病人群体。罗杰斯认为阿灵顿社区医院可以复制这些成功的新模式而不至于损害现有系统。为了给政策建立和变革留出时间，罗杰斯不再参与医院的日常管理工作，把这些责任分配给三个新增的职务。

到1975年，通过改革把医院分成了三个半自主团体。三个团体的负责人通过团队协作和定期开会的方式来协调各自的活动。伯纳德·卡尔斯托姆（Bernard Karlstrom）（病人护理及支持服务部门）监控医院大多数传统日常运作活动。卡尔斯托姆这样描述他的部门："我的主要任务是通过控制成本满足医院各组成部分对提高公共服务能力的要求。"

斯蒂芬·罗斯（Stephen Ross）（门诊与诊断部门）主要负责医院逐渐增加的门诊工作和制订一系列新计划。罗斯也参与了医院诊断器械和设备的升级与增添工作。他说："现在，我最紧迫的任务是为我们部门招聘初级医师，并且快速对新员工进行培训以适应患者数量的增加。我关注的另一个事项是为医院提升诊断服务水平争取更多资本投资。"

蓝斯·卡侬（Lance Cannon）（资源与计划部门）负责管理医院大部分对外关系，负责医院的所有计划工作。目前他还参与协调一个重要的建设项目，该项目旨在重建医院陈旧的护理和外科大楼。作为一个拥有工商管理硕士学位的营销专家，卡侬这样描述他的工作："与其说我是一个管理者，不如说我是一个联络人——我需要应对大量的人和问题。近期，为了开展联合项目以拓展医院运营，我花了很多时间协调医院和主要诊疗人员的关系。"

到今天，阿灵顿社区医院参保病人群体的占比提高到40%以上。尽管医院不够重视医疗基础研究，但医院还是获得了成功。这一成功源于医院一方面采用了新的以患者为中心的计划，另一方面维持了传统医疗服务的收费和住院率。

阿灵顿社区医院的案例明显表明，分析型组织对于工程和行政管理问题的解决方案必须反映企业目标。分析型组织的工程问题体现在两个方面：组织需要为制造和分销传统产品或服务开发有效率的技术，还需要为制造新产品或服务开发原型技术。分析型组织应对两个方面的工程问题的解决方案主要是采用分离法。一方面，分析型组织采用标准化技术来生产大部分产品。这些标准化技术提供了一个缓冲，旨在保护技术稳定性。另一方面，分析型组织还开发了分离式的非标准化技术来生产新产品。在这些技术被充分理解前，它们都不会被用于标准化生产。阿灵顿社区医院的医疗服务交付系统体现了这两个技术过程。

分析型组织的定位和技术的双重性也体现在其行政管理系统中。分析型组织的行政管理问题——如何对组织结构和过程进行区分以同时容纳稳定和灵活的业务——在一些矩阵式组织中被解决。这些矩阵式组织的管理责任按照稳定性和灵活性进行粗略的分离。在阿灵顿社区医院的案例中，医院的管理责任被分给三个主要负责人。

接下来，我们一方面讨论分析型组织针对三大适应性问题的解决方案，另一方面讨论这些协调战略的成本与收益。

创业问题及解决方案

如前所述，分析型组织的创业问题是如何在定位和开发新产品与市场机会的同时保持现有传统产品与客户的稳定。分析型组织的领域是产品与市场的混合体，有些产品与市场是稳定的，有些是灵活。硅系统公司和阿灵顿社区医院为我们提供了分析型组织形成的两条路径。在过去，硅系统公司以产品创新闻名，尤其是在工业用途的电子元件领域。由于在该领域获得成功，公司正在借助工业生产线支持其进入更大的、利润更丰厚的消费者市场。阿灵顿社区医院则是一家稳定的机构，在医疗领域没有经历很多变革。然而，由于该医院院长认为它正面临很多机会，阿灵顿社区医院在保持它传统服务的同时扩大了自身的服务范围以覆盖更多客户。

由于其领域的稳定部分得到了合理的保护，分析型组织可以游刃有余地对开拓型组织的产品和市场进行模仿。成功的模仿有赖于广泛的市场监督机制。一个理想的分析型组织总是蓄势待发，随时准备开发新产品、进入新市场。例如，硅系统公司通过产品经理和营销专家来监督产品的开发，同时密切关注主要竞争对手的行为，努力寻找机会。一旦新产品出现，这些人员需要紧跟开拓型组织的步伐，负责采取措施快速使分析型组织的新产品进入工程和生产环节的必要阶段。这样，在开拓型组织推出新产品后不久，分析型组织的新产品就会上市。因此，如果说开拓型组织是行业变革的引领者，那么分析型组织是变革的狂热追随者。分析型组织的目标是在采纳开拓型组织进行的最有前景的创新的同时，不用在大量的研究和开发活动上耗费精力。

分析型组织的增长模式是开拓型组织和防御型组织的结合。由于分析型组织的优势主要在于其传统的产品-市场基础，因此分析型组织的增长主要依靠市场渗透。然而，分析型组织如果成功地实施了其战略，也可能会通过产品和市场开发实现快速增长。

工程问题及解决方案

如前所述，分析型组织需要实现并维持技术灵活性与技术稳定性之间充满冲突的平衡。这一平衡主要通过分解生产活动，形成一个双重技术核心来实现。分析型组织技术中的稳定部分与防御型组织的技术很相似。为了实现成本效率，这一稳定部分体现了功能化，并且被高度程序化、正式化和机械化。而分析型组织技术中的灵活部分则与开拓型组织的技术导向十分相似。制造业组织总是拥有一大批应用工程师（或者水平相当的人员），这些人员在不同的小组间轮换，而这些小组的任务是让组织的新产品快速调整以适应分析型组织现有的稳定技术。

分析型组织的双重技术核心本质上是来自开拓型组织和防御型组织的工程解决方案的结合，具有影响力的应用研究小组将技术的稳定部分和灵活部分结合起来。由于这个小组可以提出既满足组织技术能力又满足产品经理对新产品期待的解决方案，分析型组织可以在不增加大量的研究与开发费用的前提下更新其产品线。

此外，分析型组织还可以更新其领域的某些部分，因此它不需要防御型组织为保护技术稳定性而采取的一些限制性较强的结构机制。换句话说，分析型组织会通过标准化和流程化对技术形成缓冲，但不会通过垂直整合以及对同质性投入的要求来将技术简化为一个有限目标的流程机制。因此,分析型组织的技术系统具有中等程度的技术效率。

行政管理问题及解决方案

分析型组织的行政管理问题、创业问题以及工程问题,反映了其处于防御型组织和开拓型组织中间位置的特征。一般来说,分析型组织的行政管理问题主要是如何区分组织结构与过程以容纳操作过程中的稳定部分和灵活部分。

主导联盟和管理者继任

分析型组织的主导联盟主要关注市场营销部门、应用研究部门以及生产部门。这些部门的特殊结合方式部分反映了开拓型组织和防御型组织主导联盟的特点。与开拓型组织相似,分析型组织的主导联盟包括市场部门管理者。分析型组织在市场方面的卓越表现源于其不断地对成功的开拓型组织的追随:市场专家们非常善于定位那些可能具有高利润的新产品与新市场。类似地,分析型组织的主导联盟的规模往往比较大(如包括产品经理)且持续时间比较短暂(例如产品经理的影响力取决于组织当前强调的领域),同时主导联盟成员的任期也不会太长。

除了这些特征,分析型组织和开拓型组织没有更多相似的地方。特别是,分析型组织用一个应用工程小组或者其他具有类似职能的小组代替了开拓型组织的研究与开发小组。之所以谈到工程影响,正如前面解释的那样,是因为这个小组负责将分析型组织选出的新产品快速投入标准化生产中。在我们所研究的分析型组织中，它们的首席执行官都是工程师。从应用工程小组晋升到高层，显然与工程在调整新产品设计以实现高效生产方面的核心作用是一致的。工程和市场一样，一直都是组织高级管理人才的产生地。

最后，与防御型组织相似，分析型组织的主导联盟包括生产部门管理者。生产部门管理者的权力往往不如市场营销经理和产品经理，但是他一定存在于主导联盟中，因为组织的盈利能力很大程度上取决于生产单元是否有效运作。

计　划

由于分析型组织必须对稳定和变化进行计划，因此组织并没有一个统一的计划过程。分析型组织的计划活动是深入而全面的。

深入的计划主要在市场部门和生产部门之间开展，主要关注分析型组织稳定部分的业务。这两个部门将对组织的传统产品与服务的销售水平进行预测，并为与销售预测相适应的生产能力建立一个细致的计划。从这个意义上讲，分析型组织从计划中受益的方式与防御型组织类似，即在经营预算的支持下，一系列明确的步骤旨在实现产量目标和成本目标。因此，分析型组织的计划顺序与防御型组织的计划顺序一致：

计划→行动→评估

为新产品开发而制订的更大范围的市场计划主要基于应用研究小组与营销产品经理之间的紧密沟通。他们的计划任务是评估开拓型组织正在探索的产品和市场领域以及未来可能探索的领域。尽管分析型组织计划流程中的新产品开发部分与开拓型组织相似，但仍然需要注意的是，分析型组织可以避免开拓型组织在新问题领域的试验性活动。也就是说，一旦分析型组织采纳了某个新产品，便迅速地进入设计、工程和生产环节。同时，营销活动也已准备就绪，并将与产品推向市场的进程密切配合。因此，分析型组织推出新产品的计划流程如下：

评估→计划→行动

结　构

为了反映自身在领域以及技术层面的混合特征，分析型组织需要区分组织结构。既能保持稳定又能适应变化的结构是矩阵式结构。矩阵式结构的一个主要特征是各个职能部门的结合，这种结合指相似的专家聚集在一起，由独立小组承担特定的产品责任。由于这些小组并不具备难以解散的生产能力，因此它们可以被建立、调整或解散，而相应的人员可以被分配到职能部门或者新的产品小组。

我们可以从硅系统公司中看到一类矩阵式组织。该公司拥有三个主要的职能部门（生产、营销和工程）以及四个产品部门（三个面向工业企业市场、一个面向消费者市场）。这些职能部门的规模普遍很大，拥有很多员工，且正式化水平较高，而产品部门的规模相对较小并且运作很少依赖标准化操作流程。这些职能部门和产品部门的运作很大程度上相互依赖。只有在新产品已经被改善到适合标准化生产时，这些职能部门和产品部门才能不再相互依赖。

我们还能从阿灵顿社区医院中看到一类矩阵式组织。医院的传统稳定业务及其操作都由负责病人护理及支持服务的主管来管理。相反，医院的创新项目和服务则由另一名主管（临床及诊断服务）来负责。这两个领域则被资源与计划部门的主管整合到了一起，该主管负责阿灵顿社区医院所有的计划及协调活动。因此，医院一方面将自身结构进行区分以实现稳定性和灵活性，另一方面还建立机制在必要的时间和范围内将这两种操作方式整合到一起。

控 制

一般来说，相比其他类型的组织，实现对组织绩效的控制对分析型组织更重要，也更容易出问题。与内部较为一致的防御型组织和开拓型组织相比，分析型组织的成功有赖于保持不同子单元和造成较高水平差异和复杂性的过程之间脆弱的平衡。

分析型组织可能会采取各种各样的控制技术来维持各个子单元的绩效。在职能单元，控制系统主要通过中心化和预算导向来提高标准化产品制造的成本效率。由于关于产品计划或者产品嵌入新技术的决策往往最好由职能部门的最高领导做出，这些单元通常采用一个长循环垂直信息系统来沟通。相反，在产品和项目小组中，控制系统是去中心化和以结果为导向的，这能提高新产品适应现有技术的效率。由于只有产品小组拥有分析和修正绩效的信息，因此这些单元经常选择短循环水平信息系统。

为了使效率和效力都能达到满意水平，分析型组织的主导联盟需能管理各种截然不同的控制机制；必须不断权衡效率和效力，因为单方面强调任何一个目标都会影响另外一个目标的实现，进而损害绩效。

协调和冲突解决

分析型组织拥有简单和复杂两种协调机制。稳定业务领域对职能部门的依赖使得协调以简单经济的方式实现，这种方式主要归功于对标准化和计划的采用。相反，那些处于变动领域的产品和项目小组需要采用更复杂、成本更高的协调方式，例如产品经理或项目协调员。这两种协调机制独立运作。

这使得分析型组织所遭遇的冲突是可预测和可控的。大多数冲突主要发生在产品小组之间和产品小组与应用研究小组之间。可预测的冲突和大量的协调工作仅仅发生在将新产品纳入标准化生产的过程前或过程中。在这些情况下，产品经理往往充当生产人员和应用工程人员之间的联络人，还要为新产品的及时上市积极制定程序，这一过程主要通过最小化成本和处理新产品纳入系统时可能出现的任何不利影响来实现。

绩效评估与维持

为了发展壮大，分析型组织一方面必须以保持业务效率作为公司基础，另一方面必须通过周密的计划开发新的产品和市场以追求效力。这种双重目标会导致在定义和评估组织绩效方面出现内部差异。在稳定的子单元中，绩效被定义为效率并通过成本预算来测量。在适应性子单元中，绩效被定义为效力并通过市场渗透或者利润预测来测量。这些能实现双重绩效-评估目标的分析型组织往往能成为行业内最优秀的一批组织。

小 结

我们已经指出平衡是分析型组织针对三个组织适应性问题的解决方案的共同特征。如果分析型组织成功建立并维持了平衡，那么它可以在领域、技术、结构和过程方面的配置上表现得与防御型组织和开拓型组织不同。尽管这一特殊的配置结合了开拓型组织和防御型组织的特征，但是分析型组织依然具有自身独特的优势和劣势。

分析型组织将其创业问题定义为如何在定位和开发新产品与市场机会的同时保持现有传统产品和客户的稳定。为解决这一问题，组织选择了稳定产品和新兴产品的混合领域，前者将为后者提供支持。营销在其中起到了决定性作用，因为它不仅要定位新产品及发现市场机会，还要促进传统产品和服务的销售。分析型组织尽量不在研发上投入过多资金，取而代之的是对开拓型组织进行模仿，结果组织具备了市场渗透以及产品和市场开发的能力。

分析型组织有能力通过建立双重技术核心来为其混合领域服务。技术的稳定部分是一个近乎高效的生产系统，可以对产品和服务进行标准化生产。灵活部分则是一个大型的具有影响力的应用工程小组，其职能是使新产品设计与现有技术能力相适应。分析型组织技术的这一双重特质可以帮助组织既能高效生产传统的产品及服务，又能紧跟开拓型组织的发展步伐。

许多矩阵式组织都有一个行政管理系统，这一系统需要区分并整合业务中的稳定部分和灵活部分。重要职能部门的主管主要负责工程和生产方面，需要联合产品经理来构建一个与防御型组织和开拓型组织相似的主导联盟。其他关于分析型组织的管理过程的特征，例如计划、控制和协调也反映了其处于开拓型组织和防御型组织之间的定位。因此，理想情况下，分析型组织的行政管理系统适合在稳定性和灵活性上维持平衡。

当然，分析型组织的战略并不是没有成本的。分析型组织的领域的二重性迫使组织在选择适应性解决方案时走中间路线。这就要求管理层对维持组织定位、技术和结构的脆弱平衡时刻保持警惕。分析型组织的双重技术核心意味着组织不会完全有效率，也不会完全有效力。矩阵式组织结构具有稳定性和灵活性的双重属性,这限制了组织在领域发生急剧变化时充分向任一方向发展的能力。

表 5-1 展示了分析型组织的特征。

表 5-1　分析型组织的特征

创业问题	工程问题	行政管理问题
问题: 如何在定位和开发新产品及市场机会的同时保持传统产品和客户的稳定	问题: 如何在稳定领域保持效率并在灵活领域保持效力	问题: 如何区分组织的结构与过程以容纳运作过程中的稳定部分和灵活部分
解决方案: 1. 建立一个包含稳定性和灵活性的混合领域 2. 监督机制多局限于营销层面;开展一些研发活动 3. 通过市场渗透和产品-市场开发实现稳定增长	解决方案: 1. 双重技术核心(稳定及灵活部分) 2. 规模较大且具有影响力的研究小组 3. 中等水平的技术效率	解决方案: 1. 在营销和应用研究部门选择有影响力的成员建立主导联盟,与生产部门紧密合作 2. 在业务稳定的领域做深入的市场营销和生产计划;营销、应用研究及产品经理对新产品和营销做全面的计划 3. 结合了职能部门和产品小组的矩阵式组织结构 4. 包括垂直和水平反馈循环的中等水平的中心化系统 5. 非常复杂和昂贵的协调机制;关于产品经理之间或上下级之间的冲突解决方案 6. 基于效率和效力的绩效评估,大部分奖金分配给市场营销及应用研究部门
成本与收益: 较少的研究与开发投资;模仿成功产品;将风险降至最低,但任何时候都必须在稳定性与灵活性之间保持最优平衡	成本与收益: 双重技术核心可以支持包含稳定性与灵活性的混合领域,但是技术很难做到完全有效率或完全有效力	成本与收益: 理想情况下,行政管理系统负责在稳定性和灵活性之间保持平衡。一旦这一平衡被打破,将很难再恢复

第6章
反应型组织

在第3~5章,我们谈到了三类组织,每一类组织都有自己应对环境的方式。我们认为,其中每一种应对方式都是一致且稳定的。换句话说,当自身所处环境发生变化时,防御型组织、分析型组织和开拓型组织都会采取一系列有特色的行动以将环境变化纳入自身的持续性行为中。一般来说,这些行动既包括防御型组织试图提高现有运作效率的行动,又包括开拓型组织为寻找新机会而进行的变革。随着时间的推移,这些行为模式逐渐趋于稳定并形成了一种应对环境变化的典型反应模式。

然而,在第2章,我们还提到了第四种组织,即反应型组织,这种组织适应环境的模式是变化且不稳定的。我们认为,反应型组织是一种不稳定的组织类型,因为它缺乏一种一致性的机制,这种机制可以在变化的环境中起作用。这种不一致可能至少有三个原因：(1) 管理层没有明确提出一个可行的组织战略；(2) 管理层提出了明确的战略，但技术、结构及过程并没有与组织战略很好地建立联系；(3) 管理层坚持某种战略-结构关系，尽管这种关系不再适应环境。

在本章，我们集中讨论反应型组织。我们通过三个案例强调组织如何通过一个主要的路径成为反应型组织。在第一个案例中，达罗开发有限公司（Daro Development，Inc.）的总裁作为唯一一个开拓型组织的管理者去世了，这使得他的团队无法明确阐释组织战略。在第二个案例中，科恩出版公司（Cohen Publishing Company）正在努力制定一种分析型组织的战略，但是它的现有结构不适合这一挑战。在第三个案例中，异国美食公司（Exotic Foods）作为一个防御型组织，正被迫退出这一领域，但是这家公司不愿意放弃现有的战略与结构。

一个不明确的战略

达罗开发有限公司（简称达罗公司）是一家位于美国中西部的中等规模的公司。该公司由创始人丹·罗杰斯（Dan Rogers）一手创立。达罗公司的主营业务是商业中心的开发和运营以及中等价位的公寓大楼。除了这些主营业务，达罗公司进一步拓展业务范围，涉足建筑、非达罗公司开发项目的管理以及近期在城市规划领域提供的咨询服务。

尽管达罗公司的发展很快并且是多元化的，但是这背后并非没有逻辑。1960 年，年轻的丹·罗杰斯刚拿到建筑学硕士学位，他的叔叔就给了他一个机会，让他在家族拥有的一部分地产上设计并建造一个小型商业中心。尽管在这个过程中他犯了许多代价高昂的错误，但是这个商业中心最终不仅在设计上获得了称赞，而且在财务上获得了很大的成功。在家人的资助下，他开始在相邻社区设计和开发第二个小型商业中心，还在附近的大都会设计和开发一个中等规模的商业中心。这些商业中心同样在设计上得到了认可。尽管成本逐渐上升，但由于他充沛的精力和出色的协调能力，他开始着手为建造第三个商业中心进行预算规划。

丹·罗杰斯在中等规模项目上的管理经验使他相信对施工活动的控制是成功开发商业中心的关键。因此，达罗公司（在第二个开发项目前成立）组建了自己的施工队伍，以处理关键的施工问题。公司在永久员工名录中增加了一名建筑监理和一名工头，并在每一个项目中通过签约招聘工人，通过租赁获得设备。

前三个早期项目的开发实际上在两州区域内提供了更多的个人投资和合作投资的机会，而进一步在商业中心项目上获得成功使得丹·罗杰斯开始寻找其他的设计和开发机会。公寓大楼看起来是商业中心的一个很自然的补充，并且一个一体化的公寓-商业中心很快获得了全美的关注。然而，正当他为自己获得认可和扩大的业务感到开心时，这一喜悦被其中一个于18个月前完工的商业中心的失败破坏。他认为，这个中心一直疏于管理。他说服债权人允许他参与选择新的管理团队以及创建维修和会计系统。事实上，这个新管理团队采取的手段非常有效，于是公司与这个团队签订了负责另一个邻近社区的公寓大楼和商业中心项目的合同。很快，这个团队成了达罗公司地产管理部门的顶梁柱。

公司于1971年成立了城市规划部。这一部门的设立主要源于丹·罗杰斯认为公司的设计既应该考虑美学价值，也应该考虑环保。丹·罗杰斯经常出席规划小组的会议，并在贸易和学术期刊上发表了许多文章，因此他的建议得到很多人的认可。所有这些事情都需要他投入大量时间，然而，20世纪60年代，他开始在公司内引入环境及城市规划专家。最初，这些专家是为了满足达罗公司自身开发项目的需要，但是后来他们被分配到其他开发者以及城市规划小组中。这个部门目前包括25名专业人员以及一个较大的文职人员团队。

从20世纪60年代至70年代早期，丹·罗杰斯一直掌管着其不断发展壮大的公司的各个部门，寻找新地点，进行融资筹划，在现场进行改造，并在咨询服务部门发挥主要作用。在每一个领域，罗杰斯都亲自挑选主管，并长期与他们保持联系。从某种意义上讲，这些部门是罗杰斯创造能力的延伸。

1975年，由于暴风雨天气，丹·罗杰斯的私人飞机坠毁于飞往新开业的商业中心的路上，丹·罗杰斯和飞行员在这场事故中遇难，为此达罗公司的生意遭受重创。丹·罗杰斯的外甥，33岁的律师阿特·托马斯（Art Thomas），接管了CEO职位。他与卡尔·爱德华兹（Cal Edwards）紧密合作。卡尔·爱德华兹曾任公司的首席财务官，之前他还担任过银行总裁。

自从丹·罗杰斯去世后，虽然公司仍有条不紊地运转，但是新项目的进展逐渐放缓。虽然有很多机会，但是管理团队对于将什么领域作为重点关注对象充满了争议。例如，阿特·托马斯认为咨询部门应该扩张，但卡尔·爱德华兹认为应该扩大公司的资产管理业务（公司主要的现金流来源）。阿特·托马斯认为很难做决定，一方面因为各种日常业务问题已经占用了他的大部分精力，另一方面，尽管各个部门已经独立运作，但是它们并没有成为真正的利润中心，这使他很难了解每个部门对总体利润的贡献。

此时，阿特·托马斯试图将所有业务的推进速度放慢以等待总体行动规划的制定。他要求每个部门的负责人提交一年、三年和五年规划，这些规划要具体到增长机会和融资需求。然而，随后他开始怀疑这些规划是否有足够的价值。"问题在于，"他抱怨道，"所有人都在执行命令而没有独立思考。未来十年我们所处的任何领域的业务都会发生变化，我不确定我们是否有足够的能力来应对。"

达罗公司的经历是一个典型的例子，即组织可能变成一个反应型组织：管理层不能明确提出公司的战略。达罗公司在丹·罗杰斯的管理下顺利发展壮大。丹·罗杰斯的个人技能（后来得到了达罗公司更多资源的支持）延伸到了商业中心、建筑工程、公寓大楼以及城市规划领域，这也是大多数组织成长的共同特征。然而，与其他采用开拓型模式的成功组织不同的是，达罗公司不能明确指出其开拓型组织的战略。其中最重要的证据来自剩下的最高管理层。目前关于达罗公司的未来发展方向存在很多分歧，至少在组织结构层面存在很多分歧。也许如果丹·罗杰斯还活着，他能够很好地提出他所设想的组织形式。没有他的指引，管理层似乎无法为公司找到一个明确的发展路径。目前，公司更像是一个由各个半自主部门构成的松散集合，每个部门都有理由强调各自领域和业务的重要性。

此时，达罗公司既可以成为分析型组织，也可以成为开拓型组织。达罗公司当前的去中心化的结构可以促进其开展积极的开创性活动，但是在这一战略被有效推行之前，公司需要在一些重要的过程上做出改变。例如，CEO 阿特·托马斯在日常经营细节上耗费了大量的时间。其中一个原因是他刚刚上任，而另一个更重要的原因是达罗公司的部门经理不习惯作为自给自足的利润中心的负责人独立管理部门，而这正是开拓型组织必须具备的。

除了厘清阿特·托马斯和其他管理成员的角色以及他们之间的

关系外，组织的计划、沟通以及控制系统都需要仔细定位。丹·罗杰斯曾是每一个系统的核心，显然公司不能再在这种个人化的模式下持续有效地运作。当前，计划和控制都杂乱无章，公司只有少量的动力来推进这些已经开始的项目。然而一旦这些项目完成后，公司的管理层便会陷入针对未来运营重点的纷争之中，这将使公司的计划和控制机制趋于混乱。要使公司成为一个真正的开拓型组织，正如第4章所谈到的那样，达罗公司的计划系统需要变得整体化，并且要以结果为导向而不是以方法为导向。此外，在计划完成之前，公司还需要指导并约束一些试验性行为。类似地，控制系统需要去中心化以使部门经理能根据需要采取措施来管理日常业务。不幸的是，由于过去的经历，没有一个部门能够迅速在这样的计划和控制系统下高效运作。因此，如果达罗公司选择成为一个开拓型组织，那么阿特·托马斯和他的部门经理们需要很长一段时间来建立计划和控制流程。

或者，达罗公司的管理层也可以制定一种分析型组织的战略。考虑到公司不再依赖于丹·罗杰斯的强大能力，这一战略被认为是可行的。如果没有丹·罗杰斯参与达罗公司的诸多项目并给出指导和专业建议，管理层可能会认为，至少在近期，积极的开拓型模式是不可能实现的。然而，为了实现分析型组织战略，达罗公司需要在很大程度上改变其组织结构以符合战略的要求。第一步应该是将公司的业务区分为相对稳定、具有持续盈利能力的业务和更具投机性的业务。在达罗公司的案例中，公司主要的稳定经营业务和主要的现金流来自商业中心以及公寓管理部门。这一业务最有可能成为达罗公司的核心业务，可以辅助公司进军其他领域，例如咨询领域。

推行分析型组织战略的第二步是建立一个能同时开展稳定业务和灵活业务的可行流程。例如在资产管理部门，为了使新的商业中心项目和公寓项目顺利推进，进行深入的计划是必要的。同时，为了确保该部门能够健康稳定地运行以支持公司在其他领域的投资，需要对该部门进行严格的财务控制。然而，在其他部门如咨询部门，部门经理在经营活动上将获得更多的自由裁量权。这时，只有宏大的计划目标和控制机制能够被采用。这可以使得管理者在发现潜在机会时，能够快速采取偏离计划的措施来抓住这些机会。因此，如果达罗公司选择成为一个纯粹的分析型组织，那么公司需要采取一种截然不同的组织形式。这种形式所带来的结果将与选择开拓型组织带来的结果不同。

总而言之，由于缺乏一个明确的战略，达罗公司在当前可以被视为反应型组织。管理层之所以难以提出一个明确的战略，一方面是因为公司唯一一个具有长远眼光的人去世了，另一方面是因为目前公司处于战略真空期，各部门领导因为需求不同而相互争执，每个人都有合理的理由来试图扩张自己的业务。值得注意的是，达罗公司所面临的环境并没有向有利的方向变化。由于受当前战略缺乏的限制，组织难以通过行动实现自身与环境的可接受的平衡。

结构与战略的不当结合

尽管许多组织经历了与达罗公司相似的发展过程，但人们还是认为类似的适应性问题在成熟的组织中比较少见。从这个意义上来说，下面这个案例可能更加典型。

科恩出版公司是一家数年来被公认为以出版高质量教材和商业图书为主要业务的中等规模的出版公司。然而，科恩出版公司在行业内还以其盈利能力的大幅快速波动而闻名。"一些外部人士认为我们每隔几年就会从成功的顶峰滑落至破产的边缘，然后经过我们的努力又起死回生，"公司总裁艾伦·施瓦兹（Allen Schwartz）说，"这是不正确的，但是我们确实有过许多不稳定的经历。"

科恩出版公司最初仅仅是由大学运营的出版商业图书的一家小型公司。为了拓展公司的出版业务，科恩出版公司在早期收购了一家与自身规模差不多的销售教材的出版公司。从那时起，公司实施了三次大的并购活动，合并了两家商业图书出版公司、一家教材出版公司。这三家出版公司是业界公认的出版高质量图书的公司。尽管这三家公司被并入科恩出版公司已经有一段时间，但在公司的整体结构下，对于公司的发展方向和重点关注领域，仍然存在大量分歧。为了消除这些分歧，科恩出版公司在制订出版计划上历来赋予其主要的编辑小组自由裁量权。如果每一个小组在同一年都取得成功，那么公司的整体业绩就会非常出色。当然，反过来就都差。但是绝大多数年份的业绩介于两者之间，很多人认为科恩出版公司是一家非常不稳定的公司。

科恩出版公司围绕其组织结构发展了很多能力。公司出版童书，商业图书，小学、高中及大学教材。公司还有一些专门部门，例如视听部门和特别项目小组等。因此，如果存在潜在的机会，科恩出版公司一定能抓住，因为公司拥有所需的专业知识。此外，正如之前提到的，编辑拥有较大的自由裁量权，并且他们时刻关注相关领域的创新想法。

然而，组织内的许多人相信科恩出版公司的结构不利于持续创新。公司层面主要包括小学到高中图书部门、高等教育图书部门、商业图书部门、国际图书部门等。在公司层面以下，大多数部门按照职能进行划分。例如，大学部门（高等教育图书部门的一部分）

由四个主要单元构成：编辑、销售、生产和营销等。其中每一个单元都是独立的，这使得那些希望开展项目的编辑需要跨部门合作来推动产品的生产、营销和销售。自从大学部门开始介入大学市场的所有领域和学科，这一工作流程开始变得迟钝。

几年前，关于企业管理的一系列会议召开。这些会议得出一个主要结论，即高等教育图书部门的编辑对出版需求有不同的认知，并且他们采取的行动也是千差万别的。因此，尽管许多编辑取得了个人的成功，但是高管层面并没有为不同经理之间的协调与控制提供服务。总裁施瓦兹说："我们还是希望能够找出最令人兴奋的作者和项目，但是我们也需要采取措施控制好我们的业务。"

因此，企业管理层要求大学部门的每个编辑都要在自己的领域制订一个五年计划，并且大约九个月后要在公司层面的会议上做简短的报告。每个编辑的个人计划将由三位总编辑（人文、社会科学、自然科学）评审和总结。公司管理层相信这个流程不仅可以使得计划更加相关和具体，而且参与这一流程所获得的"教育"收益可以在未来有助于稳定公司的运作。少数高管将科恩出版公司的改变归因于这一新的项目流程，但施瓦兹在之后几年的报告中提到"事情已经平静了许多"。许多人感受到管理层对于计划的强调使得公司变得日趋谨慎，这可能最终使得公司过去擅长的创新活动受阻。

与达罗公司不同，至少在目前，科恩出版公司的管理层将公司定位为开拓型组织。科恩出版公司的高管相信组织需要在商业图书和教材方面走在新产品和市场发展的前列。近年来，科恩出版公司已经成功践行了它的战略，特别是商业图书部门。然而，由于20世纪60年代至70年代图书行业整体紧缩，公司的管理层认为，是时候让公司稳定下来以使其能够应对可预见的更加严峻的情况。

通过稳定化，科恩出版公司的管理层期待能够缓解之前特别显著的利润波动。管理层认为解决这个问题的方法在于制订长期规划：当目标变得更加清晰时，企业将会在实现目标的过程中少犯错。同时，管理层也不想失去其开拓型组织的能力。因此，用我们的模型语言来说，科恩出版公司希望成为一个分析型组织。

对科恩出版公司当前结构-过程安排的仔细研究表明，组织在当前形势下难以实施纯粹的分析型组织战略。第一，正如案例谈到的那样，公司大部分主要业务单元（例如商业图书和教材）主要是以职能结构的形式组织的。这些职能结构看起来并不像是专门为内部稳定的产品-市场领域构建的。这些职能结构的发展看起来仅仅是为了促进专业化和提高效率。这使得那些被鼓励拓展并因此获得奖励的商业图书和教材编辑，为了适时生产和销售他们的产品，不得不克服专业化和效率提高所带来的好处。

要想成为一个真正的分析型组织，科恩出版公司的管理层需要决定公司不同部门所负责的领域中哪些是真正需要稳定的。例如，对于那些每年变化较小的领域，可能会要求编辑做可以不断修订的教材。这些领域的开拓性工作可以让其他公司来做，而且可以通过监控手段而不是主动追寻来应对新开发的产品。如果能够进行适当的分组，那么为了使公司能够持续高效出版高质量的读物，现有的职能结构仅仅需要做微小的调整。而这些行为也是可以被统一计划、协调和控制的。然而，最重要的是，需要采用和过去不同的激励方式来鼓励编辑，获得奖励的编辑并不是那些直接开发产品的人，而应该是那些成功地模仿竞争者的产品和服务的人。

另外，在那些变化多端的领域，科恩出版公司需要进行重要的结构-过程变革。当前编辑的开拓性行为做得不错，正是那些他们所负责的教材需要不断改变。例如，在结构方面，对生产和营销等重要单元的严格区分使得组织对其感知到的产品和市场机会的反应速度放缓。为了让编辑能够与生产和销售人员更好地合作，需要对职能结构进行调整，引入相对自主的小组。对于过程的改变，最重要的是计划问题。高管们当前渴望建立的长期计划系统可能会影响组织单元的适应能力，因为他们的业务可能不太适合提前计划。建立一个长达3~5年的稳定计划可能事与愿违，因为这些单元需要对感知到的机会做出反应，而不是制订好的计划。

总的来说，要成为一个真正的分析型组织，科恩出版公司需要将其产品-市场领域区分为稳定部分和灵活部分，并采用不同的组织结构来应对这两个部分。此外，一些过程，诸如计划、控制和奖励分配，都需要与不同的结构建立恰当的联系。科恩出版公司当前的结构-过程安排正在阻止组织推行分析型组织战略。

坚持不合时宜的战略与结构

达罗公司和科恩出版公司都建立了一种脆弱的战略-结构关系。在最后一个案例中，异国美食公司建立了一种强有力的战略-结构关系。然而，由于公司的环境发生改变，当前的战略与结构不再匹配。

异国美食公司是一个半综合性的食品加工企业，公司拥有较多生产线，主要生产干果、坚果以及渔产品。过去30年，公司在一个被几家大公司主导的领域发展并初具规模。

异国美食公司在干果和坚果加工及销售上都做到了行业领先。然而，随着劳动力成本的上升和竞争的加剧，公司在这些领域的能力出现下滑。"我们当前的市场正在趋于饱和，"公司总裁杰克·密尔克斯（Jack Milks）说，"所以我们正在考虑引进一些水果罐头生产线。但是在我们引入新产品之前，我们需要确定我们不会失败。"

总裁对于盈利能力的担忧可能源于公司脆弱的现金流。尽管公司拥有极强的成本意识，并且任命了负责成本控制的领导来管理四个主要业务，但渔产品与水果产品的较低的边际利润以及收获和加工所需的高昂开支使得公司近年遭遇持续的现金流问题。"我们需要采取措施扩张以进入更加有利可图的市场，"密尔克斯接着说，"但是我们不能牺牲效率。"

1972年，为了扩张，公司收购了一家食品零售连锁店。这一决定基于18个月以来高管团队之间的充满大量纷争的分析。去年，由于连锁店的业绩不断下滑，异国美食公司开始考虑出售该零售连锁店，尽管撤销投资可能会导致损失。

公司副总裁艾弗拉姆·高曼（Avram Goldman）主要负责营销和并购项目的推动，她讽刺道："我们选的时机很差。当我第一次建议收购这家零售连锁店时，所有的关键指标都是不错的。但是当那些完全不了解零售行业的人开始将自己的忧虑传递给每个人时，情况就变得完全不一样了。这家公司对于损失的重视已经到了病态的程度，我们为此要不断地计划、争执、再计划，以至于我们没有办法做出决定。"

公司被分为四个职能部门：田间业务、食品杂货、制造与销售（非食品生产线）和行政部门。所有的部门都很专业并在企业层面负责协调与控制活动。然而，最近几年，管理层发现有必要通过特别委员会来对四个部门进行协调。这些特别委员会是临时性的小组，而且其人员构成也随时间变化。"我们的产品线、生产流程和组织结构已经建成多年，"密尔克斯说，"但是我们现在更多地利用委员会系统来解决不同部门之间的分歧。坦白来讲，这些委员会还没有大幅提高效率,并且,如果我们增加产品线,我不认为公司还能继续这样运作下去。"

与达罗公司和科恩出版公司相似的是,异国美食公司也在应对环境的过程中遇到了麻烦。然而,异国美食公司的问题还不太一样。截至目前,管理层拥有一个逻辑清晰的战略。异国美食公司在食品加工行业内是一个防御型组织,是一个产品-市场领域较窄且多年来比较稳定的组织。此外,在这期间管理层采取了一系列措施将组织的结构和过程与防御型组织所要求的趋于一致。例如,组织的职能结构早在公司成立之初便已经确定,并且没有太大的改变。纵向一体化还进一步加强了这种结构——收获、加工以及部分零售业务都在同一个公司内进行。最后,为了保证生产效率,每个部门都指定了一名主管,主管的责任是建立程序以控制成本。

现在看起来异国美食公司面临的环境正在改变。公司的主要市场趋于饱和,但是公司的结构和效率导向似乎正在阻止其往更有效的方向发展。这一问题在公司收购零售连锁店之后变得更加复杂。不仅这个投资项目变得更加艰难,而且其产生的不利后果(店铺销售发生巨额亏损)还会使管理层对公司为解决问题而做出的重大改革产生疑虑。因此,异国美食公司所表现出来的反应型组织的特征比达罗公司和科恩出版公司所表现出来的特征更加具有普遍性,这个特征是管理层在面对组织环境发生较大改变时仍然固守某种战略-结构关系。

正如第3章所谈到的,防御型组织的主要风险在于组织难以定位新的产品和市场。事实上,在出现危机的时候,典型的防御型组织既难以也不愿意通过在环境中搜寻潜在机会来应对适应性问题。事实上,防御型组织更倾向于依靠自身独特的能力来寻找适应性问题的解决方案。这体现在异国美食公司的案例中。在公司的利润逐渐下滑时，公司管理层没有积极地寻找新的产品或者市场，而是建立了特别委员会帮助不同的部门建立联系。这些委员会的任务是提高生产效率从而降低成本，这是一种特别的类似于防御型组织的策略。然而，管理层也承认，这些委员会做得不是很好，并且一旦公司增加产品，这些委员会成功的可能性将会更小。

那么异国美食公司在此时该如何做呢？显然组织在当前市场不能回到一个纯粹的防御型组织了。同时，异国美食公司也很难成为一个开拓型组织：它的纵向一体化职能结构并不允许它迅速地发掘新产品和市场机会。最有可能的是，异国美食公司不得不变成一个分析型组织，保持公司健康产品的稳固基础的同时谨慎地选择新的市场和产品。为了实现这个目标，管理层需要培养能够在环境中寻找机会的能力，并且需要学习如何在符合成本效益的基础上将这些机会纳入自身的组织体系。异国美食公司当前的结构-过程安排显然不充分：分析型组织的战略不能通过修补防御型组织的结构来实现。事实上，为了摆脱困境，异国美食公司需要对其目前的运营状况进行一次详细的诊断，相关内容将在下一章介绍。

小　结

本章总结了我们对四种组织类型的讨论。正如第 2 章所谈到的，这四种组织类型涵盖了我们所观察到的绝大多数企业的行为，这些企业横跨不同的行业。反应型组织代表了一种"剩余"的组织行为，原因在于这类组织没有办法采取防御型组织、分析型组织或者开拓型组织所采取的稳定战略，只能采取自己的应对方式。

正如达罗公司、科恩出版公司和异国美食公司的案例所提到的那样，反应型组织是一种不稳定的组织类型，因为它不具有一套能使其持续应对环境的机制。这类组织经常陷入一种恶性循环，即对环境变化和不确定性做出不恰当的反应，导致较差的绩效，然后又不愿在未来采取积极行动。

毫无疑问，有许多原因可以解释为什么组织会成为反应型组织，但是我们在这里仅给出三个原因。第一，高级管理层并没有提出一个明确的组织战略。这体现在达罗公司的案例中，该公司CEO的离世使得公司出现了战略空白，没有一个统一且一贯的组织方向，组织很难做出一致且积极的行为。

第二，大概是许多组织都存在的一个能力问题，即管理层没有改进组织的结构和过程以适应所选择的战略。除非在所有的领域，工程和行政管理决策都可以在运营战略中紧密结合，否则战略仅仅是一种陈述，而不是有效的行为指南。科恩出版公司希望成为一个分析型组织，但是公司目前的结构-过程安排与其期望的战略是不一致的。

第三，正如异国美食公司的案例所体现的，尽管环境发生了较大改变，但是管理层依旧保持现有的战略-结构关系，这导致组织失能和失败。这是反应型组织需要坦然面对之处。那么管理层未来会容忍自己的优柔寡断，还是会选择三种可行战略之一？

在下一章，我们将通过组织适应模型（适应周期）和四种组织类型来诊断组织的适应模式，从而解决这一问题，我们还将提出组织将在何处以及如何调整以与环境建立一种更有效的联系。

第 7 章
模型应用

在前 6 章,我们介绍了一个关于组织适应的一般模型——适应周期,它包括组织在感知、构造并响应其所选领域的内在条件与外在条件时的重要决策和行为。适应周期定义了这些决策和行为,强调了一致性,并承认决策者行为和决定对随后的组织行为的约束。我们为适应周期提供了四张模式图,每张图都描述了一个适应过程的行为模式。我们的研究表明,组织可以根据它们反映的模式来分类并且每一类中的行为模式都是一致且独立的。

现在的问题是"该怎么办"。这个理论框架可以帮助经理人诊断组织当前的适应性问题吗?这个理论框架可以帮助我们采取一种合适的战略吗?我们对于这些问题的答案是一个谨慎的"可以",主要原因有两点:第一,这个理论框架还没有被完全检验;第二,即使在新理论的帮助下,经理人也很难抛弃过去的认知和行为并客观看待组织的环境和需要。

本章的目的在于指出这个模型（适应周期和四种战略类型）在经理人拥有客观分析能力和可用信息的理想状况下，将如何用于诊断问题。本章还将讨论在一般情况或者略差于理想状况下该模型的应用。在第一个案例中，阿尔法电子公司（Alpha Electronics）的一个分析师笃定开拓型组织是当前最适合公司的战略类型。由于公司高管希望参与到公司的诊断工作中，分析师的少数建议得到了公司高管的认可。在第二个和第三个案例中，诊断和变革过程受到管理层强烈但可理解的反对。在堡垒保险公司（Fortress Insurance），虽然分析师建议公司放弃防御型组织战略，选择分析型组织战略，但管理层并没有在组织结构和过程上做好必要的准备来推行这一战略。道尔顿化学公司（Dalton Chemicals）正考虑从一个防御型组织转型为开拓型组织，但是分析师的反对意见并没有被高级管理层的核心成员接纳。

模型在理想状况下的应用

接下来的案例（涵盖了几个真实组织的行为）指出适应模型作为诊断和规范工具的运用。

阿尔法电子公司是一家相对较小（拥有 1 200 名员工）但是发展迅速的公司，主要生产复杂的测试设备。这些复杂的测试设备主要供给电脑行业和其他与高科技电子产品的设计和制造相关的企业。比尔·柯博（Bill Cobb），阿尔法电子公司的总裁（持有公司 1/3 的股份），是一位杰出的应用物理学家，他直接参与和开发了公司大部分产品部件。然而,由于他热衷于研发活动,他总是对两个合伙人言听计从,并从一个电脑制造公司挖来了一个营销经理、从一个非电子行业公司挖来了一个财务主管(阿尔法电子公司的一个合伙人在这家公司任董事),来帮助管理公司。在过去数年,比尔把大部分日常工作交给营销经理和财务主管来处理,他自己将时间花在实验室和休假上。

休假期间,比尔认真思考了公司的未来。他回忆起公司去年发生的一些事情,感到越来越不安,特别是汤姆·迪勒(Tom Diller)的突然离职。汤姆过去为公司做出了大量的贡献,马上就可以得到提拔并获得大量分红。然而,汤姆去了一家大型电子公司。比尔认为,如果有机会的话,他可以让这家公司与阿尔法电子公司展开激烈的竞争。

比尔休假回来后,在之前上课的商学院找到了一个熟人。这个熟人建议比尔去找一个分析师,这个分析师是这所大学的兼职老师。比尔随即邀请这个分析师来公司参观并向他坦陈了目前的担忧。

"主要的问题在于,"比尔总结道,"我不知道我们将要去往何方。我有一种感觉,就是我们过去所做的一些正确的事情开始变味了。"

这个分析师建议对公司的外部环境及内部运作进行整体评估,首先从比尔开始,然后是营销副总裁凯伦·华森(Karen Watson),接下来是设计师柯蒂斯·冯·奥特曼(Curtis Van Ortman)。在最初的讨论中,三位高管对目标一致和不一致的地方产生了很多有趣的想法。比尔认为需要持续开发新的零部件来满足更先进设备的测试需求。凯伦表示同意,还表示希望扩大公司的产品市场以满足那些小公司的不太复杂的需求。"公司的现金流需要提升,"她说,"我们需要在增加销售收入的同时降低成本。"

"我正是这样向汤姆解释的，"柯蒂斯说，"他很想知道为什么我没有批准一个12 000美元的项目，以扩大他在第一单元的那个小实验室。我解释说其实我们已经有一个不错的实验室，如果每个单元都要求有自己的研究设备，那么公司的发展便会放缓——实际上这是令人十分尴尬的。"

"现在我知道汤姆为什么离开了，"比尔回答道，"我之前跟汤姆以及其他单元的负责人承诺过，我们将把公司的实验室分解开来——每个单元都有一个实验室，可以独立完成整个研发流程。"

会议结束后，比尔和凯伦同意开展一次系统的调查工作。这项工作将与长期关注这一行业的专家一起进行，旨在研究公司的传统业务是否还有新的市场机会，并且是否要进入凯伦所提到的成本较低的新业务领域。与此同时，柯蒂斯同意修改每种产品的回报率，并且预估当前项目需要投入的资金（砍掉一些项目以前），他还需要列出他认为合理的成本节约计划。

就在高管们忙于完成这些任务时，分析师要求比尔安排他与各单元的负责人会面，并且要求安排一系列会议，使得他可以与一线生产小组进行交流。在与各单元负责人谈话的过程中，分析师发现比尔聘用了一批优秀的富有激情的年轻工程师和科学家。单元负责人纷纷热情地介绍他们的产品线，尤其是最新开发的产品。"我们可以这样说，"一位单元负责人说道，"从生产线上下来的所有测试设备都与设计方案存在差异，我们对它们做出了改进之后才将它们投放市场。"

在生产车间，分析师发现了一批工作热情不及那些工程师和科学家的监督员。"我们被夹在中间，"其中一位监督员说道，"比尔（总裁）和查理（单元负责人）每五分钟便要求我们做一次修改，如果成本超过了预算，会计又会来找麻烦。"

分析师还发现，尽管各个小组对生产计划和设计方案都有较大的自主权，但小组组长在定价和成本计算方面的影响力很小。每个单元都不是一个利润中心，一直到最近公司才开始计算各单元的工作成本。

当分析师顺着公司的层级考察生产部门时，比尔和凯伦已经完成了第一阶段的调查工作。调查结果表明，阿尔法电子公司在高级的复杂设备市场继续保持领先优势，此外还有一些生产便宜仪器的公司，这些公司只需要阿尔法电子公司生产的复杂设备中的关键零部件，这些业务有很好的前景。

分析师与公司管理层讨论问题时传达了这一结果。他认为，比尔、凯伦以及大多数单元的负责人都认为公司应该践行一种"开拓型"模式，并且公司有能力成为开拓型组织。阿尔法电子公司开发的许多产品都是市场第一，只不过到目前为止，一些竞争对手开始进入阿尔法电子公司主导的业务范围。但是，如果公司希望继续保持成功，那么需要加强而不是减弱所有产品线的研发工作。因此，分析师认为比尔希望分散研发活动的想法是有一定道理的。

然而，仅仅分散研发活动是不够的。单元负责人对于成本控制或长期客户服务的责任意识不够。除了研发以外，他们还应该负责生产、定价、服务，并确保产品的利润。换句话说，每个单元应该成为一个完整的利润中心。

分析师认为生产便宜的测试设备似乎是个好办法，但是如果没有对生产进行很好的控制，可能会分散公司的主要精力。他建议公司成立一个全资子公司，最好收购一家制造简单设备的公司。这种公司往往具备先进的成本控制专业技能和知识，并能逐渐从阿尔法电子公司引进高质量的零部件。此外，随着大型设备的设计完成，再加上拥有较为稳定的市场，可以将生产这些设备的产品线转移到子公司。

会议一直进行到深夜,参会者充分讨论了分析师建议的发展路线所需的条件。分析师指出,如果阿尔法电子公司按照他的建议进行改革,那么在一段时间内,公司可以将独立部门或者单元与销售力量结合起来。此外,比尔也可以在实验室继续开展研发活动。当然,必须对资本支出加以限制,但最终子公司创造的利润有利于公司开展更广泛的开拓性活动。

分　析

比尔为公司请来的分析师并没有具体分析公司情况,而是使用了与我们提出的理论模型十分相似的诊断检查表。分析师对照适应周期的三个要素来评价阿尔法电子公司,他认为公司是一个开拓型组织,但是其适应模式不同于开拓型组织,因此分析师建议公司重新设计来稳固其开拓型战略。通过一步步考察,我们可以清晰地了解这一诊断过程。

领域决策　分析师首先检验了阿尔法电子公司在以下领域的一致程度:感知领域、构造领域、期望领域和客观存在领域。在阿尔法电子公司中,这四种领域都高度一致。

比尔认识到计算机精密电路系统和他使用的其他设备都需要复杂的测试设备。他创造能力很强,很快便开发出了这些测试设备必需的零部件,并获得了巨大的市场成功。比尔的迅速成功使得许多合作伙伴都想收购他的公司。这时,比尔设计并主导生产了大量设备,其市场价值远远超过出售公司所带来的价值。因此,公司认识到这一点时做了如下决定:阿尔法电子公司对这些复杂测试设备的快速推广和比尔以及其他年轻科学家的发明同时进行。此外,毫无疑问的是，比尔和许多管理者都希望在精密测试设备的开发和生产领域保持优势。最后，客观地说，我们发现只要阿尔法电子公司重视利润，并且给研发活动提供足够的资金以使它们保持领先优势，公司在未来一段时间就能保持良好的发展趋势。

工程决策　诊断到目前为止，阿尔法电子公司和分析师都面临一个问题：阿尔法电子公司是否能够成功？也就是说，阿尔法电子公司是否拥有开拓型组织所应该具备的技术资源。答案是肯定的——前提是这些技术资源被适当地分配和利用。阿尔法电子公司拥有足够的科学知识，然而，其技术分布在中心实验室和生产单元中，并且它们对于自己手中的技术能够给公司带来怎样的价值没有明确的概念。

行政管理决策　分析师发现，偶然的机会和人为的计划都使阿尔法电子公司成为一个开拓型组织，但它的结构还不能完全适应其市场定位。如果阿尔法电子公司继续只生产高级设备，那么应当要求各单元负责人将注意力集中在一个明确的产品领域，并要求这些单元转型为独立部门，能够研究、设计、制造和维修有限的尖端设备。同时，只需要一小部分公司部门提供基础研究、市场分析及其他方面的支持，另外还包括总体上的控制。当前所采取的集中控制和分散职责相结合的模式会产生许多问题。

因此，根据我们的模型，公司的行政管理还没有完全适应已有的领域和工程决策。分析师特别注意到，阿尔法电子公司还未调整其组织结构以应对即将发生的变动。不管是从市场调研来看，还是从公司的资金需求来看，扩大公司的产品线，生产便宜、高质量的小型测试设备都是十分明智的做法。但是，为了进入这一市场，公司仅凭这个为开拓型组织而设计的结构将给公司带来巨大的灾难。标准化单元的大批量生产，不论如何创新，都难以适应阿尔法电子公司的技术优势。恰恰相反，通过收购一些小公司，可以获得公司急需的生产技术和行政技能。若采取这种模式，阿尔法电子公司的研发能力将会得到充分的发挥，并且还不会影响公司对创新活动的管理。

主要的风险防范措施　在这种情况下，分析师提出了一种现成的"保险政策"，即建立一家子公司。该子公司可以在比阿尔法电子公司更稳定的市场领域运营，而且比母公司更具成本效益。阿尔法电子公司和分析师现在面临的长期任务是培养管理层的能力，以确定何时某个特定的产品设计已经发展得足够成熟，可以转移到子公司，而实验设计则保留在母公司的几个部门中。解决这个问题当然将是一个持续的过程，需要精心设计奖励机制，以保证母公司和子公司之间的公平。

目前，分析师、最高管理层和阿尔法电子公司各运营部门的代表正在设计一种许可安排，使得各个部门一旦设计完善，就能立即将其"出售"给子公司并获利。子公司愿意为新产品支付的"价格"将反过来对新产品的市场价值进行检验。子公司支付的部分版税将直接归于开发该产品的母公司部门。该部门可以以任何方式使用这些资金，预期大部分版税将被重新投入研发。同样，阿尔法电子公司正在考虑将额外的附属业务作为非测试设备领域的衍生业务。通过这些行动，阿尔法电子公司正在设计一个系统，使其能够持续进入新领域（领先于竞争对手），同时仍能从其研发投资中获得最大收益。

然而，情况并不总是如此，因为管理层感知、期望和实施的领域与客观存在的领域并不总是符合阿尔法电子公司的情况。换句话说，该公司对内部一致性和防范风险的需求也不总是那么明显。以下两个案例展示了更加复杂且现实的情况。

模型在正常条件下的应用

至少在 20 世纪 70 年代初,堡垒保险公司一直是美国中西部最大的个人和集体寿险承保商之一。公司成立于 20 世纪初,并且在 1910—1920 年取得了快速发展。直到 20 世纪 40 年代,公司才发展成为全国性公司;直到 20 世纪 60 年代,该公司在美国中西部以外的销售收入才超过中西部的销售收入。尽管公司在中西部(占销售收入的 1/3)发展得依旧十分强劲,但公司在全美范围都加大了销售和投资力度。(20 世纪 50 年代公司开始提供集体寿险服务。)

20 世纪 60 年代末,堡垒保险公司的增长开始放缓。管理层不情愿地开始考虑将公司转变成一家全产品线的保险公司(增加了车险、家庭险以及灾害险等),这也正是公司的许多竞争者正在采取的行动。公司在 1968—1970 年进行了三次咨询,旨在分析公司当前及未来的市场定位。这三次咨询均建议公司走全产品线道路。

1971 年,在负责实施 1970 年研究的咨询公司的协助下,堡垒保险公司收购了中西部三家公司的控股权,这三家公司分别提供车险、灾害险和家庭险。根据分析师的建议,堡垒保险公司让这三家公司的管理层继续参与公司运作并着手准备实现最终目标——将这三家公司在结构上与堡垒保险公司整合。此时,尽管堡垒保险公司对这些业务的现金流比较满意,但其管理者仍然感到担忧,因为他们感觉自己没有按预期利用市场互补效应和成本效益效应。销售的整合只在中西部地区有所进展,而在这些地区,离整合的完全实现还有一段距离。在许多地方,至少有三支销售团队在现场工作,而寿险销售人员在推进新产品线方面没有付出努力。

就在堡垒保险公司推进全产品线业务时，公司决定对业务实行区域化管理。其竞争对手斯塔尔保险公司（Starr Insurance）在四年前就宣布实施区域化管理。该公司 1950 年的销量只达到堡垒保险公司的一半，但 1970 年时便已经超过堡垒保险公司。斯塔尔保险公司还为此开展了一场广告竞赛，这拉近了公司与消费者的距离，使得公司可以快速响应消费者，并从总体上提供"小公司，大安全"式的服务。

堡垒保险公司在美国西北地区、西南地区和东北地区设立了区域办公室，其总部则变成了中西部地区办公室。然而，这些办公室都不能提供全套服务。全美的寿险销售人员向地区经理汇报工作，但只有西南地区的办公室（距离总部最近的办公室）拥有全业务的员工。所有的集体保险及其索赔都需要在总部办理，所有的非寿险及其索赔也是这样。只有在西北地区，经理才能召集保险销售人员。堡垒保险公司的一位观察者对公司的区域化管理持批评态度，认为公司正在走向"分散的集中化"道路。

分　析

堡垒保险公司的高层管理者对公司的未来发展方向感到沮丧和不确定。在某些情况下，管理者认为他们的一些决定不仅没有解决问题，反而制造了问题。这导致，尽管管理层相信一些决定是必要的，但还是犹豫是否要激进地采取某些举措。

那么类似于阿尔法电子公司的诊断方法可以用到这里吗？我们认为可以，并且相当有用。但是我们认为堡垒保险公司可能很难像阿尔法电子公司那样采取这些方法。恰恰相反，堡垒保险公司的高管们并没有心情去仔细分析感知领域、构造领域、期望领域以及客观存在领域，也不愿意思考为此应该采取哪些工程行动和行政管理行动。

假如公司进行了这些分析，那么这能实现什么呢？其实许多答案已经在之前的三份分析师报告中体现了（以某种隐含方式）。

领域决策　当堡垒保险公司的主导联盟感知到恰当的领域时，外界环境已经发生了变化，这使得其感知已经不符合实际情况。堡垒保险公司获得的三份分析师报告一致表明：那些销售全保险产品的公司相对于那些销售单一保险产品的公司拥有竞争优势。堡垒保险公司逐渐下滑的市场占有率、竞争者转向全保险产品的行动证明了这一结论。然而，堡垒保险公司高管的行为却反映了他们期望的领域仍然是单一保险产品，这意味着他们将继续坚持他们认为的最佳选择。因此，毫不意外的是，堡垒保险公司选择的领域与客观市场条件不相符。而他们在他们认为需要改变的方面行动十分缓慢且效率低下。

工程决策　堡垒保险公司在选定领域的犹豫不决清晰地体现在难以解决组织的工程问题上，即需要为扩大的产品线开发一种具有成本效益的销售和服务方法。公司没有在全组织范围内做出正式努力，只是对销售人员进行再培训，以使他们能够处理完整的产品线业务，事实上所有产品线的承保和索赔业务都由不同的员工来处理（他们的方法和理念各不相同）。

行政管理决策　如果我们仔细研究堡垒保险公司的行政工作目前所面临的两难问题，就会认识到公司为什么难以通过业务整合来实现成本节约。在高管就公司业务区域化的程度达成一致之前，他们难以确定怎样才能根据职能结构来对文职人员和行政人员的工作进行整合。子公司一直坚信它们可以自我管理，强调自身业务的独特性。母公司的管理层担心业务出现问题，这使得总公司在扩大业务的问题上犹豫不决。另外，在三个子公司中，有两个子公司的经理都认为公司需要在产品线内实现区域化经营，而不是跨产品线的区域化经营，这一建议得到了堡垒保险公司中成功的人寿保险销售人员的支持。这一争论持续了很久，公司主导联盟的一些成员希望这一争论持续下去，因为区域化意味着总公司的控制权受到削弱。

变革的起点 堡垒保险公司显然在适应周期的各个层面都是勉强应对。这种勉强并不让人意外，用我们的模型语言来说，堡垒保险公司看起来是一个受环境改变所迫走出自身的缝隙市场的防御型组织。换言之，堡垒保险公司正在被迫转型为一个分析型组织，然而它缺乏分析型组织所具备的技术过程和行政结构以支持其战略。

一般来说，当组织的适应模式需要发生重大变革时，新的行政方案是解决问题的关键。当前管理团队做出的企业决策和工程决策体现了传统主题——旨在维持组织内部现有权力平衡的解决方案的变化。

在堡垒保险公司的案例中，公司决定全面转型为区域化发展路线，看起来是一个全面变革的起点。如果把堡垒保险公司和它的三个子公司整合起来，公司便拥有足够的管理和技术人才来支持五个地区的所有保险业务。任务小组将会帮助建立区域中心，培训行政人员以及处理全产品业务的销售人员，并建立承保和理赔流程。资本投资是必要的，特别是建筑设备和数据处理设备的投资。（但是需要注意较早的区域化决策可能导致对非寿险公司的收购，而这些公司的现有设备可以满足地域分散的需要。）最终，堡垒保险公司还需要决定，总部资源是按产品配置还是按照职能配置。由于对区域层面进行改革会提高其管理层的地位并增加他们的责任，因此他们的重组工作往往比较容易。公司通过减少员工人数削减了销售人员总数（总公司和三家子公司最低的人员流动率是 12%），最初的冗余人员可以在销售团队参与再培训期间保护当前市场。总公司也可以采纳类似的方法，这可以减少变革的阻力。

为了实现行政变革，堡垒保险公司可能最需要两种协助：第一，公司可能需要一个具备丰富的区域运营经验的经理；第二，公司需要在变革过程中引入专家，他们可以预见并帮助公司缓解不可避免的冲突。

对于堡垒保险公司，第一种协助相对于第二种更容易实现，但是这两种协助都不会立即出现。在主导联盟做出决定之前，堡垒保险公司的情况（主要是收入和增长方面）可能会变得更差。

我们之前建议，如果有可能的话，对行政结构和过程的变革应该放在领域和技术变革之前，而不是之后。提出这个建议很容易，但是做起来很难。然而，我们和其他人（例如 Ansoff & Stewart，1967）一致认为，缺乏行政知识和技能可能比财务和技术限制对组织的增长和发展影响更大。除非现有的主导联盟对如何应对逐渐增加的环境不确定性以及如何用新的管理方式来协调组织内部关系有明确的方案，否则他们可能忽视、错过或者更加小心谨慎地对待那些可能给组织带来利润增长的途径，组织也难以获得经济回报。我们将在下一个案例中进一步阐释这一观点。

道尔顿化学公司（Dalton Chemicals）成立于 20 世纪 30 年代末，是主要的化学公司在工业产品和消费产品生产中广泛使用的两种化合物的大宗供应商和加工商。该公司有良好的原材料供应渠道。比尔·道尔顿（Bill Dalton）和他的两个化学工程师同学一起建立了一个看起来不错的生产流程，这个生产流程具有很好的成本效益，使得该公司能够在与大型化学公司和其他大宗供应商的竞争中生存下来。截至目前，该公司的竞争者主要依赖交通成本优势在地理位置优越的地方取得成功。

1963年，创始人比尔的儿子莫里斯·道尔顿（Morris Dalton）获得了化学博士学位，加入了道尔顿化学公司并成为研发部的主管助理，这个部门有6个人，之前主要负责工艺工程和质量保证咨询。1968年，莫里斯成为研发部的主管，部门人数增至20，其中6人拥有化学博士学位。这时，比尔已经是董事会主席，哈维·汤普森（Harvey Thompson）接任比尔成为公司总裁并勉强同意继续开展研发活动，主要原因在于莫里斯率先研发出了第三种化合物，这种化合物需要利用现有的原料及生产流程，并逐渐为公司的销售和利润做出重大贡献。

1970年，莫里斯宣布开发一种新产品，这个产品采用了道尔顿化学公司的两种化合物，并且这种产品拥有竞争对手不具备的特性。比尔和哈维认为，消费者市场目前还没出现这样的产品，因此不存在激烈的竞争，产品也一定会给公司带来高额利润。在经过了充分的讨论后，他们决定提供足够的资金支持公司在市场投放有限的新产品作为尝试。经过精心设计，包括重新装配一些从主生产线上拆下来的设备，新产品的资本投资被限制在30万美元以下，新增的支出主要用于为销售团队增加两位新员工，及针对主要的分销商开展适度的广告宣传活动。

这一新产品被命名为"达莫尔"，于1971年投入生产。前三年，达莫尔的销售额不断增长，一直到1974年仍然盈利。然而，1974年，公司发现达莫尔的竞品将在1975年投入市场，因此1975年之后达莫尔是否还能保持市场份额就要看运气了。但是，莫里斯对产品的成功和消费者市场的表现感到兴奋，他与研发小组又开发了两种新产品，第三种新产品也已经进入测试阶段。

自从道尔顿化学公司成立以来，管理层的决策从未像现在这样重要。比尔希望退休，而哈维则希望在接替比尔之后的三年内离开。毫无疑问，莫里斯将接替哈维，但哈维和比尔对莫里斯将把公司带向何方感到担忧，尤其是如果莫里斯成为哈维退休后的唯一CEO，公司的命运将变得更加扑朔迷离。在与律师事务所讨论问题时，比尔和哈维提出希望邀请一位分析师来帮助公司做决策。事务所的负责人推荐了一家与他们合作过的咨询公司，这家公司曾经为该事务所的另一个客户提供了重要帮助，因此道尔顿化学公司与该咨询公司签订了合同。

尽管这家咨询公司主要擅长收购和合并，但是公司的两位分析师早已开始关注成熟企业的新投资活动伴随的行政管理问题。他们开始考虑我们在诊断模型中所用的一些变量，因此他们用于道尔顿化学公司的诊断方法与本章第一个案例中分析师用于阿尔法电子公司的诊断方法是一样的。

分析师与比尔、哈维和莫里斯进行了广泛的探讨，还与生产、销售和工程设计的主管进行了讨论，并花了大量时间听取莫里斯和研发小组关于其他新产品的想法。另外，分析师还派了他们公司的两个初级成员来评估道尔顿化学公司的主要大宗商品市场的长期稳健性以及将推出的新产品的发展前景。分析师与比尔、哈维和莫里斯进行了深入的私人谈话之后，组织了一次由高管和董事会核心成员参与的会议，会议在周末举行。

在会议上，分析师带领大家对公司当前状况和未来前景进行了深入分析。公司多年来稳固的大宗复合材料市场在未来10~15年内仍然有前景。新的大宗商品市场很难出现大幅增长，但可以预见的是，这些市场中产品销量会有3%~5%的增长。此外，莫里斯和他的研发团队开发的第三种新产品除现有的用途之外还有发展潜力，处于测试阶段的第四种新产品也是这种情况。因此，如果道尔顿化学公司选择维持防御型组织战略，这个战略看起来是合理且可以盈利的，并且没有必要对行政和技术进行重大变革。

接下来，分析师分析了公司作为防御型组织所面临的风险，主要涉及新产品开发和主要领域变动，还分析了达莫尔作为风险防范工具的优势和劣势。优势包括：莫里斯和他的研发团队可以通过开发新的商业产品和消费产品来推广达莫尔；该研发团队已经掌握了公司原材料和化合物相关领域的基本知识，得到了行业的认可。劣势包括：如果公司希望推广达莫尔，那么必须在购买加工机械和包装机械方面加大投入，还需要大幅增加销售人员和营销人员。此外，分析师还担心推广达莫尔会引发更加激烈的竞争。（分析师了解到主要的化学公司已经为即将进入市场的新产品确定了价格，为与达莫尔展开竞争，这些公司准备投入大量的宣传资金。）

大家对这些问题进行了几个小时的讨论，最终达成一致意见，即对行政结构进行调整以适应达莫尔产品线，这一调整超出了所有人的预期。道尔顿化学公司并不具备营销能力，它的销售小组小而精：五个销售代表中有四个是化学硕士或者化工硕士，而且他们都认为自己是职业分析师而不是销售人员。为了在节约成本的基础上完成大批量加工任务，需要对道尔顿化学公司的所有主要管理人员进行调整，调整主要针对培训内容和经验，因为除了莫里斯之外，其他人对开发新产品不感兴趣。此外，分析师越来越意识到，不论是莫里斯还是他的研发团队，对于消费产品的生产和销售都缺乏长期规划，他们仅仅对新产品和新工艺开发比较感兴趣。

第二天会议一开始，分析师便向大家阐明道尔顿化学公司应该采取怎样的理想战略。公司不改变之前的路线；哈维将担任董事会主席，而哈维的最高助理卡尔·拉塞尔（Carl Russell）将担任公司总裁，莫里斯将担任董事会副主席及达莫尔实验室的负责人，该实验室由公司所有，但其运作独立于公司。该实验室有两个目标：(1) 开发公司生产所需要的化合物；(2) 为其他化学公司生产或者授权生产商业产品和消费产品。该实验室向公司收取特许权使用费，莫里斯和他的研发团队已经开发出了几种化合物，其收取的特许权使用费可以使达莫尔在前几年维持稳定。在这样的战略下，没有必要对公司的行政结构做出调整，公司可以继续使用达莫尔的生产设备，一直到这个产品的生命周期结束（如果这个产品的生产难以授权给其他生产商），小组还可以保留这些设备以用于开发新产品。

分　析

在道尔顿化学公司的案例中，分析师的分析和建议不仅能够帮助公司实现现有资源的最大化利用，还能够帮助公司控制主要风险：开发新的化合物和工艺流程可能导致主要产品被淘汰。更重要的是，分析师的建议是以很小的代价控制风险。

尽管分析师的建议听起来很合理，但是很难被采纳。莫里斯仍然沉迷于原有的模式，并且他坚信自己能够战胜困难。会议已经过去了一年多，但是道尔顿化学公司仍然没有走出困境。比尔和哈维仍然任职，他们希望莫里斯能够接受分析师的建议。

诊断检查表

这三个案例为我们提供了一套诊断方法，这套诊断方法现在被很多组织和管理学者采用。这套方法的主要价值在于：(1) 将组织视为一个系统；(2) 强调将行政（结构-过程）决策作为组织成功适应的重要元素。

这套诊断方法最重要的特点可以概括为管理层需要按顺序提出的一系列问题，诊断检查表如图 7-1 所示。

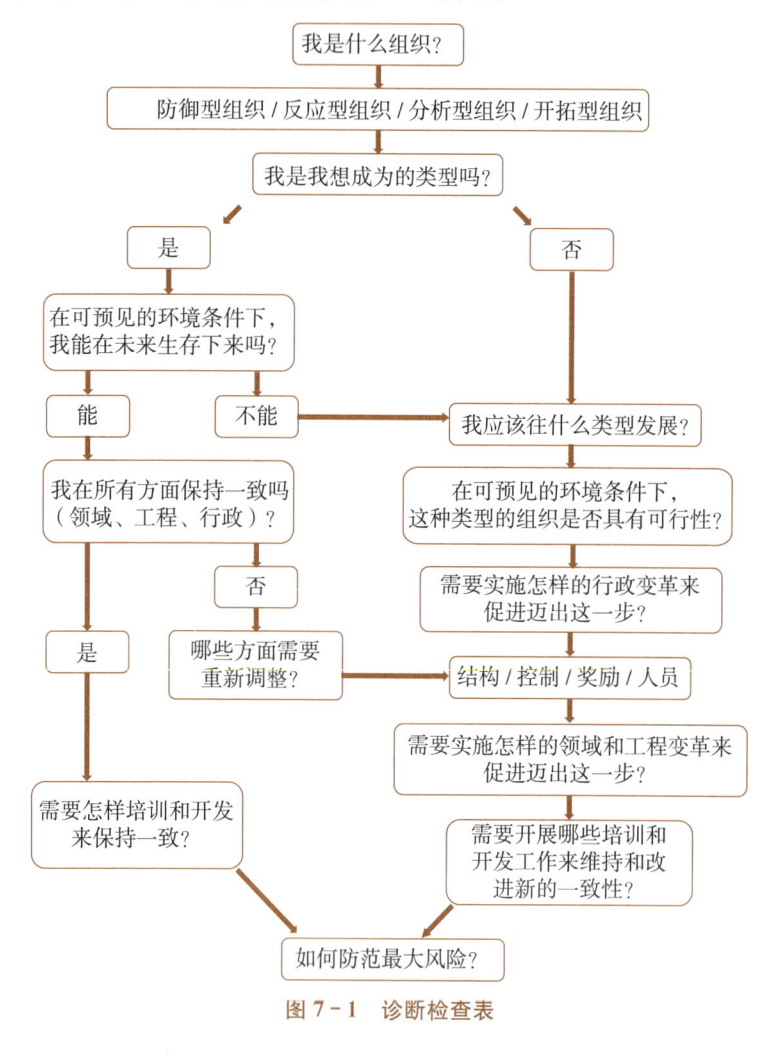

```
                        我是什么组织？
                              │
            防御型组织/反应型组织/分析型组织/开拓型组织
                              │
                     我是我想成为的类型吗？
                        ┌─────┴─────┐
                        是           否
                        │            │
            在可预见的环境条件下,      │
            我能在未来生存下来吗？     │
                ┌───┴───┐           │
               能      不能          │
                │       │    我应该往什么类型发展？
                │       │            │
        我在所有方面保持一致吗        在可预见的环境条件下,
        （领域、工程、行政）？        这种类型的组织是否具有可行性？
                │                    │
                否                   需要实施怎样的行政变革来
                │                    促进迈出这一步？
        是   哪些方面需要                   │
             重新调整？             结构/控制/奖励/人员
                                          │
                                  需要实施怎样的领域和工程变革来
                                  促进迈出这一步？
        需要怎样培训和开发                  │
        来保持一致？                需要开展哪些培训和
                                    开发工作来维持和改
                                    进新的一致性？
                        │
                  如何防范最大风险？
```

图 7-1 诊断检查表

诊断检查表表明，诊断应该从分析组织的当前状况开始——组织构造的产品-市场领域及其技术、结构和过程——此为第一个问题。当然，确定一个组织的类型是困难的。主导联盟对于组织形象的认知也不一定总是与他人的观点或者组织的实际行为一致。此外，只有经过比较之后才能确定组织所属类型。与同类组织相比，该组织的多元化程度、进取性或创新性要么更高，要么更低。对不同行业的组织类型进行比较意义不大（除非研究对象是联合企业）。

第二个问题是管理层对其基本战略方向是否满意。对于很多组织来说，答案很可能是肯定的，仅仅因为当前战略是回答该问题的人制定的。因此，除非主导联盟成立不久，或者与现有的组织战略只有较少联结，否则否定回答只在以下情况下才会出现：（1）战略与原定计划不符；（2）环境变得更加恶劣以至于引发再思考。

如果前两个问题被客观地回答，那么需要做以下事情：

1. 确认现有战略在可预见的未来的可行性；确保当前技术、结构-过程决策与战略保持一致；采取行动或者增强组织保障以应对战略实施过程中面临的主要风险。

2. 定义一个期望的（可能是必要的）新战略并确认其合理性；采取必要的结构-过程变革，以实施新战略；利用当前的新行政架构产生新的市场和工程举措来帮助实施新战略；制定一些保障措施来应对新战略实施过程中可能发生的风险。

对外部分析师的需求

我们注意到这个诊断检查表（以及关于它的讨论）再次强调在工程和市场变化前进行重要行政变革的重要性。这种变革一般包括将新技术、新观点引入主导联盟，并通过进行一些结构-过程上的调整对这些引入予以支持。

此外，本章所谈到的案例以及对图7-1所示诊断检查表的讨论都表明将外部观点和专业知识引入组织变革流程是重要的。正如之前谈到的那样，组织当前的主导联盟成员在他们参与制定的战略和结构的关键问题上都非常短视。然而，尽管组织已经明确表示要详细评估组织与环境的协调性，以及组织处理内部依存关系的机制，主导联盟的成员还是不太清楚应该选取哪种模式，也无法预想实现目标的过程。理论和研究都表明，组织倾向于围绕现有解决方案寻找新的解决方案。它们对解决方案的范围进行限制不仅是因为这么做可以节约成本和保证安全，还因为最高决策层没有给出足够的方法供它们选择。因此，外部分析师可以凭借各种专业技能，帮助最高决策层构想和制定可行的战略和结构。

一旦新的战略和结构确定下来，外部分析师和新的管理成员可以帮助组织实现这些新目标。例如，从防御型组织的职能型组织结构和集中控制的系统转变成分析型组织的混合系统，也可以转变成开拓型组织以产品为核心的组织结构和分散性系统。进行这些转变不仅需要对组织内的各种职位和关系进行再思考，还需要建立沟通、控制和奖励系统。尽管通过人才的外部引进可以获得新的技能，但是组织还需要对各层级工作单元的经理及其下级进行再培训以使他们可以接纳新的岗位和职责。组织变革和发展的相关专家也将为组织的这种转型做足准备，并帮助实现这一转型。

尽管在某些特殊情况下需要外部分析师的帮助，但是选择分析师并没有那么简单。虽然外部分析师会给管理层提供及时客观的建议，但是他们所掌握的知识是有限的。譬如，擅长分析战略和结构关系的分析师不一定具备人际关系方面的知识，然而这些知识对大规模的组织行动十分重要。相反，行为专家，例如组织发展理论家和实践家，可能很难完全了解战略的概念及其对组织结构和过程的影响。因此，以前的分析师可能建议开发备选战略和结构，但是这些专家可能并不完全了解组织成功转型所要经历的困境。另外，虽然行为专家可能很擅长促进组织变革，但是他们可能会忽视变革的目标（提升与环境的协调一致性）及其对结构、工作流程、控制系统等的潜在后果。因此，尽管它们存在一定相关性，但是外部分析师很难为组织提供采用如图 7-1 所示的诊断检查表所需的知识和技能。我们认为，管理者必须掌握组织适应的操作模型，这样他们可以明智地采纳关于诊断和变革组织系统的建议。

咨询方式的差异　有必要再次指出，分析师和咨询公司不仅擅长的领域存在差异，而且他们与组织的互动方式也存在差异。本章的三个案例指出了分析方式的主要差异，特别是在堡垒保险公司和阿尔法电子公司的案例中。

在堡垒保险公司，公司依次聘请了三家咨询公司来帮助分析它的市场地位。每个咨询公司都派遣具备市场和数据分析能力的员工与堡垒保险公司签订协议。在每次咨询中，分析师都对堡垒保险公司的不同高管和员工进行访谈并获取数据。他们还从政府和行业协会处获取类似的数据。此外，有两家咨询公司精心挑选了访谈样本，包括堡垒保险公司当前的决策者和来自各个细分市场的潜在消费者。最后，最重要的是具有行业知识的观察家也被纳入访谈对象，访谈内容主要涉及市场和服务趋势。

三家咨询公司都向堡垒保险公司提交了一份长篇书面报告，并向最高管理层做了口头报告，这些报告详细地阐述了分析师认为堡垒保险公司的市场环境将如何变化。尽管这些报告在销售预测上存在差异，但是它们的基本预测是相似的，这主要归功于那些行业观察家。更重要的是，他们建议堡垒保险公司通过收购和区域化进行多样化经营。然而,所有的报告都没有讨论应该通过怎样的流程来实施这些变革。报告也没有提出应该如何重新安排主导联盟的角色,执行战略的中级管理层应该如何就变革问题达成一致,如何处理新老部门提出的相互矛盾的要求等。最高管理层提供了一个明确的目标,但关于如何实现这个目标的信息却很有限。此外,他们还拥有只有他们和分析师了解的解决方案。组织多数成员对于公司的战略了解很少,甚至一无所知。

相反,分析师对阿尔法电子公司采取的诊断方法并不算正式,涉及公司各个层面甚至更多的员工。分析师的建议基本上取决于公司最高层对阿尔法电子公司市场机遇及其可行性的评价。此外,在每个发展阶段,公司都要求业务部门的核心成员参与到组织的分析和计划过程中。分析师不必将他们设计的解决方案"呈送"给公司参会者;相反,分析师和参会者都参与了诊断过程。最重要的是,分析师总将阿尔法电子公司管理层的注意力引导到市场和行政要求的互动上来。

分析师对道尔顿化学公司的诊断方法介于阿尔法电子公司和堡垒保险公司之间。虽然分析师对很多人进行了访谈,但是他们没有让这些人参与到最终解决方案的制定过程中去。可能正是因为分析师没有邀请莫里斯参与最终解决方案的制定,而是直接向他提交了最终的解决方案,才使得莫里斯不接受这一方案。

当然,在这些案例中,分析师并没有独自负责他们与组织的关系。堡垒保险公司要求分析师提交一份完整的市场调研报告,并且它也确实收到了一份市场调研报告。阿尔法电子公司的CEO向分析师提出的要求更加模糊,并允许他们以更开放的方式分析组织的现状。除此之外,阿尔法电子公司的核心成员数量很少,这有助于他们参与到解决方案的制定过程中来。在道尔顿化学公司中,主导联盟的两个成员比另一个成员（莫里斯）更加坚信公司处于危机之中，尽管不论组织采取哪种方案，都可能影响莫里斯的未来。然而，尽管存在这些区别，分析师和咨询公司在让客户组织成员参与确定和分析问题并形成最终解决方案的程度上是不同的。因此，管理层最好不要授权分析师选择某种适当的方式。管理者需要向消费者表明他们从分析师那里得到了什么建议，还需要告诉他们这些建议是如何产生的。

风险管理问题

如图 7-1 所示的诊断检查表的最后一个步骤是：保护组织免于受到既定战略或推荐战略的固有风险的影响。我们在之前谈到，开拓型组织的主要风险在于成本过高，即如何收回巨额投资。防御型组织的主要风险在于成本效益太低以及环境的剧烈变动可能对组织狭窄的领域产生不利影响。在前述两个案例中，分析师建议客户组织建立（或帮助客户组织开发）一个比较详细的机制来保护组织免于遭受风险。阿尔法电子公司作为一个开拓型组织希望收购一些低成本的公司作为其子公司，因此可以在低成本的基础上生产母公司设计的常规测试设备。而道尔顿化学公司的分析师建议公司维持防御型组织战略，同时设立独立的实验室来开发新产品和工艺流程。

在以上两个案例中，我们可以理解组织将稳定业务从风险投资业务中分离出来的原因。母公司既没有管理风险的技能，也没有这方面的兴趣，将各种业务整合在一起反而更容易导致冲突，而不是相互补充。然而，这种情况到底是不是经常出现呢？为何不能在防御型组织中直接引进审查机制（如设置研发专家或营销专家）来保障组织免受市场不确定性的影响？为何开拓型组织不能增加审计人员数量以帮助各个部门降低运营成本呢？

答案是"可能可以"，前提是主导联盟必须非常灵活，并善于处理持续的紧张关系。否则，组织的"保险"机构、部门或者个人都可能表示反对，或者他们仅仅是表面顺从，但在行动上表示反对。

从某种意义上来看，成功的分析型组织一方面可以降低稳定运营领域的成本，另一方面可以迅速进入开拓型组织开辟的领域，这是分析型组织降低风险的办法。一些行业组织可以相对容易地进行转型。换句话说，这些组织只需要观察开拓型组织的行为，然后快速追随，便可以完成环境审查工作（这在技术含量较低的行业中经常出现），这些行业的分析型组织对分析师的双重立场进行管理只需要较少的技能，而另外一些行业的组织则依赖高度专业化的环境审查能力（如具备接受过高级培训的科学家和营销人员）。第二种情况在很多行业中的出现频率越来越高（一般是高新技术行业），这对分析型组织提出了很高的要求。实际上，也许会出现一种新的组织类型可以较好地管理组织的稳定领域和变化领域之间的相互依赖关系。我们将在第 9 章和第 10 章详细讨论这一问题。

小　结

在本章中，我们介绍了理论模型在实际中的应用，并且检验了模型在组织诊断和变革过程中的适用性。总的来看，本章提到的三个案例比较简单，案例中组织的规模和复杂程度都不及读者熟知的组织。然而，这些案例精确地反映了我们所观察到的组织的行为模式。我们认为，许多大型组织和复杂组织都类似于案例中的组织，都是我们所研究的组织类型的变种。尽管这些大型组织给我们的诊断过程带来了不小的麻烦，但是我们相信我们的理论模型仍然适用于这些组织。譬如，在一个多部门的大型组织中，我们可以先将模型应用于组织层面，然后再把这个模型推广到各个业务单元。只有第 9 章提到的特别复杂的组织，还不能通过我们的理论模型来对管理决策和管理行为进行指导。

然而，管理层是否认为适应模型（或者一些改进的版本）对于检测组织的健康状况有帮助不仅取决于模型的描述是否充分，还取决于其对管理行为的规定。管理者似乎不太情愿去思考如何将组织转变为一个新的组织类型，除非他们确信员工和过程都能在新的系统中运作良好。因此，在下一章，我们将会检验理论框架和我们过去及现在的理论之间的关系。

第 8 章
管理理论与组织战略及结构的联系

在第 7 章,有两个组织努力地构建合适的战略-结构-过程以适应环境。其中一个组织,道尔顿化学公司,其主导联盟的核心成员莫里斯当时希望阻止这一高效的协调过程。他的目的是阻止,至少是暂时阻止其他高管(以及分析师)认为需要采取的行动。

在另一个组织——堡垒保险公司中,公司的主导联盟勉强构建了一个脆弱的新的战略-结构关系,因此经常弄巧成拙。堡垒保险公司的许多不情愿出于自利目的,因为新战略的执行需要结构-过程的改变,而这些改变会瓦解现有部门和个人的权力。

在以上两个组织中,如果反对建立新的战略-结构的声音都或多或少地对现有的或潜在的个人成就和地位构成威胁,那么这两个案例可以被视为相似的。然而,从另一个角度即管理理论来看,这两个案例还是存在显著不同的。事实上,它们的相关性不大。

回顾一下可以发现，莫里斯的行为很清晰，也很容易分析。然而，他的抵触情绪的本质和程度很难提前预测。虽然他的教育背景，近期在组织的角色和经历，甚至他自己提及的自身缺乏对长期管理问题的兴趣都使得大家认为他很容易接纳分析师的建议。但是由于一些难以预见却可以理解的原因，他犹豫不决——不愿意放弃那些他不能实现甚至是不愿意实现的目标。此外，正是道尔顿化学公司主导联盟的结构使得莫里斯能阻止分析师的建议得以实施。

相反，堡垒保险公司对新战略-结构的抵制是可以预测的，并且公司需要采取措施来缓解它的影响（事实上，堡垒保险公司最大的竞争对手斯塔尔保险公司同样出现了这一状况）。堡垒保险公司的抵制之所以相对于道尔顿化学公司更容易被预测到，是因为这一抵制不仅来自高管，而且来自他们的角色经历，来自他们关于组织应该被如何管理的"知识"。堡垒保险公司的成功主要并且长期依赖于有限的产品线以及中心化的职能型组织结构，这使主导联盟的成员学到了一套管理原则，而这些原则是基于人的行为的一些基本假设得出的，我们很难学习到。

接下来，我们将检验组织战略与结构和主导联盟的管理理论（关于人的一些假设以及如何引导和控制人的一些规范）的联系。我们的主要观点是组织类型与管理理论的发展是以一种合乎逻辑且互补的方式进行的。此外，我们认为，每个领域的演进都是连续的，因此可以对接下来的状态，至少是部分状态进行预测。

组织战略和结构的演化

在20世纪20年代至30年代，一个重要的社会经济发明是以一系列领军企业为代表的去中心化的组织（例如通用汽车和西尔斯百货），这一趋势在 40 年代至 60 年代更加显著。我们参考了第 1 章中钱德勒（Chandler，1962）的里程碑式的研究，这一研究记录了这一组织类型的出现。现在我们可以在组织类型的讨论中提及钱德勒过去关于组织战略和结构的研究了。

钱德勒提及组织战略和结构的四个发展阶段，福雷克和斯托普福德（Fouraker & Stopford，1968）将它们归纳为三种演变类型，相应地，有三类组织。[①] 第一类组织主要出现在美国大型工业公司历史的早期。这些组织由所有者管理，往往只有一条生产线，并且它们有一个特征，即所有的指令都由企业家-管理者做出。企业高管希望控制所有的活动，而员工只是其意志的延伸。这类组织只能在有限领域变化很快并且很有执行力，但受限于管理者的精力和熟练程度。如果组织只有一个解决问题的人，那么组织的大小和复杂程度便成为巨大的敌人，这一问题在企业家的认知使得组织偏离需要解决的问题的时候变得更加严重。

组织从第一种类型向下一种类型的转变通常是通过吸引职业经理人来实现的，这些职业经理人旨在促进企业所有者-管理者的资源的合理利用。合理性是通过将组织的任务进行分解，使得这些任务可以被专业的人来处理而实现的。这一变化最终使得组织属于第二种演变类型。一个以职能为基础来安排组织结构（例如制造部门、销售部门、工程部门和财务部门）的组织模式，主要通过计划和预算来进行集中控制。第二类组织出现在 20 世纪末和 21 世纪初，主要生产相似的产品，这些相似产品的背后往往具有一个共同的核心

[①] 使用相同术语的其他研究者包括索尔特（Salter，1970）、斯科特（Scott，1970）和塞恩（Thain，1969）。

技术。增长主要通过垂直整合（通过后向一体化兼并供应商，通过前向一体化兼并销售方）来实现。第二类组织可以在相对稳定且成长的市场中进行大规模的标准化生产，并且可以节约成本，从而产生利润。然而，就像钱德勒所谈到的，由于这种类型的组织采取的是一种比较僵硬的垂直综合模式，因此组织很难进入新的市场或者产品领域。第二类组织把组织的任务按照不同职能进行划分，这更容易产生专业人才，而不是全才。只有组织最高层可以将组织视为一个整体，也只有这个层级的管理者才能获取协调活动必需的信息和知识。此外，主导联盟的成员倾向于从以往的专业角度来分析问题。

因此，即便是成功的第二类组织，随着传统市场的饱和，其发展也会受到限制。虽然这些组织可以利用资源来扩大产品线，但是每一次产品创新或市场创新都变得愈发困难。正如福雷克和斯托普福德（Fouraker & Stopford，1968）在谈组织的困境时所说的：

> 第二类组织的职能要求营销高管协调组织内的营销活动，即使这需要应用不同形式的分销、广告和销售。生产高管也面临着相似的复杂性。这些职责可以被下放到下级单位，最合适的做法是根据产品分配，但是由于职能专家的利润贡献难以用业绩测量，这使得控制和比较变得非常困难。组织的最低层级往往会出现冲突和协调的问题，而这些问题经常需要上报最高职能层裁决。如果有些问题难以解决，只能交给首席执行官来处理。

在这种背景下，多样化的发展愿望因行政管理的复杂性而受阻，人们开始寻求新的组织类型。据钱德勒描述，第三类组织同时出现在20世纪20年代至30年代的四个领军企业中：杜邦公司、大众汽车公司、西尔斯百货和标准石油公司。每个公司都遭遇了财务危机,这使得它们加速了正在测试的重组计划。也就是说,多样化战略使每一家公司的高管不堪重负,这使得他们对经费、库存、重要的企业决策等失去控制。如果组织希望维持管理层的控制并且继续拓展业务,那么组织必须安排一些总经理来负责那些独立的产品部门或者区域部门的工作,然后根据利润表现对这些部门进行评估。每个部门都有一个特定的发展方向,可以设计和生产产品,并能做出各种业务决策以协调各个职能结构的组成部分。从某种意义上讲,每个部门遇到的问题与总公司遇到的问题相似;原本总公司难以解决这些问题,但是现在,这些问题被分解成一个个小问题便可以得到解决。高管们可以留出更多时间去处理资本开支、与其他组织和监督执法机构的关系、开发新市场潜力等问题。此外,高管们还可以利用各个部门的利润来留住专业人士,让他们帮助企业提高产品或者服务的质量。因此,研发工作既可以在部门层面(关注具体产品和市场)进行,也可以在组织层面(关注更加基本的行业前沿问题)进行。

最重要的是,到了 20 世纪 50 年代,去中心化、事业部化结构的发展不仅为组织的多样化发展提供了工具,也为未来的发展提供了可以理解的机制。新产品或者服务部门可以轻松地纳入组织中,除非公司容不下这么多部门,否则公司的部门数量还会不断增加。

战略类型与钱德勒框架的结合

钱德勒的研究追踪了组织战略和结构在多个行业的长期演进。我们的研究表明,防御型组织、开拓型组织、分析型组织和反应型组织出现在同一个行业中。因此,我们想知道这些战略类型与钱德勒的框架是否存在联系。

我们观察到的防御型组织与钱德勒提到的实施多样化战略之前的第二类组织在特征上相似。值得注意的是，"纯粹"的防御型组织只有有限的产品和服务线、职能结构以及专注于成本收益的中心化控制系统。共同的战略-结构导致许多大型的成熟组织出现在20世纪20年代的美国。相似的是，开拓型组织与钱德勒谈到的20年代至30年代的美国大公司的结构类型对应。正如之前所谈到的，开拓型组织总是希望开拓新产品线，力求产品多样化，并通过去中心化的运营部门来管理这些生产线。在我们的研究中，许多开拓型组织并没有具体的公司和人员结构来支持产品和服务部门，例如杜邦、通用汽车、西尔斯百货，但是它们增长的基本机制——通过创设半自治的生产单元来实施多样化战略——与钱德勒提到的第三类组织相对应。

反应型组织和分析型组织与钱德勒谈到的框架不那么契合。我们研究的许多反应型组织与钱德勒谈到的转型期间的组织相似，这些组织在多样化战略的实施中受到了行政方面（结构-过程）的限制。与钱德勒研究中的领军企业不同的是，反应型组织并不确定是否要实施多样化战略，对这一战略也没有太多的热情。它们很有可能是被挤出了自己的领域。因此，反应型组织很少主动改变结构-过程形式来适应这一强加的战略。

分析型组织似乎对采取怎样的战略-过程形式表现得比较谨慎，它们所采取的战略-结构形式将钱德勒描述的第二类和第三类组织进行了综合。小型的分析型组织对多样化发展机会保持关注，但是它们会根据核心技术来决定是否扩张。换句话说，它们只会参考开拓型组织的做法，开发能带来利润的产品线，这可以缓解组织内部的协调压力。对于较大的分析型组织而言，只有在它们认为产品和市场相对稳定并方便管理时，它们才会设立一些半自治的部门来处理经营问题。一般来说，大的分析型组织会制订一个计划或者创设一个组织以便于市场和产品创新，直到市场和产品被稳定高效的核心技术接纳。

总的来说，正如钱德勒所谈到的，我们研究的四种组织类型的特征需要多年才能形成。尽管防御型组织与第二类组织以及开拓型组织与第三类组织存在相似之处，但并不完全对应。我们的所有分类都与某个行业或者某个组织集团相关。在某个行业被划分为防御型组织的组织可能具备第三类组织所具有的许多战略-结构特征，而开拓型组织在另一个行业可能具有第二类组织的特征。此外，我们之所以要对转型期间的组织类型或者不稳定类型（反应型组织）和混合型组织（分析型组织）进行解释，是因为我们希望研究当前行业内组织类型和行为存在的差异。无论如何，钱德勒的研究有利于我们了解今天的组织类型形成的历史背景。

管理理论的演变

我们在本章开头谈到组织战略和结构（从第一类组织到第三类组织）的演变已经与管理理论中的一个类似的演变过程逐渐契合并逐渐完善。[1] 一个管理理论有三个基本要素：（1）一系列关于人的态度和行为的假设；（2）与这些假设保持一致的政策；（3）一旦这些政策被执行，对员工绩效的预期（见表8-1）。

---

[1] 本节的讨论基于雷蒙德·迈尔斯（Raymond E. Miles）的《管理理论》（*Theories of Management*）。

表 8-1 管理理论

传统模型	人际关系模型	人力资源模型
假设： 1. 对大多数人来说，工作本质上令人厌恶。 2. 员工所做的事情不如他们因做这些事所获得的报酬重要。 3. 很少有人愿意或能够胜任需要创造力、自我管理或自控的工作。	假设： 1. 人们希望感知到自己的价值和重要性。 2. 人们渴望获得归属感并希望作为个体被认可。 3. 这些需求在激励人们努力工作方面比金钱更重要。	假设： 1. 工作本质上并非令人厌恶。人们希望为自己参与设定的有意义目标做出贡献。 2. 大多数人能够承担比他们现有的工作需求更多的创造性、负责性和自我管理的工作。
政策： 1. 管理者的基本任务是密切监督和控制下属。 2. 管理者必须将任务分解为简单重复且易于学习的操作。 3. 管理必须建立详细的工作程序并严格、公平地执行。	政策： 1. 管理者的基本任务是让每位员工感到有用和重要。 2. 管理者应该让下属知情并听取他们对计划的反对意见。 3. 管理者应允许下属在例行事务上行使一定的自我控制权。	政策： 1. 管理者的基本任务是利用未开发的人力资源。 2. 管理者必须创造一个环境，让所有成员都能充分发挥自己的能力。 3. 管理者必须鼓励下属在重要事务上的充分参与，不断提高下属的自我管理和控制能力。
预期： 1. 如果工资合理且上司公平对待下属，人们可以忍受工作。 2. 如果任务足够简单并且人们被密切监督，他们会达到标准。	预期： 1. 与下属分享信息并让他们参与例行决策，将满足他们对归属感的需求，让他们感到自己很重要。 2. 满足这些需求将提高员工士气并使他们减少对正式权威的抵触——下属将"自愿合作"。	预期： 1. 提高下属的影响力、加强下属的自我指导和自我控制将直接提高运营效率。 2. 工作满意度可能会因下属充分利用其资源而随之提升。

资料来源：Raymond E. Miles, *Theories of Management*, McGraw-Hill, New York, 1975, Figure 3-1. Reprinted with Permission.

19 世纪后半期至 20 世纪最初的几十年，主流的管理理论由经理人或者管理学者提出，这些理论与传统模型相符。从本质上看，传统模型认为有效的决策能力在组织中是狭窄分布的。这种观念使得组织由最高管理层单独控制。根据这个模型，管理人员需要为员工制定详细的标准和工作规范。

从 20 世纪 20 年代开始，传统模型逐渐让位于人际关系模型。人际关系模型认可传统模型的观点，即有效的决策能力狭窄地分布于组织中，然而该模型还强调了整个社会对归属感和认同感的需求的普遍性。该模型认为，下级之所以反抗上级是由于受到了非人的对待，支持这一观点的人要求经理人采取措施提升员工参与感和自我认同感。建议系统、员工商议制度以及工会都与这种理念有着共同的渊源。人际关系模型的发展和传播在 30 年代的经济大萧条和二战期间有所放缓。该模型一直到 40 年代末 50 年代初才逐渐被经理人和管理学者采用。

然而，从 50 年代中期开始，管理理论进入了第三个发展阶段，这个阶段出现了人力资源模型。该模型认为，组织在实现目标的进程中展现的有效决策能力实际上在组织中广泛分布，而组织的大多数成员都还有许多资源有待开发，如果能够合理利用这些资源，便可以大幅提升组织的绩效。人力资源模型不再将经理人视为控制者（不论他们对组织如何有利），而是将其视为促进者，他们推动组织成员采用自己的方式在自己的职位上做出贡献。一位学者提出了这样的问题：人力资源模型可以在多大程度上得到应用？他们坚持一种"权变"理论，强调成员数量的变化、成员做出贡献的动机以及与自我指引和自我控制有关的技术限制。目前，人力资源模型是管理理论的前沿理论，今后也可能有新的模型来取代这一模型。

尽管这种契合在时间和实质内容上不是很精确，但是组织类型的演化和不断进化的管理理论的联系是可以看到的。早期的传统模型为资源在第一类组织（所有者管理）中的聚集提供了解释。之后，科学管理运动为第二类组织（职能型组织结构和中心化控制）的发展提供了指引。泰勒（Tylor，1911）等提出按职能进行专业化分工和监督需要密切配合，因此增加了管理层级。因此，经典的第二类组织出现了：层级众多，按照严格的职能划分的狭窄的组织结构，并受到规则、程序和预算的严格控制。

如果传统模型指引人们建立了第二类组织，那么人际关系模型则指导人们保持这种组织结构。第二类组织的技术具有前后连贯性，如果员工采取抵制行为，组织便很容易受到冲击；如果组织的运作流程中有一个地方发生停滞，那么整个组织的运作都会中断。因此，人际关系模型指出，经理人应该让员工感觉到自己对组织是非常重要的，让他们看到整个组织的大局，并对公司忠诚，形成归属感。经理人之所以做这些工作，是希望使第二类组织在提高成本效益的同时按计划正常运作。组织的成员可以沿着狭窄的、专业化的职业阶梯发展，最大限度地发挥他们在特定职能领域的专业技能。

正如人际关系模型满足了成熟的第二类组织的需要那样，人力资源模型对于第三类组织（事业部制）也十分重要。究竟是人力资源模型的假设影响了早期的第三类组织如通用汽车、杜邦、西尔斯百货的结构，还是这些公司的成功推动了该模型的建立，是一个类似于"先有鸡还是先有蛋"的有趣问题，但是这个问题在某种程度上难以回答，而且在某些时候不重要。然而，显然通用汽车的斯隆（Sloan）、杜邦公司的杜邦（Du Pont）、西尔斯百货的伍德（Wood）以及标准石油公司的提格尔（Teagle）等人都希望将决策权转移至下级机构，他们的这一愿望比任何企业家都强烈。将全部的运营权力下放给下级机构源于一个基本信念，即有效的决策能力广泛分布于各个组织层级中。

然而，直到领军企业开启了对第三类组织的尝试的 30 年之后，第一个关于人力资源模型的清晰描述才出现。斯隆（Sloan，1964）和他的团队在 20 世纪 30 年代至 40 年代建立了人力资源哲学的基础，但直到 50 年代这个模型才被很好地阐释。西尔斯百货的前任副总裁詹姆斯·沃斯（James Worthy）在 1950 年发表了一篇文章，称赞扁平化的、去中心化的组织结构对员工士气和绩效的影响。四年以后，彼得·德鲁克（Peter Drucker，1954）根据自己在通用汽车、西尔斯百货和其他领军组织中的经历和研究出版了《管理实践》（*The Practice of Management*），这本书被人们广泛阅读。德鲁克关于去中心化和目标管理而不是规章的论述体现了一种信念，即大多数组织成员都愿意为组织的目标付出努力。最终，道格拉斯·麦克雷戈（Douglas McGregor，1960）在他的《企业中的人》（*Human Side of Enterprise*）一书中详细阐述了人力资源模型。他提到的很多资源与德鲁克相近，他还进一步提出了关于人力资源模型中人的能力的更加清晰的假设（特别是在组织的较低层级）。因此，不论是怎样的因果关系，正是在那个时期（20 世纪 50 年代），第三类组织快速发展，而相关文献依据领军企业建立的结构模型来进行阐述，并用人力资源的语言来论证这种新的组织类型。

将战略类型与管理理论联系起来

那么组织的战略类型和管理理论中的主导联盟是否存在可被发现的联系呢？例如，防御型组织的高管们是否坚持传统的管理理念，而开拓型组织是否坚持人力资源管理理念呢？答案并没有那么简单。

根据经验来看，第 13 章所谈到的医院研究表明管理理论和组织战略与结构的关系如下：传统的人际关系管理理念更容易出现在防御型组织和反应型组织中；而人力资源管理理念更容易出现在开拓型组织和分析型组织中。对医院的研究发现只是某种体现，并不能代表所有类型的组织。事实上，很多例子表明人力资源政策和实践出现在那些拥有狭窄的市场领域和职能结构的组织中。那么管理理论和战略类型之间存在何种关系呢？

正如第 13 章所谈到的那样，管理理论与战略类型的关系在某个方向受到了限制——传统型或者人际关系型的管理者似乎不太可能有效地担任开拓型组织的负责人。传统模型的规定似乎并不支持去中心化决策，而一定程度的去中心化决策对于创建和管理多样化的组织是必要的。（或许传统型或者人际关系型的管理者可以作为成熟的开拓型组织的首席执行官，前提是各部门的自主权已经根深蒂固，以至于人们普遍认为重大干预是不合理的。）

另外，人际关系型的管理者也可以领导防御型组织。当然，在这种领导下，相比于受传统型管理者领导，组织的计划和控制过程将变得更加去中心化。在人力资源管理理念的指导下，职能部门的负责人可以参与计划和预算控制流程或者仅仅拥有运作成本中心的权力。（需要注意的是，防御型组织在人际关系理念的指导下运作，人的能力主要用于提高成本效益而不是产品开发。）

反应型组织在战略和结构领域提供了许多反映管理理论与组织需求之间冲突的典型案例。回顾第 7 章以及本章开头，我们指出堡垒保险公司的主导联盟对于学习竞争对手创设半自治、全业务区域办公室的抵制。我们谈到从管理理论的角度来看，这种抵制是可以理解的，甚至是可以预测的。堡垒保险公司的高管们的思维接近（尽管不是最优）防御型组织的需求。这些高管之所以可以坐到目前的位置，是因为他们不断地关注细节问题，强调那些与其职能专长相关的问题。他们的下级也成长于同一环境中,他们希望主管能够对所有的决定做出判断,很少提出质疑。主导联盟中的大多数成员持有传统人际关系理念,受到那些支持他们的管理理论的证据的强化,这使得他们很难相信真正的去中心化决策的有效性。因此,尽管堡垒保险公司的高管们接受开发新市场以及改变组织结构以适应战略的行为,但是他们既没有动机也没有技能来实现这些变革。

管理层对于采用新的组织结构以及他们缺乏了解的新过程持谨慎态度是可以理解的。正如之前所述,钱德勒列举了第三类组织中的领军企业如何创建新的结构又如何放弃这一结构的例子。然而,当这一必要的谨慎由于企业对于管理理论的坚持而得到固化,而管理理论又对员工在新结构中的运作能力提出质疑,那么组织的运作将会拖延甚至失调。

分析型组织的管理理论和战略、结构以及过程特点比其他类型的组织的更加复杂。正如之前谈到的那样,分析型组织渴望在有限的产品和服务生产中保持成本效益的同时,尽快步入开拓型组织开创的新领域。需要注意的是,分析型组织不需要将决策权长期下放给部门经理。大多数分析型组织的产品和服务都可以在类似于防御型组织的职能结构中生产。新产品或者服务可以在不同的部门中得到开发并被整合到技术和结构中。尽管我们的证据不完整,也没有定论,但是在我们看来,组织内主导联盟成员似乎持有温和但不同的管理理念。换句话说,一些核心管理人员认为他们的责任就是把注意力放在细节上,而另一些人希望给予下级一些权力使得他们能够迅速推出新产品或服务。显然,如果这些不同的理念在分析型组织中被错误匹配——如传统型管理者被要求负责创新单元——那么分析型组织的战略便很难成功。

将主导联盟对于战略与结构的不同观点整合起来是困难的。例如，那些负责开发新产品或者服务的管理者很难在计划、控制或奖励系统工作，因为这些系统旨在保证组织的稳定运作。因此，分析型组织必须能够成功地区分哪些是稳定领域，哪些是变动领域。值得注意的是，分析型组织的试验是有限的。由于分析型组织的主要产品和服务没有太大风险，因此组织内部的依赖关系维持在可以管理的水平。当然，如果分析型组织希望在保持成本效益的基础上开发稳定的产品和服务，同时积极开发新的产品和市场，便不会出现这样的情况。然而，今天许多组织引入或不得不采用一种双重战略（跨国公司、某些形式的集团企业、许多高科技公司等），它们会形成一种新的组织类型，这需要管理理论的支持。我们将在下一章讲述这一新趋势。

小　结

我们追溯了组织类型和管理理论的演变过程，并指出即使组织类型和管理理论不是紧密联系，至少也是相关的。我们指出，第一，主流的组织类型在不断变化（钱德勒、福雷克和斯托普福德提出的第一、二、三类组织）并且在不同的行业中出现，包括我们提到的混合组织即分析型组织，以及一种不稳定的类型即反应型组织。

第二，我们描述了管理理论的一个相似的演变过程。尽管很难区分管理理论究竟是组织类型发展的促进因素还是仅仅是其背后的解释，但是比较明确的是，组织类型的演变与管理理论的演变是相关的。此外，尽管没有定论，但仍然能够表明一些类型的组织需要特定类型的管理，而其他类型的组织受的限制较少。特别是，我们相信开拓型组织需要人际关系理念而防御型组织不需要。

我们的讨论在很大程度上实现了大多数目的。我们阐释了一个模型，该模型揭示了组织如何适应环境（适应周期）。此外，正如我们过去所谈到的，我们还指出组织如何经历适应过程。我们还指出四种战略行为，其中三种是长期可行的，另外一种并非如此。我们指出这一理论框架如何应用于诊断过程，并开发了一个诊断检查表来帮助经理人进行战略变革。最后，在本章，我们引入了管理理论，因为我们认为如果没有管理理论的帮助，组织很难有效运作。

到目前来看，我们相信我们的框架和讨论为成功的组织诊断及变革奠定了重要的基础。然而，我们的讨论还不足以为现代组织遇到的战略-结构情形提供充分的解释。因此，在接下来的章节中，我们将寻找一些可能在未来盛行的环境条件，并概述对能适应这些条件的组织结构和相应的管理理论的需求。

第9章

混合战略与结构

在前几章，我们集中讨论了保持与环境条件的有效一致这一组织的持续任务以及组织所选择的协调战略带来的组织间各种依赖关系。根据研究结论，我们描述了内部一致的组织适应环境的各种方式，这些方式受到组织内技术、结构和过程的支持。例如，当协调战略被所选择的狭窄的、稳定的产品-市场领域所简化时，高管们可以将更多的注意力放到那些允许中心化协作的职能部门上（防御型组织的模式）。另一种极端情况是，当协调战略被产品或者市场的多样化所复杂化时，管理层之间的依赖关系将被自有产品部门或者区域分支机构所简化，至少在某种程度上，每个部门处理自己有限领域的工作并且对自身的内部协调活动负责（开拓型组织的模式）。

第 8 章提出的问题是，对于组织类型的理解是否提供了足够的指引帮助我们设计战略和结构来适应不断变化的环境条件。我们将在后续章节回答这一问题。第一，我们将描述一些当前许多组织所处的复杂环境，接下来检验现有的适应模式和环境要求之间的匹配程度。第二，我们找到一些针对这些环境条件的新出现的适应模式，这些模式包含复杂的战略、结构和过程。第三，我们描述并讨论了作为这些复杂战略和结构的逻辑延伸的组织类型——市场矩阵组织。第四，我们提出了市场矩阵组织的管理哲学和实践方法。

复杂的任务环境

接下来，我们将通过选择、未预期的发展、来自成员的压力等简要介绍许多组织遇到的几种复杂环境。我们认为这些组织所面临的环境未来将被更多的组织遇到。

集团企业

大型集团企业数量的继续增加是过去 20 年来的重要趋势。集团企业往往是通过并购或者收购现有公司而形成的复杂组织。集团企业有多种增长形式。其中一种增长形式被称为水平增长，主要是在一个行业扩大产品线或者市场。相反，垂直增长主要通过收购零售商或者供应商进行，旨在保持有限产品线的成本效益。然而，其中最有趣的一种增长形式，也是唯一一种真正值得称为集团企业的形式，即通过收购或者兼并实现融资。例如，一个"纯粹的"集团企业可能同时收购一个行业中的具有增长潜力但拥有有限现金流的企业和风险较高的另一个行业中具有增长潜力但短期盈利能力不足的企业。

以上三种集团企业在进行收购和兼并时必须要求主导联盟对于重要的战略、结构或者过程做出决策。然而，对于最后一类集团企业，也就是跨行业集团企业做出这些决策是十分困难的，特别是管理层还希望在财务领域之外实现联合，例如管理者在不同部门之间轮换以及成立一个中心化的研发部门。

航空航天公司

虽然现代航空航天产业的起源可以追溯到 20 世纪初，但是许多产品开发都是在 20 世纪中后期完成的。这一行业的重要特点就是技术的快速变革：今天的样品将是明天的标准产品。许多航空航天公司都希望保持某种程度上的连贯性。为了确保成功，它们把一部分资源用在稳定环境所需要的标准化产品上（尽管可能仍然高度复杂），把其他资源用于工艺水平较高的活动上，例如设计和制造航天器和设备的组件。同时应对这些不同任务环境所必需的战略和结构决策其实是很难做出的，特别是在需要两个不同的技术部门去实现人员和技术协同的情况下。

教育机构（以及其他公共机构）

过去 10 年来，尽管公共机构的预算趋于稳定甚至有所减少，但是一些服务对象还是要求公共机构为它们提供除传统服务之外更多的特殊服务。教育机构仍然在想办法扩大它们的服务范围，尝试新的项目和课程设计，同时限制对在教职工和设施的投资。为了提高反应能力，同时降低成本，机构领导不得不做出复杂的战略和结构决策。

跨国公司

与集团企业和航空航天公司相似，在过去的 20 多年，跨国公司在数量和运营规模上呈快速增长趋势。特别是，跨国公司为了充分利用其产能，把产品销往国外市场。如果这些产品在东道国销售得很好，母公司甚至会在海外设立区域营销中心来维持持续的市场。最后，为了控制交通成本以及促进与东道国政府之间的关系，可以通过直接投资或者合资的方式在东道国安装生产设备。如果成功地在海外开拓了一两个市场，那么便可以继续向其他国家拓展，成熟的跨国公司可能会使营销中心或者生产设备遍布全球。随着东道国数量的增加，战略和结构决策变得越来越困难，这是因为每个东道国都有自己的特征，也因为随着组织走向全球市场，其设备趋于分散。在成熟的跨国公司中，大量的计划、协调和控制问题将随着生产技术和生产设计的多样化而出现。

当前适应模式的有效性

那么前述章节谈到的适应模式如何使集团企业、航空航天公司、公共机构和跨国公司为应对复杂且模糊的适应性要求做出准备呢？我们认为类型学可以提供必要但不充分的指导。

紧密契合领域

集团企业 我们认为前几章所谈到的描述性和诊断性材料可以为我们管理一些类型的集团企业提供思路。集团企业主要因获得行业内或者相关行业市场而组建，其形式类似于多部门的开拓型组织。管理层在一定程度上同意每个子公司像独立的下属机构一样运作，以最大限度地减少相互依赖问题，管理层也有更多的自由来寻找新的机会。这些机会可以通过创造新产品或新服务、收购在目标领域有一定积累的公司来实现。显然，这种类型的集团企业可以迅速抓住广泛出现的机会，但是它们面临的风险是无法充分发挥公司的经营能力，因为只有少量的资源用于形成规模经济。这些集团企业还面临反垄断制裁以及资本过度扩张的风险。

集团企业也可以通过收购上游供应商或者下游零售商而形成，这样一来集团企业存在与防御型组织相似的主导联盟以及内部相互依赖问题。通过正式的计划，供应商、零售商与母公司的核心技术可以很好地融合，内部相互依赖问题也可以被很好地处理。也就是说，由于组织将注意力放在有限的产品-市场领域，管理层将有更多的时间来处理组织内部以及组织间的运营问题。

航空航天公司、公共机构以及跨国公司　在条件允许时，关于分析型组织讨论的延伸可以为那些同时处于稳定环境和变动环境中的航空航天公司、公共机构以及跨国公司的高管提供指导。

我们可以回顾一下，分析型组织把绝大部分资源分配到稳定的任务环境中，同时对有限的产品-市场领域进行持续观察。分析型组织主要监测开拓型组织开发的新产品或者市场创新，对最有潜力的开发项目进行模仿和推进，并且将这些创新快速融入组织稳定的、标准化的部门中。

航空航天公司、公共机构以及跨国公司可以参照分析型组织的行为模式，前提是它们能够实现以下两点：（1）在稳定领域拥有成熟的核心技术；（2）在新活动的规模和范围上做出决定。例如，航空航天公司往往不需要限制自身规模、运营性质以及原型项目数量

（因为它们的盈利能力较强），同时还能维持战略与环境的契合度，并且管理组织内部的相互依赖关系。在这些项目中，只有那些处于稳定领域的项目才需要主导联盟花费更多的精力去关注。最后，当那些组织可以选择更多项目并且项目可以很好地融入组织时，周密的计划可以减少相互依赖问题。类似地，公共机构也可以参照分析型组织的行为模式，前提是它们能够实现以下两点：（1）在稳定的运营领域调整实验进度以适应资源的周期性消耗；（2）能够预见成功的原型项目与组织日常业务的契合度。跨国公司如果能避免合资企业或者东道国生产线中遇到的复杂问题，也可以学习分析型组织的模式。换句话说，为了避免产品和技术过程的区域差异，跨国公司可以利用一种单一的集中生产技术并且只分散营销职能。

当前，值得注意的是大多数分析型组织在把新的活动领域纳入其基本稳定的结构方面十分有经验。例如，家电行业多年来一直使用产品开发团队，以推动将设计理念从绘图板转移到装配线这一过程。管理层临时指派团队领导、设计和程序工程师、工具制造人员、机械师等，让他们离开自己的固定岗位，并给他们一个时间表，要求他们按照时间表生产出与竞争对手的新产品相比具有相同或者更好功能的产品。类似地，在消费品包装行业，产品经理（一般在营销部门）提供一个机制来使这些稳定的组织（一个单一的核心生产技术）对围绕大量产品的特定市场需求做出反应。产品经理的任务是监视他的特定品牌或者品牌组合所在市场的发展，对必要的设计变革进行计划以满足这些市场发展的需要，并且提出广告和营销方案来维持或扩大市场份额。这些产品经理的权力在不同公司中差异较大，能否成功取决于他们是否能与研发部门、生产部门和销售部门建立良好的关系。

如前所述，即使分析型组织拥有前述的扫描和/或协调机制，也要在环境协调和相互依赖之间取得微妙的平衡。然而，只要其中一项任务超出了既定例行程序的极限，主导联盟便会不堪重负。

匹配程度较低的领域

如前所述，组织面临复杂的环境，但是我们相信我们的战略-结构框架可以为那些希望应对类似环境条件的组织提供指导。然而，在某些情况下，我们的框架可能没那么有用。

跨行业集团企业　跨行业集团企业的主导联盟也遇到了与处于单一行业、水平扩张的集团企业类似的协调与内部相互依赖的管理问题。如果组织的每个分支机构可以独立运作，管理层可以将大部分时间放在寻找机会上（开拓型组织模式）。然而，由于跨行业运营的企业往往面临差异较大的任务环境（各行各业所特有的），管理层评估不同公司的绩效就变得非常困难。设立统一的绩效标准可能导致管理层做出的决策从整体上看有一定逻辑，但是并不适用于具体的行业。相反，采取以行业为基础的绩效标准又很难评估各个子公司对于资金的竞争性需求。最终，如果管理层在某种程度上实现了财务协同——例如，从盈利能力强的子公司获取资金投资于成长型子公司——这会使子公司管理层自我引导的基础和动力慢慢丧失。

尽管本书的理论框架并没有为管理层提供如何解决复杂问题的具体建议，但它确实为与其他组织行为相关的成本效益提供了见解。具体而言，这个理论框架提供了一个稳健的信号。例如，如果管理层直接操纵绩效评估标准、部门的市场定位以及资金流，那么尽管组织的基本结构和任务环境与开拓型组织更加接近，管理层也会采取防御型组织的内部管理方式。我们进一步对理论框架进行拓展，把跨行业集团企业也纳入进来，假如集团企业在跨行业收购中只收购了防御型组织（或者只收购了开拓型组织），那么组织的适应能力可能会提升。这样一来，集团企业可能会设置一个拥有较强专业能力的内部咨询小组，这些人可以将自身的知识和技能用于提升被收购企业的绩效上。当然，防御型集团企业中的专家小组与开拓型集团企业中的专家小组完全不同（前者是财务专家，后者是市场专家）。然而，对于那些同时收购了不同类型的公司的集团企业而言，管理者必须明白，如果他们在内部相互依赖问题上花费了太多精力，那么他们在产品和市场开发上所能投入的精力必然很少，反之亦然。

航空航天公司、公共机构和跨国公司 正如之前谈到的那样，一旦组织希望同时在稳定和变化的环境开展经营活动，主导联盟将不堪重负，这是因为它们一方面要快速应对变化的环境，另一方面又要维持稳定的业绩。当然，这些组织也可以选择专注于某一个领域，要么减少对变化的环境的关注并采取防御型组织的模式，要么以开拓型组织的战略和结构主要进入变化的环境。假如组织不希望采取单一的解决方案，那么组织该如何同时解决自身与环境的协调一致性和内部相互依赖的管理问题呢？

在许多航空航天公司、公共机构和少数跨国公司中，一些有趣的战略-结构创新已经涌现。这些创新被广泛定义为矩阵式管理和结构，我们可以通过检验已有的组织类型来理解这种矩阵式管理和结构。

一种新的适应模式：矩阵式组织

尽管矩阵式组织有许多模式（Sayles，1996），但大多数矩阵式组织可以分为两类：部分管理者的双重责任或者跨越组织稳定和变化部分的联合计划（Davis，1976）。

双重责任

在许多组织中，高管们被赋予双重责任，他们需要努力促进组织与环境的契合并解决组织内部相互依赖的问题。例如，在一家航空航天公司中，电气工程设计部门的主管可能还要负责一些"一次性"项目，这些项目往往依赖于他们自身的技术和经验。类似地，在教育机构或其他公共机构，部门主管或者常设部门的资深专业人士可能需要完成额外的任务，如管理创新项目、实验项目或课程。或者在一家跨国公司中，高级经理被委以双重责任，同时管理特定产品的全球分销并监督区域营销部门在外国的运作（这可能涉及跨国公司的许多产品业务）。在以上所有的例子中，组织试图将协调任务分门别类（将大任务分解成性质相似的小任务），并且指定一个中心独立进行决策和信息处理活动。根据预测，通过在组织的稳定部分和变化部分担任双重角色可以使高管们做出能够同时解决冲突和聚集潜力的决策。例如，跨国公司的管理者在担任地区营销经理时可能意识到某些产品设计问题可能导致产品对消费者的吸引力下降。之后，在与其他产品小组的日常会议中，他可以凭借自身的知识提出一些改进方案以提升其所负责区域（也可能是其他区域）

的销售业绩，而不会严重影响现有生产技术的稳定性。这意味着管理者的双重角色使开拓型组织具备了快速抓住市场机会的能力。

当然，相反的情况也具有同等的潜在价值。公共管理者可以从所获得的经验中洞察到自己作为职能部门主管的另一种角色。他可能会意识到其他部门的信息或者专业知识可能会极大地提升自己部门的效率——防御型组织定位。当然，尽管每个管理人员只在一定范围内拥有决策权，但是他依然可以通过说服其他人获得必要的支持，同时建立起一套新的沟通渠道和合作方式。当他难以获得这种支持时，他只能选择向上级求助。但是如果求助过于频繁，组织高层将不堪重负。

联合计划

除了双重责任方法外，还有一种方法叫联合计划。要实施后一种方法，组织首先需要在其运作的稳定部分和变化部分分别设立大致相同的管理岗位（在薪资、地位和等级方面）。在航空航天公司，职能部门主管在组织中的地位与负责主要项目或者工程的主管大致相当。在公共机构，标准服务部门（或者是专业小组）主管的地位与项目主管的地位大致相当。在跨国公司中，生产经理的地位与区域和职能部门经理的地位大致相当。

所有管理者都应该支持他们部门的工作，制订计划并最大限度地帮助自己的部门完成任务。例如，跨国公司的生产经理往往希望把相同的产品销往更多的地区，因为这样可以在生产和销售上实现规模经济。相反，同一家公司的区域经理可能会对改变产品设计感兴趣，以最大限度地提高其所负责区域的销售额，同时强调一些产品是优于那些他认为不太吸引人的产品的。该区域经理还可能与东道国的企业达成合资协议，以生产一种或多种产品，以在帮助东道国发展经济的同时提升公司形象，改进与消费者和监管机构的关系。

类似地，航空航天公司鼓励电气工程设计部门的主管考虑研发活动所需要的人员数量，并据此估计应该从部门内部选择多少人去参加当前正在运行的项目或者即将开展的项目，以帮助部门制订关于所需员工数量的长期计划。与此同时，项目经理还需要估算每个项目需要向其他部门借调多少人员，这些部门包括电气工程设计部门。

正如那些采用联合计划方法的组织预期的那样，当产品小组的计划和预测与地区办事处的计划和预测进行比较时，会出现许多分歧和冲突，这些冲突的自愿双边解决是被鼓励的，这使得产品经理和区域经理（或职能部门经理和项目经理）的许多分歧被直接解决。然而，双方的优先事项很少是紧密相关的，分歧往往通过联合计划委员会来解决。这一委员会由双方（产品部门和区域部门，或者是职能部门和项目组）的代表组成，此外还有上级部门的重要成员。该委员会有权为即将到来的经营周期（一般是半年到一年）制订一套统一的计划。假如在制定解决方案的过程中没有预见一些重大冲突，那么需要再次召集联合计划委员会以讨论解决方案。对于经营周期中出现的小分歧，主要由相关管理者通过协商来解决。

联合计划的关键是它确立了一个解决相互依赖问题的具体机制。假如没有这个机制，组织高层将会把所有精力放在解决这一问题上。有了这个机制，组织高层便无须担心这些问题，可以有更多的时间监控组织是否在不同的任务领域发展，同时有更多时间来观察环境，看看是否有新的发展机会。假如组织下级机构之间的计划存在交叉，并且组织有充足的资源来补偿由于计划失败而蒙受的损失，那么此时我们研究的解决相互依赖问题的管理机制便可以发挥作用。但是，很明显，在这一系统下，组织的下级机构（区域部门或者项目组）很难像一个真正的开拓型组织那样去适应环境。同理，稳定业务部门（职能部门或者产品部门）的运作也很难最大限度地实现成本效益，也就是说，它们很难像一个真正的防御型组织那样开展业务。

市场矩阵组织：一种新的组织类型？[①]

之前所谈到的"双重责任"以及"联合计划"矩阵系统可能会被描述为一种新的组织类型的雏形，这类新组织可以同时应对稳定和变化的业务领域。这些矩阵形式是不成熟的，因为它们附属于当前的组织类型。具体而言，矩阵形式可能被视为第三类组织中的A类组织，这类组织是多样化的，倾向于在总体运作计划的框架中保持一定的灵活性。

但是，假如内部相互依赖问题超出了双重责任和联合计划方法的能力范围，一些组织选择采用基于内部市场机制的矩阵式组织。这一现象的出现主要是因为组织拥有足够的重要资源以供分配，而这些资源可以支持组织对其管理理念实行重大改革，并且为管理组织内部复杂的相互依赖问题提供足够的资金支持。正如之前我们所谈到的，市场矩阵组织可能是新的组织类型，即第四类组织。

在一个非常成熟的矩阵系统中，资源往往从稳定的业务领域向变化的业务领域转移，这一转移主要依靠买方与卖方讨价还价来实

[①] 本部分讨论在很大程度上借鉴了罗伯特·比勒（Robert Biller）提出的概念和解释，可参见 Biller（1976）等。

现。为了描述市场机制如何在这种方式下运作,我们检验了这一机制在航空航天公司、公共机构、跨国公司以及我们认为未来要面对国际环境的组织中的应用情况。

航空航天公司的应用

我们还没有发现哪个组织采用了成熟的市场矩阵系统,但是我们可以通过整合实践中一些航空航天公司目前采用的或者计划采用的方法来创造一个例子。

顶点航空仪表公司(Apex Aircraft Instrument)是一家大型航空航天公司的一个子公司,拥有超过 7 000 名员工,其中的 4 000 名员工参与一条成熟的生产线,该生产线主要为民用和军用飞机市场提供服务。除了这一变化的市场,顶点航空仪表公司还经常参与军事合同或者太空探索合同中的研发项目。当前,顶点航空仪表公司拥有六个大型的项目,每个项目都有超过 100 名员工参与,项目持续时间超过两年。此外,该公司拥有三个内部资助的研发项目,所有项目都旨在开发出商业化产品。

除了其中一个项目经理(从竞争对手那里聘请过来)以外,其他项目经理都是从该组织的常设部门(通常是工程部门)调来的。项目计划委员会邀请他们参与项目。项目计划委员会成员则来自组织的稳定(职能部门)部分和变化(项目组)部分。这些邀请是保密的,并且经理人可以接受或者拒绝(即使项目需要,如果经理人压力较大也可以拒绝)。此外,被邀请参与项目的经理人还可以对项目预算进行审查,预估担任项目经理应得的额外补贴(按计划实施项目所获得的分红,或者提前完成计划得到的分红)并讨价还价(金钱和时间计划)。若一位经理人接受了邀请并担任项目经理,他将暂时离开他的固定岗位，同时项目计划委员会会向他保证，一旦项目结束，他可以回到原来的岗位上。

项目经理的角色　当接受了项目经理这一职位并同意项目预算时，他便可以开始创建团队并配置成员：其中包括一名项目经理助理和一名预算人员。项目经理可以选择任何人参与他的项目，对于选择什么员工没有任何约束条件。

项目经理首先需要了解候选人是否对项目感兴趣。如果对项目感兴趣，项目经理将会联系他的上司并与其协商是否允许他暂时离开原来的部门。一般来说，项目经理与职能部门的"成交"需要项目经理将一部分项目预算转移至职能部门，来弥补该候选人的薪资和津贴（一般还要加上间接费用，间接费用包括额外的管理费和职位津贴）。项目经理可以选择买下候选人的时间，这取决于项目需要以及候选人的意愿。一旦交易达成，候选人的当前岗位被临时填补，这样他可以重新担任一个职位。

项目经理作为一个购买意愿很强的买家，在所需的时间内寻找需要的技能以满足项目进度需要。如果他的购买活动足够高效，那么他可以从优秀的人才那里购买几天的时间，或者从一个初级工程师那里购买几个星期的时间。但是，如果买方满意，那么卖方是不是也会满意呢？为什么职能部门的领导会同意让一个有价值的员工离开呢？在市场矩阵系统中，答案很简单：职能部门转让优秀的人才是为了支付本部门的薪资预算。

职能部门经理的角色　为了理解为什么职能部门愿意将优秀的员工出让给其他部门，我们需要后退一步观察他的薪资预算是如何确立的（通过与项目计划委员会协商）。职能部门经理应该确保其部门人力资源符合产品生产和部门长期发展的需要，同时满足外部订单和部门内部投资的需要。一些主要项目的产品的需求可以在短期（1～3 年）内被比较准确地预测，但是一些具体的项目可能很难被精确预测。项目计划委员会的责任就是预测在一个计划周期（2～5 年）内项目所需要的人力资源，并且定期回顾和修正这些预测。在预测结束之后，项目计划委员会还需要对每个职能部门的成员的配额以及未来发展拟定一套计划。这些预测和计划将指引部门经理去寻找、保留和培育人才。例如，一个部门经理可能期望将当前的 48 个专业技术人员增加到两年后的 54 人，这需要进行技术层面的质量控制。然而，虽然职能部门经理按照配额招聘和培养人才，但他的薪资和福利预算是有限的，只能支付总计划的一部分，比如 80%。职能部门可以支付的和无法支付的薪资反映了这个部门有多少人可以参与项目（在本例中是 20%）。

因此，在仅有 80% 预算的条件下，职能部门经理是有动机与项目经理沟通人才交易事宜的。此外，职能部门经理还会鼓励员工提升自身的技能，以使他们更容易吸引项目经理（通过与下属共同制定职业生涯规划、任务分派和岗位轮换、开展部门问题解决研讨会等）。假如项目需要职能部门的人手为其服务，职能部门经理也有理由来扩大自身的员工队伍（他的职位也会随之提高）。相反，假如项目对职能部门员工的需求不强烈，职能部门经理便不得不减少员工数量。

上诉机制　如果我们现在已经有了买方和卖方，那么我们是否可以认为项目经理和职能部门经理会经常性地进行人才交易呢？经过一番思考，我们认为答案是否定的。项目经理往往认为那些对于完成项目十分重要的人才可能正在职能部门中参与十分重要的产品开发项目，假如职能部门同意将该员工出让给项目经理，这意味着他很难完成职能部门安排给他的任务。然而，假如项目经理愿意向职能部门支付超出该员工在职能部门实际工资和其他支出总额的费用时,他们之间的交易是可以达成的。正如我们在之前谈到的,在市场矩阵系统中,对谈判双方达成交易的金额没有限制。

类似地,项目经理还可能发现他的项目所需的员工被另外一个项目经理看中,这时就需要再次谈判。假如其中一位项目经理同意出高价劝说另一位项目经理放弃这名员工,去其他部门寻找资质稍微差一点的人员的话,他们仍然可能达成交易。这种交易也没有金额限制。项目经理十分了解他们项目的需要,知道自己可以承担多少预算。假如他们为其中一个成员支付了高价,他们需要为另外一个成员支付低价。同理,职能部门经理也十分了解他们的预算需要和部门工作量。简单来说,虽然谈判是自由的,没有人直接监督谈判过程,但是谈判仍然受到部门和项目需要与预算的约束。

尽管项目计划委员会并没有监督项目经理和职能经理之间关于资源配置的谈判,但是他们仍然可以随时向项目计划委员会求助。由于每个人都有权针对谈判问题向项目计划委员会上诉,人们可以预计项目计划委员会很快就会不堪重负,它不得不解决本不该由它负责的问题。换句话说,它需要处理项目内部任务安排的复杂问题。事实上,在一个成熟的市场矩阵系统内,很少出现上诉。大多数项目经理要么选择谈判,要么选择改变人选,而一旦他们向项目计划委员会提出上诉,最终结果将不再受他们控制。也许他们可以得到想要的一切,但是也可能彻底失败,失去妥协的机会。

市场矩阵系统的重要特征　除了上诉机制以外,市场矩阵系统还有另外三个特征,虽然之前我们也提过,但是在这里我们对这三个特征进行进一步探究。其中第一个特征,也是最重要的特征是项目经理和职能部门经理可以自由地通过人才交换来满足自身需求。假如限制了这一自由,便相当于限制了自由的市场交易机制,在交易双方中的任何一方看来,特殊干预是不公平的,而且会破坏市场机制；假如完全限制谈判的进行，便会破坏市场对人才交流的重要指导作用。

市场矩阵系统的第二个重要特征是要求所有参与项目的人都暂时离开他们目前所在的岗位。而为了高效地完成项目，他们需要一个有价值的角色作为保障来确保他们能够回到原先的岗位上。假如没有这个保障，项目成员可能会拖延项目进度，直到他们找到适合的岗位。在少数情况下，项目经理可以在得到项目计划委员会同意的情况下在组织外寻找有特殊知识和技能的人才。但是，组织应该减少外部人员的聘用数量，因为假如组织引入了这些外来人才，他们可能会拖延项目的进度。同时，项目经理在外部招聘员工也会降低职能部门经理在人才交换过程中的重要地位。

市场矩阵系统的第三个重要特征是自愿原则，也就是每个人都有权利拒绝参加某个项目。组织内也因此形成了一种将人才按照市场机制进行自由配置的环境。换句话说，自愿原则使得组织内部有能力的成员能够有选择性地参加对他们来说最有挑战性的项目，这使得系统内部实现了人才的合理配置，并最大限度地提高了生产率。然而，当项目成员开始做项目时，他原来的部门可能会忽视他（他甚至会失去晋升机会）。因此，项目经理必须承担一定的责任，通过向职能部门的上司提出建议，或向项目计划委员会（负责人员筛选和薪资评估）提交备忘录，指导项目成员的发展，并为其争取适当的奖励。假如项目经理不愿意承担这一责任，他们的名声便会受到影响，在将来的项目中便很难获得合适的人才。与员工的个人发展需求同样重要的是，项目应该体现员工的标准"价格"（如他的薪资）。如果没有迅速给予那些通过谈判达成特殊交易的人适当的奖励，也就是说，给他们的报酬低于他们在组织内部的市场价值，他们会认为自己受到了不公平的对待。

对于一个希望同时在市场的稳定部分和变化部分运作的组织而言，假如组织满足了我们在前面所提到的条件，便可以通过市场矩阵系统来处理组织内不同项目之间的相互依赖问题。随着组织内部资源分配机制的有效建立，组织可以很好地满足项目和职能部门的需求，高管们也可以有更多的时间来审视这两个业务领域的运营情况。显然，这种市场矩阵系统的建设并不容易。高管们需要了解如何创造"市场"，而不是决定资源应该如何分配；下级管理者则务必提高编制预算和管理预算的能力，并长期发展买方和卖方的行为模式。我们很快将对这几点进行简单说明。

公共机构的应用

近年来，许多公共机构开始尝试采用市场矩阵系统，这和我们之前所提到的顶点航空仪表公司的先进系统十分接近。以下两个案例可以说明它们是如何尝试的。

学院和大学　随着新的研究领域越来越多，学生对特别课程的需求也越来越强烈，学院和大学需要更快地对这一变化做出回应，进行多样化变革。由于现有的部门结构是依据当前学科（如生物学）需求和职业培训课程（如工商管理）的需要来设立的，因此在这类部门中进行多样化改革往往比较困难。而新课程或者研究对象可能跨越了领域之间的界限或现有部门的界限。

学院和大学可以通过采用市场矩阵系统来走出多样化困境。学院和大学可以任命一个项目主任或课程主任，并为其提供薪资和福利预算，但是他不属于学校的教职工。课程主任主要负责从常设院系"购买"教师，以便在新兴领域或者重新设计的领域开设课程。与顶点航空仪表公司的项目经理相同的是，课程主任首先需要联系教职工，了解他们对新课程的兴趣，再依据他们的时间安排与他们及其上级（院长或者系主任）进行谈判。

这样一来，课程主任成了一个积极的买方，会到处询问合适的人选及其课程兴趣。但是，假如谈判双方需要进行自由并且自愿的交易，那么"卖方"（常设院系主管）也必须得到一些好处。多数情况下，对于常设院系而言，协议成交意味着它们可以利用课程主任购买全职教职工的工作时间而获得的报酬，邀请访问学者、讲师和其他教职工。很多常设院系都面临预算稳定甚至减少的问题，因此，假如可以扩大教学团队规模，即使是临时扩大，常设院系也会非常欢迎。不仅如此，假如新开设的课程比较成功，学院最终也会设立这些课程。

一些大的院系也开始尝试设立市场矩阵系统，这主要由课程主任和常设院系的主管组成。例如，在商学院中，本科生、MBA 学生和博士生的课程主任会得到一笔预算，用于资助特定数量的课程，他们需要与不同院系（会计系、营销系等）的主任进行谈判，以获得特定教职工的使用权。据我们所知，院系内部的市场矩阵系统往往难以像院系之间的模块系统那样自由运作，但是有些院系的市场矩阵系统确实发挥了准市场机制的作用。

其他公共机构　越来越多的政府机构开始按照上述例子中的路径试用市场矩阵系统。例如，一个中型城市的福利机构决定，与其扩大现有单位的规模，不如试行一项特殊的目标家庭项目。目标家庭项目主任的一般职责是向一些选定的家庭提供综合救助，这些家庭成员是该机构常设单位所提供的专业服务的主要使用者。虽然项目主任有预算，但并没有设置固定岗位。他需要从常设单位的专业人员或者其他员工中招募所需要的人才，并且同这些人才的领导协商人员的借调问题，还要讨论招募这些人才需要支付给相应部门的费用。部门领导也认为自己的员工参与项目有助于提高部门预算，因此，从某种意义上来看，他们是自愿的"卖方"。

跨国公司的应用

在那些大型跨国公司中，开发相应机制以解决内部相互依赖的管理问题的压力越来越大，这些公司正在进行许多试验来测试自己开发的市场矩阵系统（Davis，1976；Beer & Davis，1976；Prahalad，1976）。接下来，我们将讨论一些领域，在这些领域中依靠市场机制是可行的。

之前我们已经谈到，某些形式的跨国经营至少从理论上来看仅仅是其国内结构的延伸，由此产生的协调和相互依赖问题也都有了相对明确的解决方案。例如，连锁百货商店进军国际市场时主要依赖区域经理对当地情况的了解来做出商品销售决策。尽管公司对海外区域经理的依赖和对国内区域经理的依赖在类型上一样，但是在程度上存在差异；国内区域经理主要对其所负责的区域内消费者可能的行为模式进行预测，再从组织集中采购的库存中订货。类似的是，单一产品组织（例如软饮料公司）可能需要和海外公司签订复杂的特殊代理协议，但协议的基本格式往往已经确定。从国内市场向国际市场进军的线性延伸过程往往出现在食品、饮料、集装箱制造、汽车、医药、化妆品等行业。

假如产品组织同时在国内国外市场进行生产和销售活动，而且国内组织对国外组织的控制能力较差，那么战略和结构上可能会出现较大混乱。假如销售多个产品的跨国公司的业务过多，那么问题可能还会更加复杂。对于这些组织而言，产品经理想整合全球的生产和销售以降低成本，而区域经理为了让产品被消费者认可，往往希望改进产品设计并通过合资企业来生产产品。这两种不同意见可能会引发冲突。

可以通过在组织内部设计一个市场机制来解决这种产品-地区的相互依赖问题（即使单从税收和汇率角度考虑，实际操作也会十分复杂）。例如，一些组织正在测试集团产品部门和地区利润中心应该在何种程度上进行自由交流。集团产品经理可能向区域经理提供具有吸引力的转让价格，并借此提升产品的早期销售。类似地，区域经理也可以向效率较低的海外生产和销售部门提供一定补贴，这有利于消费者接纳它们的全系列产品。

然而，通过这些安排我们发现，一家生产多种产品的跨国公司的市场矩阵系统本质上应该是三维的，而不是二维的（Davis, 1974）：其中一个坐标轴代表集团产品经理，另一个坐标轴代表区域经理，还有一个坐标轴则代表负责生产、工程和研发等工作的职能专家。一个先进的系统可以使他们所在的三个部门在内部市场机制的引导下追求各自的特殊利益（尽管据我们所知，目前还没有组织采用这样的系统）。在这样一个系统中，区域经理和集团产品经理都可以和职能部门签订合同，并要求职能部门为他们服务。由于区域产品的开发和生产成本比集中开发和生产成本更高，因此采用这种方式可以实现规模经济。即便这样，如果有机会扩大市场，在某些情况下区域经理愿意负担这部分成本。集团产品经理和区域经理将就价格进行谈判，以交换多余的国外产品或者弥补国外产品的短缺。

显然，这一系统过于复杂并且还存在管理失败的可能。然而，当前通过非市场、分级决策来解决内部相互依赖问题同样会造成延误和管理失败。毫无疑问，正如我们之前所谈到的，设计和运营一个具有自由运作的内部市场的完整市场矩阵组织需要新的管理技能，同时还需要重新思考高级和中级管理人员的角色。

市场矩阵组织的管理

也许还需要很多年我们才能知道市场矩阵组织是不是一种新的组织类型——第四类组织。然而，假如我们认为它是第四类组织，管理理论还需要进行怎样的发展才能更好地促进这类组织的有效运作呢？

回顾第 8 章，我们讨论了管理理论和战略类型是如何同步演化的。传统模型以及人际关系模型都支持职能专业化以及经营决策集中化，这与第一类组织和第二类组织是兼容的。人际关系模型承认个人和团体的自我指导和自我控制的潜力要大得多，是第三类组织发展的重要补充，因为这类组织更多地由总经理来负责基本自治的单位。

有人可能会想到，因为市场矩阵系统允许具有混合结构的组织采用混合战略，因此系统需要不同的管理哲学与实践的互补、混合。换句话说，采纳人际关系模型的管理者只负责系统的部分工作，另一部分工作由采纳人力资源模型的管理者负责。在短期内，假如现有的测量和处理手段可以应对，这样的安排可能会很有效。然而，从长期来看，我们期望的市场矩阵组织的有效管理，特别是本书谈到的比较先进的那种市场矩阵组织，可能需要更多地向人力资源模型倾斜。

管理理论的这一转变不会轻易实现。大概十多年前，弗里斯特（Forrester，1965）预测了当今新出现的组织类型所需要的管理理论，但是他也谈到这些管理哲学和实践不太可能被采纳："在社会组织问题上，我们一般只对传统做法进行一些微调，而不是冒险去试验，去创新。"为什么会这样呢？我们认为，即便组织需要选择新的组织设计并且这类组织已经确立，管理者还是不太愿意采纳，这是因为新的组织设计需要广泛的人力资源价值观和实践（Drucker，1974b；Sayles，1976）。但是，管理学研究表明，人力资源哲学既没有得到广泛的认可，也没有被广泛应用。组织高管们可能对部门经理的自我引导能力有一定信心（至少短期如此），但是这种信心往往源于对部门经理在独立运作的矩阵系统中所做出的决策的严格监督（甚至是干预）。此外，部门经理承担全部责任，假如高管们对部门绩效有任何不满，他们可以采取措施恢复部门运营的平衡。

在市场矩阵系统中，许多管理者都在为部门目标的实现而努力，并与组织各个层级的经理就资源分配问题进行谈判。假如所有的谈判都需要得到最高层管理者的批准，那么他们将会不堪重负。然而，假如这些谈判可以通过市场机制来管理，那么最高层管理者需要相信下属具备足够的决策能力。如果最高层管理者希望第三类组织的优势得到发挥，那么他们就必须学会减少对部门决策或者区域决策的干预，他们更需要学习减少对第四类组织的干预。

当然，最高层管理者也不会放弃对市场矩阵组织的控制。在建立内部市场时，主导联盟发挥了重要的决策作用。就像中央政府一样，高管们可以给那些他们希望发展的业务提供资金支持，并向那些收益丰厚的业务收取费用。此外，高管们还充当上诉法院，通过投资和协同转变而不是监督和干预谈判来管理市场不公平行为。正如我们之前所谈到的，在这样一个系统中，评价最高管理层不是基于其做出的经营决策的质量，而是基于其所构建的系统所产生的决策的质量。

除了最高管理层的角色和行为发生变化之外，中级管理层也需要做出许多改变。中级管理层尤其需要在学习谈判技巧或者开拓市场方面获得帮助。市场机制不可避免地会导致出现短期垄断和垄断地位。管理者需要意识到利用这种地位的长期成本，并培养技能帮助他们的同事来避免功能失调行为。

总的来说，成熟的市场矩阵组织有赖于以下假设：组织的结构和过程能够向管理者提供足够的信息以指引他们实现组织目标，并使得他们不得不与其他部门有效合作。这一信念，即很多组织成员有足够的能力运作市场矩阵组织——这一基于人力资源模型的关键假设——看起来十分重要。

小 结

我们认为当今许多组织都面临着新的与环境契合和内部相互依赖方面的问题。本书所谈到的几种战略类型——防御型组织、反应型组织、分析型组织、开拓型组织以及新兴的混合战略-结构形式——或多或少地出现在我们研究的每个行业中，并且在所有行业中都是十分普遍的。我们认为，未来成功的组织是那些有能力审视自身战略、结构和过程的组织，是能明确自身的成本和收益的组织，是能够针对需要实施的变革采取行动的组织。在这一点上，当前的四种战略类型的动态比新兴组织类型的动态更加清晰。然而，我们认为理解这些基本的组织类型有助于我们设计和运营更加复杂的组织。

第10章

总结和拓展

最后几章可能会有些难度。作者和读者都需要一种完结感，但对一本冒险涉足相对未知领域的书来说，这种完结感很难实现。在这一点上，我们所处的情境类似于登山者在攀登尚未攀登过的山峰时所处的情境，我们要停下来与计划的攀登路线进行比较，并估计剩余的地形和距离。就像登山者一样，我们现在掌握了一些在行程开始时无法获得的信息，但我们可能太专注于眼前的任务，使曾经清晰的整体路线变得模糊了。此外，如果我们继续用登山来做比喻，要想退回到足够远的地方来重新获得清晰的视角，将非常耗时（也许还很危险）。尽管如此，本章旨在对前9章提出的主要观点进行总结和评论，并对组织适应性领域未来的一些问题和议题进行推测。

组织适应性：理论、过程和管理

在本书中，我们试图实现五个主要目标：（1）发展对适应过程的理解；（2）为当前存在的其他组织行为类型提供解释；（3）将这些组织类型与过去和现在的管理理论联系起来；（4）探索作为整体社会技术系统的组织可以被诊断和改变的过程；（5）为检验新兴组织类型创建一个概念基础。

适应周期

在第 1 章和第 2 章中，我们认为组织适应过程既不是不受控制的，也不是一个涉及完全理性和有效选择的过程。相反，适应是通过一系列管理决策来实现的，这些决策的有效性主要取决于管理者的选择整合的一致性如何。直到最近，管理者在做出整个系统的战略选择方面仍缺乏指导，因为相关的概念和理论往往只以静态的方式处理整个适应过程的一部分。我们的组织适应模型被称为适应周期，旨在描述完整的组织适应过程，并且揭示适应发生的动态过程。我们认为，组织适应本质上包括三个需要最高管理层持续关注和做决策的广泛问题：创业问题（选择一个可行的市场领域和一组与之相关的目标）、工程问题（创建一个为所选领域服务的技术流程）和行政管理问题（开发一个组织结构和一套管理流程，以协调和控制所选技术，并进一步指导那些保持组织连续性所必需的创新活动）。正如全书所强调的，如果要完成有效的适应周期，这三个问题的解决方案必须相互关联。

战略类型

从第 3 章到第 6 章，我们描述了四种类型的组织，每种类型的组织都有其独特的适应模式。这些战略类型包括防御型、开拓型、分析型和反应型，帮助定义了适应性行为的连续体，顺着这个连续体可以排列现有的大部分组织类型。这些组织类型中的三种——防御型组织、分析型组织和开拓型组织——是一致且稳定的。也就是说，这三种类型中的每一种都有一套响应机制，当环境发生变化时，它们可以一致地应用这些响应机制。随着时间的推移，这些机制将不断完善，组织会发展出一些能够依赖的独特优势（以及一些必须克服的相关弱点）。这些优势形成了一个稳定的基础，在此基础之上，组织可以对环境做出反应。另外，反应型组织是一种不一致且不稳定的组织类型。由于它缺乏一套可靠的响应机制来应对不断变化的环境，反应型组织经常处于持续的不稳定状态。除非反应型组织所处的环境特别好，否则管理层终将被迫把组织转变成其他三种类型之一。

管理理论

我们相信我们提出的理论框架的这两个主要组成部分——适应周期和战略类型——可以用于诊断和变革组织行为。在第 7 章，我们讨论并说明了诊断和变革是如何进行的。该章得出的一个主要结论是，成功的组织诊断和变革在很大程度上受到管理者关于如何管理人力资源的信念的影响。因此，在第 8 章，我们讨论了管理理论，指出了各种战略类型对管理哲学和实践的影响。从历史的角度来看组织和管理理论，似乎可以得出这样的结论：如果未来的组织要变得有效，组织战略和结构的任何新发展都必须伴随管理哲学和实践的类似发展。

新兴组织类型

未来的环境条件、战略类型和管理理论是第 9 章的重点。我们的研究主要是针对现有的组织行为模式。然而，对于越来越多的组织来说，目前的适应模式不足以满足新出现的环境需求。我们讨论了其中一些组织，如航空航天公司、跨国公司、集团企业和公共机构，并提出它们目前正在发展的响应机制可能是一种新组织类型的雏形。当然，我们的设想并非绝对正确，但是这些组织似乎正在朝我们所设想的市场矩阵组织发展，这种组织既灵活又高效，能够充分利用人的各种能力。

回顾和拓展

贯穿本书前几章的基本主题是模式化行为，即组织倾向于发现、发展并维持对各种环境事件的一系列一致反应。正如西尔特和马奇（Cyert & March，1963）所描述的，以及我们研究过的组织所证实的，一旦组织制定了可行的适应性战略，对新方法的探索就会减少。下面，我们将回顾有限搜索的基本动态及其成本和收益。然后，我们探讨如何避免有限搜索的功能失调，考察扩展搜索以促进组织学习。

有限搜索：基本动力

首先，一个组织的环境中存在一些会抑制组织战略行为发生重大转变的力量。正如汤普森（Thompson，1967）所指出的，一个组织并不是单方面地决定它的领域；任务环境中的每个主要参与者（客户、供应商、竞争对手、监管机构等）都会对给定组织已经扮演的角色和将来要扮演或应该扮演的角色提出期望。除了所涉及的经济限制和后果之外，一个组织必须做出相当大的努力来确立一个新的角色。与个人的情况一样，当一个组织试图改变它的形象时，经常发现很难让环境中的参与者相信这种变化是真实的。因此，这些参与者几乎在不知不觉中给组织分配了一个很难改变的角色。

其次，组织内部存在反对任何令人满意的行为模式进行重大变革的强大力量。事实上，从经济学和心理学的角度来看，有限搜索是合理的。搜索过程本身是昂贵的，而且搜索活动必须与其他方案竞争稀缺的组织资源。从心理学上讲，有限搜索使组织成员的活动具有整体的连续性和可预测性，它不要求管理者设想新的和困难的调整，而如果组织要大幅改变其方向，这些设想就是必要的。

最后，现有的行为模式是由那些可能有能力改变它的人所创造的，因此符合他们的利益。

有限搜索的好处

作为有限搜索的结果，组织开发了一套独特的能力，使其能够持续发展，并可能在行业竞争中表现良好。通过在关键的执行岗位上安排特定类型的专家，并通过塑造组织的结构和过程来强化与其特定市场行为模式相关的优势并减少劣势，组织能够增强自身竞争力。随着时间的推移，系统专用型知识和专长不断积累，管理者在强化组织设计上面临着巨大的压力，因为在大多数情况下，组织的成功来自把正在做的事情做得更好。

有限搜索的弊端

有限搜索至少会带来两个重要弊端。第一个也是更明显的弊端是，有限搜索往往会使组织无法处理从根本上不同的问题。因为对新问题的解决方案的探索并没有超出已知的解决方案，组织有动力将不明确的问题转化为可以用现有方法处理的形式（Cohen, March & Olsen, 1972）。不幸的是，组织会定期面临难以重构的问题，并且需要现有方案之外的新解决方案。

无法解决新的或明显不同的问题，源于有限搜索另一个通常不易被觉察的弊端：组织学习的迟滞。为了让组织学习，也就是说，增加它所拥有的适应性行为的数量和种类，可能需要组织成员采取大量新的行为方式。根据阿吉里斯（Argyris, 1977）的观点，大多数组织行为都涉及"单环"学习，这种学习只发生在现有系统的范围内，个人或团体很少被鼓励或允许对组织的现行做法提出质疑。为了扩大有效组织行为的集合，必须进行"双环"学习，即直接面对当前行为及其潜在原因。这种类型的组织学习显然是困难的，因为它要求管理层不仅以系统的方式来检查决策的结果，而且检查做出这些决策的过程，并在选定的领域进行有限的试验，以拓展组织的能力并发现其不足之处。

适当的批评

我们无意谴责从事有限搜索的管理者。顺着合乎逻辑的操作流程以进行减少不确定性、实现目标以及获得成本效益的尝试是无可厚非的管理行为。然而，如果管理人员从事有限搜索而不定期检查其行为的后果，也就是说，他们没有意识到有限搜索的潜在弊端，也没有采取行动消除这些弊端，那么他们就会陷入管理的狭隘主义之中。

更有针对性的是，尽管有限搜索是一种自然且有用的活动，但如果组织没有开发出相应的机制来消除与有限搜索相关的不可避免的功能障碍，那么它的行为就是不合理的。正如我们不断强调的，这种机制至少可以从总体上帮助组织防范预测到的风险。当然，这些"保险"机制所需的数量和形式取决于组织独特的战略、结构和过程模式。尽管一些战略类型比其他战略类型更容易受到某些风险的影响（例如，防御型组织更容易受到重大市场变化的影响，而开拓型组织更容易受到成本效益低下和资源过度扩张的影响），但所有战略类型都会受到一定程度的威胁。例如，正如第 7 章所指出的，随着技术复杂性的提高，分析型组织迅速进入有利可图市场的能力可能受到损害。因此，在所有情况下，有限搜索都是一种有趣的组织行为悖论，是一种有用但存在潜在风险的活动。

扩展搜索：学习型组织

很明显，无论目前的战略类型是什么，在风险保障机制上投资的组织——已经开发出"双环"学习能力的组织——在环境变化的关键时期很可能比竞争对手拥有实质性的优势。因此，应该如何构建风险保障机制，或者更广泛地说，应该如何开发和保持扩展搜索的能力？

如前所述，组织就是一种有意聚焦的机制。它的生存之道在于做好有限的几件事。然而，在一个组织发展其独特能力的同时，它也将自己暴露在与那些它做不好的事情相关的风险中。因此，必须确定和追求学习目标，使组织的搜索过程得到扩展。对于防御型组织而言，它需要发展自身扫描特定领域之外的环境的能力，并将因此收集到的信息纳入其长期计划中。相反，如果是开拓型组织，它需要在其更稳定的作业领域发展能够提升成本效益的能力。

在我们看来，组织的学习过程必须包含一种语言，这种语言能够处理新信息，并将其纳入不断增长的组织行为中。一个组织必须知晓与同行业或集团中的其他组织相比，自身是什么类型的组织，必须了解通常与这种类型的组织相关的优势和劣势，必须设置适当的学习目标，以减少这些劣势对组织的影响。基于前面的讨论，特别是第 7 章的相关讨论，两个关键因素或许说明了这种有效的风险保障活动的特点：首先，有一种方法可以引起并持续吸引主导联盟对系统外信息的关注，这些系统外信息与组织当前同环境保持一致的效力和效率有关；其次，在某种形式的学习实验室中，组织可以在不干扰中央系统运行的情况下探索市场战略、组织结构和管理过程的替代方法。

系统外信息

有许多来源可以使组织获得目前系统中通常无法获得或至少不可见的信息和观点，其中包括外部分析师、外部董事和风险投资委员会。

外部分析师　在第 7 章中，我们强调了外部分析师的作用，他们可以提供组织内部无法获得的信息和观点。外部分析师可以利用他们的经验将信息和见解从一个组织环境转移到另一个组织环境，他们经常可以为较小的组织带来分析技能，而在系统内开发和维护这些技能的成本太高。然而，正如第 7 章所指出的，单个分析师很少具备考察组织整体适应性特征所需的全部洞察力和技能；组织可能需要在市场分析、方法工程、员工培训和发展等不同的领域具备特殊的专业知识。因此，高层管理人员必须了解整个适应过程，避免盲目地采用外部建议，这样就不会因为实施一个领域的建议，而没有将这些变化与组织系统的相关部分联系起来，从而使外部建议与组织割裂开来。

尽管越来越多的分析师有能力帮助组织获得所需的全方位外部援助，但外部分析师面临的困境始终是，如何深入了解现有组织，了解其优点和缺点，而又不至于深陷其中迷失方向。正如我们在其他地方所指出的（Miles，1975），正常的咨询模型可能不会在很大程度上促进组织学习，因为往往只有客户组织管理层的部分成员积极参与组织问题的定义。一方面，如果不管问题是什么，外部分析师都采用预先制定好的解决方案，或者为组织成员提供一些他们认为不存在的问题的解决方法，或者只是接受管理层对情况的诊断，并给组织提供它想要的解决方案，那么将很难发生有用的组织学习，而且组织肯定会对外部分析师的方案产生抵制。另一方面，如果咨询师制订了行动研究计划——帮助组织成员归纳他们的问题，然后收集回答问题所需的信息——组织学习就更有可能发生。如第 7 章所述，管理层不仅必须善于确定所需建议的类型，而且必须善于确定特定问题所需的分析方法的类型。

外部董事 组织的董事会对于其获得系统外信息和观点具有潜在价值，但这种机制几乎总是没有得到充分利用。当董事会由内部成员主导，且外部董事的选择仅取决于他们是否与有价值的外部机构（银行、政府机构等）有联系时，这样的董事会可能无法提供设计良好的董事会所能提供的风险保障水平。那些具有广泛经验、不受特定代表性要求限制的外部董事可以发挥类似于外部分析师的作用。

显然,这些外部董事只能在董事会程序允许的范围内有效地发挥作用。那些作用仅限于政策审查和危机干预的董事会几乎无法提供组织学习的机会。此外,单个孤立的外部董事也无法发挥与其专业技能相匹配的影响力。虽然研究证据有限(如 Mace,1971;Drucker,1974a),但是那些重视董事会发展的组织似乎的确表现出更强的组织学习能力。

需要强调的是,我们在这里特别关注的是中立的外部董事。被任命代表特定利益群体(如消费者)的董事显然也可以为组织提供有用的观点,但他们的角色性质(以及他们的经验和取向)限制了他们为整个组织系统的调整提供见解的能力。同样,尽管许多欧洲国家的政府强制要求员工在董事会中有代表权,但是我们认为产业民主问题与扩展搜索能力的问题应该分开处理。只要员工对系统的不一致性有自己的见解,无论法律是否规定了其董事会成员身份,董事会都应该征求他们的意见。

风险投资委员会　管理层逐渐意识到,系统中可能潜藏着更多通过常规渠道难以获得的好主意。事实上,许多轶事乃至一些确凿的证据都证明,那些所谓管理良好的组织,其主要的产品、服务或技术创新其实都被严重耽误甚至完全错过了。

作为解决这一困境的一种方法,最近有人呼吁建立风险投资委员会,并就此进行了一些实验,该委员会的部分成员是与组织没有直接联系的个人(Hutchinson,1976)。风险投资委员会旨在评估来自正式建议系统之外的组织成员或其他开发项目的组织成员的创新想法。例如,从事一个项目的工程师可能会发现一个他的团队或任何其他组织单元都没有解决的产品创新问题。通常情况下,组织没有明确的路径来让这种想法发展下去。然而,如果有风险投资委员会，就会鼓励工程师向该委员会提出自己的想法，希望能迅速采取行动。获得开发和测试资金的想法除了使发起者得到认可之外，通常还会为其带来金钱上的奖励。

然而，在风险投资委员会或董事会中纳入外部成员的论点同样指出，即使是以创新为目标的单元往往也倾向于进行有限搜索。内部成员，例如斯坎伦计划或类似委员会的成员，可能根本不具备信息或洞察力，无法客观地评价那些从根本上背离组织传统认知的想法。

风险投资委员会合理的组建和运作方式尚未最终确定。显然，诸如所需技能和经验范围之类的因素密切依赖于组织的行业、领域和技术。与此同时，如果外部成员真心想扩展组织的搜索能力，他们（就像董事会成员一样）的人数必须足够多以避免受内部成员的支配，并且不能根据狭隘的代表性标准来选举外部成员。

当然，有外部成员参加并不能说明风险投资委员会实际上在冒险。我们熟悉的一些风险投资委员会的运作其实十分受限，并且它们的财务状况非常糟糕，结果它们在风险保障机制的开发中只发挥了很小的作用。尽管如此，对那些努力发展其学习能力的组织而言，这些委员会的外部成员仍然能够令其受益。

对系统外信息的关注　如前所述，无论采用什么机制来收集系统外信息，都不能保证组织一定会采取重大行动，进而保证会发生组织学习。如第 7 章所述，分析师在被组织雇用后接着就被组织忽略，外部董事可以被增选也可以被遏制，风险投资委员会可能只是为了粉饰门面，所有这些都是有限搜索的自然过程的一部分。

虽然基于目前的知识我们无法充分获知有效开发和利用系统外信息所必需的条件，但是我们了解其中的一些关键方面。只有当出现以下情况时，组织才最有可能"听到"、吸收系统外信息并采取相应行动：

1. 高管层意识到他们总是固有地倾向于维护其一手创建的组织系统；

2. 维护行为的主要来源得到了认识和纠正（例如，严厉惩罚错误而不奖励成功创新的奖励与控制系统）；

3. 不断开发和利用一些外部信息来源，而不仅仅是在危机发生时才这么做；

4. 外部信息被用于制订未来的行动计划，而不是用来指责当前的效率低下；

5. 分析师和其他外部信息来源关注的是发现问题，而不是给出答案（也就是说，与管理层合作识别问题，而不是兜售预先设想的解决方案的修订版）。

学习实验室

大多数组织已经拥有一些学习实验室，或者具备创建学习实验室的条件。这些学习实验室是组织系统内的一些领域，在这些领域中，组织可以在不干扰主系统运行的情况下探索备选战略、结构和过程。

独立的部门、科室、区域 几年前，里蒂（Ritti，1970）指出，工程师的成就感和影响力与所在单位离公司总部的距离直接相关。里蒂的发现表明距离远的群体可以免受现有系统的诸多约束，从而可能更容易采用新观念和新方法来进行实验。当然，在跨国公司中，区域性组织尝试市场战略（及其辅助结构和过程）的例子数不胜数，而这样的自由度在更大的国内系统中不可能出现。然而，国内公司在地理位置上分散的部门也经常形成各自的经营风格，其中有些经营风格比其他经营风格更加有效。事实上，即使在单个工厂内，正如密歇根州的调研（Likert，1967）经常显示的那样，在管理过程和非正式结构中能够产生而且确实存在相当大的差异。

对于深思熟虑的管理者来说，不同部门、科室或区域之间自然形成的行为模式的差异将被视为自发的实验，人们可以从中学到很多对整个组织有价值的东西。然而，许多组织的倾向是，要么忽略从成功的差异中获得的数据流（将成功归因于机会或有利的环境），要么通过采取行动将战略、结构和过程重新纳入整个系统标准，哪怕一些替代方法产生了更好的结果。显然，如果组织这样做了，除了参与其中的个人学习到他们今后必须更加小心地向上级管理部门隐瞒甚至是他们成功的实验之外，组织没有发生任何学习。

如果自然实验产生了成功的新方法，这些方法被认可、复制，并被盲目地推广到更大的系统中应用，然而组织完全没有认识到这些方法为什么成功以及如何成功，那么结果同样是令人遗憾的。如果缺乏这种认识，"推广成果"的努力往往无法成功，并且组织最后只能错误地认为新方法不起作用。

组织更有效地从自然实验中学习的过程显然是复杂的（March，1971）。然而，许多旨在将这种学习系统化的方法似乎只会将实验进一步地推向地下（另外，斯坎伦计划及其变体似乎至少有能力带来一些实验数据。参见 Donnelly，1977）。关心如何防范重大风险的组织至少应该注意如何利用正常运营中的变化所产生的信息和想法。

子公司 子公司可以经常用于增强整个组织学习，而不至于破坏现有系统。在大多数大型开拓型组织中，通过收购或在内部创建独立的部门来实现多样化是一种相对容易理解的技巧。然而，在较小的组织中，收购或创建一个附属系统显然更为艰难。对于这一问题，母公司无论是开拓型组织、分析型组织还是防御型组织，都无法做好充分的准备。为了最大限度地防范风险和促进学习，小型组织可以收购战略-结构-过程模式与自身不同的子公司（显然，在这种情况下，收购比创建更合理，因为小型组织不太可能拥有过剩的管理能力）。然而，无论是大型组织还是小型组织，其面临的困境都是如何在保持子公司自主性的同时，仍然能够从它的经验中学习。

鉴于现有的知识和实践，我们相信精心设计的特许权协议，比如阿尔法电子公司正在计划的特许权协议（见第7章），似乎最有可能解决自主学习困境。回想一下，阿尔法电子公司计划向子公司出售（该子公司有权拒绝购买）其生产和分销的某些价格低的标准化测试设备的许可证。然后，特许权使用费将支付给母公司，并将预先确定的部分返还给产品开发部门。随着时间的推移，阿尔法电子公司的管理层应该逐渐掌握既能在新市场上取得商业成功又不必冒着风险去开发和管理公司基础能力之外的产品的诀窍。更重要的是，这样的安排可以让子公司真正经营自己的业务，而不用担心阿尔法电子公司会榨取其产品开发所需的资金。此外，子公司也应该通过这种安排学习和熟悉母公司的技术，从而能够自己开发新产品。到那时，阿尔法电子公司将面临一系列新问题，但愿它不仅能在营销和工程领域学到东西，而且能从管理领域学到东西，这样它就可以开发出一种对母公司和子公司这两个系统都有利的更大的财务和控制安排。

即使在大型多部门公司中，公司-部门财务安排也经常降低部门创新的积极性，并限制部门间的知识转移（Pitts，1974；1977a）。如果允许各部门从它们的开发活动中获得一些报酬，或许同样是以向其他部门收取特许权使用费的形式，那么整个公司的学习可能都会得到加强。然而，无论在特定环境下需要做出何种安排，有意识地将子公司和（或）部门作为学习场所来解决行政管理、创业和工程问题或许都值得管理层花时间好好考虑。此外，能够促进而非阻碍组织学习的奖励与控制系统也已经出现（Miles，1975）。

到目前为止，关于组织学习（扩展搜索能力的发展）的讨论一直集中在与现有类型的组织相关的问题和机会上。前边讨论的组织学习如何应用于新兴组织类型？

未来组织——第四类组织

我们相信，有计划、有管理的组织学习可以加速一种新的组织类型的发展，这种新兴组织类型能够同时满足产品-市场创新和成本效益的需求。如第9章所述，市场矩阵组织的特点是大胆地进行组织实验，然后在现有管理知识受到威胁时仓促撤退。这种组织类型的缓慢发展并不是因为缺乏基本的管理创造力。事实上，管理者已经证明有能力开发矩阵结构的多种变体（Sayles，1976），并具备多维属性（Prahalad，1976）。建立和发展真正的第四类组织的障碍是这种系统对现有管理规范和行为的威胁。

市场矩阵组织似乎正在崛起，它将分散信息收集和决策制定责任，其程度甚至远远超过当下最激进的开拓型组织。市场矩阵组织采用内部市场机制，整个系统的决策者都对其做出反应，从而减少了上层管理人员的"手动"控制。与此同时，市场矩阵结构对高级管理人员提出了一系列新的角色和技能要求，这些要求比当今组织中的要求高得多。第9章描述了中下层管理者必须熟练掌握的一些行为，然而，对高管层的新角色要求关注较少。

迷你经济体

真正的市场矩阵组织的高层管理者必须将自己视为迷你经济体

的管理者。这要求他们彻底地理解整个系统，这意味着不是要求他们理解应该做出什么决策，而是要求他们理解应该如何做出决策。组织该选择什么发展方向？如何在设计和运行冲突解决机制以处理竞争性需求的同时通过征收税款和转移资金来维持发展方向？高层管理者的任务正是在这些方面达成共识。

请注意，在市场矩阵结构中，高管层不再承担在现有业务中寻找机会的职能或提高成本效益的责任。相反，这些职能和责任作为组件内置在系统之中。在这种新的结构中，高管层的一个关键作用是提供和维持学习机会。市场矩阵系统的组成部分具有现有组织类型的特性：在职能部门和稳定的部门中表现得像防御型组织，在项目领域或在动荡的市场上运营的部门中表现得像开拓型组织。高管层如果掌握了这些组织类型的特性，并能够清楚地说明它们的收益和成本的话，就有可能胜任这一新角色（尤其是在教学职能方面）。此外，之前讨论的组织学习的大部分要求都是市场矩阵系统的核心要素。也就是说，员工定期地从稳定的、相对固定的单位调动到变动的、临时的小组工作，然后再调回原来的岗位，在这个过程中员工的行为模式得以拓展。

类似地，那些成本效益导向的管理者（如生产经理、全球产品经理等），如防御型组织的管理者，必须与创新和市场响应导向的开拓型组织的管理者（如项目经理、区域经理等）进行讨价还价和/或联合计划。在这个过程中，双方都有机会了解其他导向的成本、收益和需求。

然而，尽管对个人、单元和更大的组织本身来说，在市场矩阵系统中有大量的学习机会，但它们可能难以实现。至少在最初阶段，高管层会发现，不行使等级权力将很难治理和规范这个系统。压力不仅来自高管层对直接控制和恢复熟悉的操作方式的偏好，而且也来自下属的期望,即有关资源分配的决策应由高管层做出。如果高层管理人员能够促进而不是控制,并使下级管理人员相信他们能够——事实上必须——承担更广泛的责任,那么组织学习就会发生。然而,如今的高层管理人员往往无法(或不愿)履行这一职能。当今组织中的大多数机制都不提供完全的自我管理信息,资源分配决策仍然通过科层制做出,组织一会崇尚效率,一会又推崇效益。在这种情况下,管理者学到的基本经验就是我们熟悉的自我保护、短期开发以及在发生冲突时立即向上级求助等做法。

在减少直接控制的同时,高管层必须发展系统诊断的能力。他们不仅要能确定系统的哪个部分运行效率低下,还要能确定故障发生的原因。可能的话,高管层应该掌握在故障发生之前就将其识别出来的技能。例如,要能够识别一个原型项目或操作何时脱离试验阶段,何时应该将其永久化或分配给一个既定的单元。相反,高管层必须能够识别(或帮助职能经理识别)稳定业务什么时候开始失去其传统市场基础,以便在单元内安排新的结构和过程,或将这些业务从单元中剥离出去。

最后,高管层必须培养一种广泛而又有些模糊的能力,在组织的各个领域保持满意的平衡。市场矩阵组织的管理面临的主要困难之一是,许多员工发现他们的固定岗位不如项目任务令人满意。组织成员偏好项目的部分原因是项目结构和过程实际上需要人力资源管理,而稳定业务可以用传统模型或人力关系模型来管理。

从长远来看,我们预测成功的市场矩阵组织倾向于在其稳定和变化的领域中进行人力资源管理。(注:这一预测并不意味着这两个领域将存在相同的结构和过程,只是意味着将存在对最大限度地开发和利用成员能力的相同承诺。)此外,在不必要的领域进行人力资源管理可能会被进步组织视为进一步的"风险保护"。

小 结

本书旨在为学者和管理者提供一种能够用来描述和讨论现代组织的主要行为特征并加深对其理解的方法。毫无疑问,我们的理论框架还不完整,还需要进一步地修改和拓展。尽管如此,我们与学生和管理者的交流经验已经证实,只要按照本书提供的思路进行讨论,组织学习一定能够发生,组织能够学到我们认为有利于改善现有系统的运作,且对未来发展必不可少的东西。

我们相信这些方法将或多或少有助于组织的学习过程,这使我们能以一个比较积极的态度结束本书的讨论。援引本章开头的比喻,我们已经利用现有的地图和设备尽可能地攀登,虽然我们还没有到达山顶,但我们对最佳路线有了很好的认识。

02

第 2 部分

行业研究

第11章
单一行业战略：大学教材出版行业案例

本章将介绍为本书理论框架的发展做出贡献的三项研究中的第一项研究。这项研究大部分是在 1972 年进行的。随后于 1975 年，我们再次拜访了初期研究的三家公司，以获得相关领域的后续研究证据。因此，在下面的内容中，我们将按照时间顺序分别介绍第一阶段和第二阶段的研究情况。首先，我们要讨论一下最初的研究问题、第一阶段的研究设计及初始研究成果。然后我们将讨论后续第二阶段的研究。最后，我们简要总结两个阶段的研究目标和成果。

最初的研究问题

这项研究的总体目的是调查组织如何对其所面临的环境条件做

出反应。在许多方面，我们的研究都是探索性的，因为在当时还没有现成的理论框架以环境中的组织作为观察和分析的单位。

早先的两本著作很大程度上形成了这项研究的概念基础。首先，劳伦斯和洛尔施（Lawrence & Lorsch，1967）在其对来自三个不同行业的10家企业进行的研究中，分析了与每家企业所处环境的三个"部分"相关的不确定性程度，这三个部分分别是：（1）市场部分；（2）技术经济部分（生产过程）；（3）科学部分（行业的技术水平）。劳伦斯和洛尔施并未把整个组织作为分析单位，而是分析了与这三个环境部分相对应的组织子单位：市场营销、生产和研发。在各个子单位中，他们测量了管理者对环境不确定性的感知，并将之与组织结构和一些个人特征的测量关联起来。总体而言，劳伦斯和洛尔施针对组织子单位的研究发现与早期伯恩斯和斯托克（Burns & Stalker，1961）关于整个组织系统的组织间的研究结果是一致的，即面对最不确定环境的组织子单位的结构化程度通常最低（"有机型"），而面对最可预测环境的组织子单位往往是高度结构化的（"机械型"）。因此，从劳伦斯和洛尔施的研究中可以看出，组织结构和管理者对环境的感知是相互关联的。

然而，就在劳伦斯和洛尔施的研究之后不久，韦克（Weick，1969）指出，管理者的感知可能并不与组织环境的实际条件相关联。韦克引入了环境构造的概念，即管理者选择将注意力集中在环境的特定部分，从而产生需要组织做出反应的环境条件。如果"构造"的确是一个有效的概念，那么管理者将感知他们自己的"相关"环境，这种构造的现实则形成了组织反应的基础。

如果将劳伦斯和洛尔施的研究成果与韦克的构造概念联系起来，那么指导我们研究的基本问题便呼之欲出：一个组织的构造形式——在一个更大的环境中选择和发展特定的领域——是否会在管理者的感知以及组织结构和过程中产生可预测的模式？具体而言，由该问题引出的两个重要问题是：

1. 管理者对环境的感知和"客观"决定的环境条件之间是否存在关系？
2. 组织结构和过程是否与"客观"决定的环境或管理者感知一致？

第一阶段的研究设计及初始研究成果

行业背景

这项研究的数据源自大学教材出版行业的 16 家企业。为了避免将管理者感知和环境的客观测量混淆，我们只选择了一个行业。我们认为，如果样本包括许多不同类型的组织，那么对环境影响和本研究选择的组织变量的测量与理解将会受到影响。并且，我们认为有必要研究一个正在经历一定程度市场变革的行业。这是因为不断变化的环境比静态环境有可能产生更大的不确定性，我们希望一定程度的市场动荡能够促进管理者感知的多样化。最后，选择单一行业也是为了避开那些太过庞大、太过复杂的行业，因为这样的行业不利于我们了解处于变化之中的市场条件以及相应的组织反应。我们希望选择一个可以对主要公司的行为进行对比的行业。根据从不同渠道收集来的信息，我们最终选择了大学教材出版行业，因为我们认为该行业是这项研究的理想对象。

大学教材出版行业的历史沿革 大学教材出版行业只是印刷和出版行业的一部分，整个印刷和出版行业还包括其他书籍、地图、报纸、杂志等的印刷和出版。大学市场的主要产品包括教材、实验手册、练习册、试卷以及视听材料。这些出版物主要销售给美国和其他国家的两年制学校和四年制学校的大学生。

19 世纪末 20 世纪初，出版商都没有设立单独的大学部，这主要是因为当时的学生人数还不足 35 万。虽然亨利·霍尔特出版公司（Henry Holt and Company）出版了一些优秀的大学教材，但是第一个大学部却是由麦克米伦出版公司（Macmillan）于 1906 年成立的。

第二次世界大战结束后不久，大学教材的销量大幅增加。大量退伍军人利用《退伍军人法》（GI Bill）进入大学学习。大学报名人数的激增，加上人们对战后生育增长的预期，使得市场对大学教材出版的发展前景非常乐观。因此，20 世纪 50 年代，几家公司决定摆脱教材出版行业"山寨"或"乡村俱乐部"的形象。例如，培生公司（Prentice-Hall），它是公认的第一家将大学教材出版作为事业的出版商，从 50 年代早期便开始积极地收集书稿，并在大学市场上进行推销。其他出版商很快跟进，其中最突出的是麦格劳-希尔公司（McGraw-Hill）和霍尔特公司（Holt）。它们通过不断地优化作者选择、教材生产和销售的方法，实现了稳定发展并获得了丰厚的利润。

接着进入了"黄金 60 年代"。这一时期，二战之后"婴儿潮"一代的成熟和联邦政府对教育事业的巨额投入，极大地促进了教材出版行业的快速发展。在这一时期，美国教材出版行业的销售额增长至原来的 3 倍以上（从 9 700 万美元增加到 3.24 亿美元），每年销售额的复合增长率为 13%，超出了其他多数经济领域的增长率。为了获得足够的资金来满足扩张的需要，许多公司开始考虑并购其他公司或者公开上市（例如在开放市场上出售股票）。20 世纪 60 年代前期，对于这样一个被认为管理上相对保守且不成熟的行业来说，兼并收购和公开发行股票已经达到白热化的程度。还有一些新的公司也陆续进入这个行业。60年代末，大学教材市场已经呈现出十分激烈的竞争态势。

1970年，60年代教材行业的繁荣迅速消失，教材销售增长率大幅降低。这主要是因为全日制大学的入学率下降，而且学生在教材上的开支减少。由于征兵制度的取消以及越南战争造成了巨大混乱，70年代的学生入学率远不如60年代，而且大学生购买的教材数量也大不如从前。此外，这一时期还有其他一些因素也抵消了过去对教材的巨大需求，这些因素包括：学生们共用教材、二手书商提高了旧书的使用效率、复印机的大量使用。最后，传统上对市场和产品的明确划分被打破了，这对该行业的长远发展造成了严重影响。许多学校和学院进行了课程改革，就算没有将多数"标准"教材全部淘汰，但继续使用这些教材也不合适了（对于社会科学来说更是如此），课堂上开始越来越多地使用"普及版"图书（满足一般大众的一类图书）。

这些环境条件使大学教材出版公司在1971财年（1971年4月到1972年4月）的业绩表现非常糟糕，并且由于之后出现的经济衰退和通货膨胀，1972年和1973年整个行业也只是稍有起色。然而，正当出版商越来越担忧行业的发展前景时，1974年秋季的大学入学率又有了极大的提升，特别是半工半读的学生和女性学生数量有显著的增长。入学率的提高，加上人均教材开支的增加，以及由纸张价格提高引起的教材价格的普遍上涨，使许多教材出版商在1974财年创造了可观的收入和利润数据。1975年秋季，四年制大学的入学率创下了自1970年以来的新高，而大学新生的入学率更是创下了10年以来的最高纪录。但是，1974—1976年的入学增长率是否能代表行业的发展趋势呢？现在下结论为时尚早。

鉴于当前的入学率预测，谨慎乐观的态度也许更适合今天的大学教材出版商。由于有预测指出大学入学总人数将于 1983 年出现大幅的衰退（学生人数从 920 万减少到 890 万），因此对当前的大学入学率进行直线预测可能会引起警惕。然而，如果情况发生变化（学生结构发生变化，出现了越来越多的半工半读学生、少数族裔学生和继续教育学生，联邦政府加大对教育的投入，大学对新课程的需求做出更快的反应，等等），那么对于那些能够准确把握这些增长领域并做出反应的企业来说，其发展机会将是巨大的。虽然没有人预见会回到 60 年代的全盛时期，但是只要大学教材出版商对组织内部进行精心管理，那么它们便能够在一定时期内保持尚可的获利机会。总而言之，出版公司似乎已经从 50 年代的悠闲经营，经过 60 年代的快速增长，进入了一个机遇期。

组织样本和数据收集过程

由于前述原因，大学教材出版行业似乎为研究提供了一种适当的情境。然而，为了进一步考察研究的可能性，我们首先在一家比较著名的出版公司进行了一项预试验。这项预试验对出版公司八名高级管理者进行了将近两个月的访谈，得出了对之后的研究活动具有重要意义的三个结论：首先，在组织内部，级别越低，管理者越关心组织内部的情况。只有像公司总裁、大学部主管、主编以及全国销售经理等高级管理者才会不断地深入审视外部环境，以便发现组织发展的机会或潜在威胁。因此，如果要评估环境对组织的影响，那么这些人对环境的感知似乎最为关键。其次，这些高管一致认为市场因素（消费者的购买行为、竞争对手的行动以及新市场的识别等）是影响出版公司的关键不确定因素。也就是说，虽然在决策过程中他们已经考虑了环境中的诸多因素，但是这些高管最看重市场因素。最后，每个高管都赞同出版行业正经历巨大的变化，而竞争对手的反应却五花八门。因此，看起来管理层对行业条件变化的感知和组织对变化的反应都是不同的，而这种行业特点正是我们的研究所需要的。

1976 年，整个大学教材出版行业共有大约 75 家公司，总销售额为 5.64 亿美元，但是大部分教材的销售额是由这 75 家公司的 20 家创造的。我们最终选择的样本包括 16 家公司：最大的 20 家公司中的 11 家和 5 家随机选择的小出版公司。从员工数量来看，公司规模从 40 人到 700 人不等。研究数据来自对这 16 家公司的 62 位高管的访谈。每家公司都有三名关键人员接受访谈：大学部主管、主编和全国销售经理。此外，我们还采访了熟知这一行业的观察人士，如投资分析师、行业协会主管以及私人分析师等。

变量和测量

根据预试验的结果，我们决定只对市场的不确定性因素进行具体测量。我们通过访谈对每家公司的管理者对产品需求的可预测性以及竞争对手行为的感知进行了评估。继而将这些感知进行归类，分为低度不确定性、中度不确定性和高度不确定性。

我们还基于学术文献中假设的可能产生不确定性的两个关键维度构建了市场不确定性的客观测量标准。这两个维度是同质性-异质性和稳定性-变化性（Thompson，1967）。为了构建客观的测量标准，我们从每家公司的《出版商目录年报》中随机抽取公司出版的 100 本教材的书名作为样本，因此这种测量方法并不受管理者对市场环境的感知的影响。相反，这些测量标准只显示公司在整个出版市场中覆盖的领域是宽还是窄（同质性-异质性），并显示公司的出版领域是稳定的还是变化的（依据学术界和出版界高管的排名）。

假定每个组织对市场不确定性的一般反应的差异主要反映在投入和产出的变化上。因此，我们构建了适当的测量标准来评估组织为控制其主要投入（即书稿）变化所做的努力以及组织开展市场调研的强度。此外，我们还研究了几项重大出版决策的制定过程，以确定决策权的集中或分散程度。

总之，我们的研究检验了组织感知到的不确定性和客观市场不确定性（环境变量）对投入变化的控制、市场调研强度和决策权集中程度（组织变量）的影响。此外，本研究还提出了很多问题，涉及组织结构的发展、组织的生产过程、与子公司的关系等。这些额外问题的提出是为了探究上述核心变量发挥作用的背景。

假 设

这项研究涉及的所有具体假设都可以归纳为以下几点：

1. 与感知到低度不确定性相比，当高管感知到高度不确定性时，组织将加强对投入变化的控制，加强市场调研，降低决策过程的集中程度。

2. 与处于同质市场环境和稳定市场环境中的组织相比，异质市场环境和变化市场环境中的组织将加强对投入变化的控制，加强市场调研，降低决策过程的集中程度。

3. 三个组织变量（对投入变化的控制、市场调研强度和决策权集中程度）与管理者对市场的感知的联系更为紧密，而与环境异质性和变化性的客观测量的联系没那么紧密。

结 论

根据表 11-1 显示的结果,除了两种关系之外,其他所有关系都具有可预测的模式,但是每种关系的可预测性都不是特别强。对这些结果的最初解释是,存在于不确定市场环境中的组织往往具有有机型而非机械型组织结构,组织的这种特征主要取决于管理者感知而非环境条件的客观指标。然而,我们在分析了剩下的访谈数据后发现,环境与结构之间的总体联系并没有完全反映出这些组织与环境之间存在的真实联系。

表 11-1 市场不确定性的三个测量标准与组织变量之间的关系[a]

组织变量	感知的市场不确定性	对市场不确定性的客观测量	
		同质性-异质性	稳定性-变化性
决策权集中程度	-0.30 ($p<0.20$)	0.00	0.45 ($p<0.05$)[b]
对投入变化的控制	0.48 ($p<0.05$)	0.37 ($p<0.15$)	0.37 ($p<0.15$)
市场调研强度	0.36 ($p<0.20$)	0.35 ($p<0.20$)	-0.37 ($p<0.20$)[b]
$N=62$			

a. 采用相依系数 C 来决定相关程度,通过卡方分析来确定其显著性水平。
b. 与预期不同的关系。

表 11-1 显示的数据和从访谈中得来的更多数据之间最明显的区别是,管理者感知到的影响力不同。也就是说,为了解释为什么一个组织会采取某种特定的行为应对环境变化,应该考虑组织内部权力和影响模式,然后再将其与组织反应结合起来。例如,在一些公司中,大学部主管是由财务部门和生产/发行部门晋升上来的,由于他们的背景不同,他们对环境的感知就不同于其他公司出自市场部门和编辑部门的大学部主管的感知。高管们截然不同的背景影响到了他们的感知、决策以及对下属的选择等,而我们的感知测量并未解释高管团队之间的权力和影响力的区别。

此外，许多接受访谈的管理者希望能更详细地表达他们的感知，而不是仅仅通过访谈来表达。一些管理者认为表达感知的最佳办法是通过特定的项目（例如，开发新市场往往被认为是一种不确定性非常大的活动），还有许多管理者认为他们现在的感知与几年前的感知大相径庭。因此，如果我们想通过问一些标准问题来对管理者和组织的反应进行分类和比较，那么在很多情况下，这样做只会曲解这些管理者的观点的复杂性和多样性。

最后，显然大多数管理者的感知与他们所在公司的发展密切相关，他们总是基于组织特定的长处和不足来回答问题。例如，在回答有关大学教材需求变化的问题时，许多管理者只是从他们所在的公司是否能够利用这种需求变化的角度来回答。在许多案例中，要让管理者考虑整个行业条件来回答这个问题非常难。对于这些管理者来说，将组织从其所处的行业中剥离出来非常困难，因此他们认为这样做有些不真实。

不同管理团队之间不同的影响模式、感知的复杂性和多变性本质，以及感知与公司特征之间的紧密联系等因素表明，我们需要一个关于组织及其环境的更为精确的扩展概念。显然，不能简单地通过聚合个体管理者的感知来获得组织对环境的总体认识，也不能通过任何个体的认识来预测组织是否会采取某种特定行为。即使在这16家公司的较小样本中，我们也能够发现不同类型的组织行为。因此，我们从这个角度重新诠释了数据，诠释的结果就是本书所构建的类型学。这四种行为模式称为"战略类型"，表明整个组织确立了一种环境取向，这种取向决定了组织的设计路线。这种取向即是韦克（Weick，1969；1977）所称的"构造"，管理者感知与组织对环境整体的构造相对吻合。

后续研究

由于这项研究一开始没有为组织的战略行为开发出一套类型学，因此研究的第一阶段缺少必要的数据来详细描述四种组织类型的特征。因此，1975 年，我们又回访了初期研究的三家公司，这三家公司被认为是最典型的三种"稳定"战略类型的公司（即防御型组织、分析型组织和开拓型组织）。我们希望对这些组织特征进行更完整的描述，从而有助于今后开展规模更大、更系统的研究工作。

在选择进入后续研究的三家公司时，我们首先在原始数据的基础上列出了被认为能够代表我们框架中的组织类型的公司（包括反应型组织）。该列表包括五家公司：防御型、反应型和分析型各一家，开拓型两家。我们将这一列表和对四种组织类型的简要说明一起发送给了教材出版行业的一家营销公司的总裁，他的评价与我们的完全一致。然后我们采用结构化访谈，对初期研究的其中一家公司的总裁进行了同样的访谈（这家公司不是第二阶段的研究对象）。他的观点也与我们以及另一位总裁的观点基本一致，尽管他认为采用这种方法对整个组织进行分类非常困难。因此，基于我们和两位外部分析师的观点，我们对所选择的三家公司充满了信心。在随后的访谈中，我们又征求了另外两位更加独立的专业人士的意见（一位是出版行业协会的高级官员，另一位是密切关注出版行业发展的分析师），他们支持我们选择这三家公司。

我们对这三家公司的 10 位高管进行了访谈（其中五位在 1972 年接受过我们的访谈）。当我们将他们对自己公司和其他两家公司的评价与四位外部专家的意见结合起来时，这 14 位受访者一致认同两家被选中的公司是典型的防御型组织和分析型组织。14 位受访者中的 10 位认同将另一家公司作为开拓型组织的典型代表（另外四人认为它是一个分析型组织）。

我们的后续研究集中在三个方面：(1) 公司选择的产品-市场领域，及其在一段时间内的发展；(2) 组织将书稿从确定和开发阶段推进到生产和销售阶段的核心技术过程；(3) 主要结构-过程特征，如组织结构图说明、市场调研工作和编辑等关键人物的自由裁量权等。(读者应该发现，这三个方面与我们在第 2 章中讨论的适应周期的创业部分、工程部分和行政管理部分相对应。但是当时，我们并不十分了解适应周期的动态本质。)

接下来，我们将说明这三家公司是如何在大学教材出版行业中运营的。

防御型组织

防御型组织是一家有着 70 年历史的相当成功的公司。公司在成立之初就将其产品-市场领域限制在商学和经济学领域书籍的出版上。公司的成长紧紧伴随着商学教育总体的不断发展。公司最初只出版记账方面的教材，之后，公司又增加了拼写、法律、打字、书法和推销术方面的书籍。早些时候，公司出版的书籍一般都销售给私立商科学校，因为当时的高中和大学都没有大规模地开设商学课程。

第一次世界大战之后，商学课程在高中和大学得到了显著扩张。20 世纪 20 年代，公司认识到有必要出版不同的教材来满足高中、私立学校、高等院校的需要。到 1930 年时，扩张计划已经顺利实施。今天，该公司有三个独立的部门专门为三种类型的学校分别出版教材。

创业问题　该公司自成立以来从来没有遇到过严重的市场问题。公司出版的第一本教材就满足了特定的市场需求，直到今天商学和经济学领域的市场仍然健康发展。当我们于1975年再次拜访这家公司时，公司管理层只想充分利用最近一次商学院和经济学院的学生入学率大幅增长的机会好好发展，并没有其他的发展计划。

该公司在快速有效地满足高中和社区大学对商学教材的所有需求方面无人能及。随着两年制大学的入学率有望在整个20世纪70年代稳步攀升，公司希望能在这个市场上继续扩大发展，之前公司已经在这个市场占据主导地位。因此，70多年来，这家奉行防御型战略的公司一直持续不断地进行市场渗透，而环境力量也一直支持着它选择的领域。

然而，四年制大学教材这个市场是公司相对弱势的细分市场，造成这种局面的两个主要原因是：(1)公司给人留下了低端教材出版商的印象；(2)公司奉行每个学科领域只出版一种教材的政策。第一个原因似乎是公司为其在其他市场获得成功付出的代价，第二个原因则是因为"一本书"政策使四年制大学的教授没有机会去试用不同的教材。在过去的几年中，公司开始扩大对四年制大学教材市场的投入，要求公司的编辑和销售代表与学校的教授进行更加频繁的接触。但是公司并不打算在这个市场上进行实验性出版，因为公司害怕在这方面销售业绩不好会影响公司的成功书目。因此，这家防御型组织要成为四年制大学教材市场的重要力量还需要很长的时间。

工程问题　公司的书籍生产和发行系统完全符合其狭窄的产品-市场领域。由于公司奉行"一本书"出版政策，多数生产人员都致力于修订公司当前出版的书籍。生产团队由一群非常有才华的人员组成（许多都获得了高级英语学位），他们努力提高公司出版的书籍的可读性，希望公司成为该领域的领导者。作者、编辑部门、咨询顾问和销售部门紧密合作，所有书稿都经过仔细研究、撰写、修订和编辑才能出版。然而，与其他出版公司不同，该公司的生产团队并没有一个出色的艺术设计小组。该公司出版的几乎所有教材都没有彩色照片或插图，整体设计非常简洁。总的说来，公司的生产过程相对简单，也很高效。此外，由于该防御型组织避免了其他出版公司所采用的昂贵的艺术设计，其书籍成本也更低。

　　公司管理层同样关注提高销售与发行系统的效率和产能。公司的大部分销售代表曾经都担任过商学教师，他们的教学经验有助于其教材在商学和经济学市场的销售。不仅如此，由于公司产品线有限，每个销售代表都对自己销售的产品了如指掌，知道与其他竞争对手相比自己的产品有哪些优势和劣势。最后，公司的销售代表一一拜访每个可能成为公司产品用户的学校。这样，许多其他公司所忽视的学校都成了该公司的主要客户。

　　行政管理问题　公司的产品-市场领域（狭窄而稳定）与生产和发行系统（高效）的一致性还表现在整个组织的管理结构和过程上。公司牢牢地控制在总裁和执行副总裁手中。公司总裁是一位金融专家，主要负责公司财务和数据处理、工厂和运输以及人事管理。执行副总裁负责公司大部分运营工作，包括销售和营销、编辑和生产。因此，公司的主导联盟由两个人组成，他们之间形成了非常有效的职责分工。执行副总裁负责公司的日常工作，使总裁能有时间和精力去处理财务事务，提高公司的发行效率。其他关键管理人员，如销售总经理、主编和生产经理等，都表示和其他公司相比，他们决策的自由裁量权较少，但是同时他们也都表达了能够在这样一个"知道自己在做什么的"公司工作的自豪感。在这三年的研究过程中，公司在管理上的唯一一次重大变动是大学部聘请了一位新的销售经理，以满足公司开拓四年制大学教材业务的需要。新销售经理指出，公司历来喜欢"囤积信息"（即信息是集中化的），因此他上任之后的第一件事就是说服公司的高层向其下级单位公开信息和资源，只有这样才能有效地对四年制大学教材市场进行调研。在新销售经理到来之前，公司很少去审视其所熟悉的领域之外的环境。最后，该防御型组织主导联盟的另一个特点（也是整个组织的特点）是其稳定性和持久性。公司一半以上的员工都已经为公司服务了至少十年，有一些员工甚至在公司干了40年。公司总部和地区业务部门的人员晋升几乎只从公司内部进行。

该组织采用了线性职能结构，对销售、生产和编辑部门做了明确的区分。编辑部门主要负责修订公司已有的书籍，因此与其他公司的这一部门相比，它的约稿编辑（寻找新书稿的编辑）相对较少。我们在前面还提到，销售人员的进取心非常强，而且对自己销售的产品了如指掌，公司历来都有从高中和社区大学聘请商学老师向这些市场推销产品的习惯。由于他们特殊的个人背景和公司有限的产品种类，这些销售代表不需要与其他人员广泛合作，公司也不需要对他们进行监督，他们就能卖得很好。

最后，公司的生产部门能够将书稿有效地转换成书籍，这也促进了销售部门和编辑部门的工作。这一部门的工作人员都是才华出众的人，他们提高了图书的可读性，同时他们还经常对产品（书籍、试卷、教学幻灯片）进行重新设计使其能更好地满足目标市场的需要。有一点非常重要，为协调销售部门、编辑部门和生产部门的活动而专门设立的唯一一个重要委员会是由来自生产部门的人来领导的。

组织的主要管理过程非常符合其专业化和正规化的结构。公司发展早期，其总部就搬到了靠近公司合作的主要印刷厂和其他资源供应商的位置。该印刷厂90%的业务来自这家出版公司，两家公司密切合作，对工作调度、设备和流程升级等进行了整合。因此，公司的计划往往是围绕印刷计划进行的例行活动。公司的规模经济效益（以及因此带来的成本节约）都得益于出版商和印刷厂的密切合作。相较于其他出版公司都与独立的印刷厂签订合同，该公司能够更容易地将其他重要的计划需求融入这种基本关系中。

只要制订了基本的计划，公司便可以顺利开展全年的业务。我们在前面已经指出，公司对财务信息和生产信息进行集中控制，因此公司能够及时发现并纠正偏离计划的情况。除了委员会能够协调销售部门、编辑部门和生产部门的工作之外，公司内部的横向联系很少。因此，信息的传递和冲突的解决都通过常规的科层渠道进行。总的来说，该组织的运营精确而有效，是典型的防御型组织。

分析型组织

我们第一次拜访这家分析型组织时，它在许多方面都表现得像一个反应型组织。尽管公司的规模很大，也非常成功，而且也以出版高质量的教材而出名，但是管理者在20世纪70年代早期认为他们已经使公司走向了与大学教材市场严重脱节的危险边缘。不像前述防御型组织是一家专业出版公司，这家公司是一家综合出版公司，它的市场涵盖了大部分的主要学术领域和学科。公司的强项是自然科学、数学和计算机领域，这些领域占据了公司一半以上的业务；销售额仅次于硬科学的是人文社会科学领域，公司的商学和经济类图书在销售总额中排名第三；职业-技术领域在公司整体业务中所占比例最小。然而，公司高层却认为现在的市场状况与预期的未来增长领域恰恰相反。行业专家预测，商学-经济学领域和职业-技术领域的销量在 70 年代将会扩大，而硬科学和人文社会科学领域的销量则会萎缩。

因此，1972 年，公司任命了一位新的大学部主管（前任全国销售经理），主要负责引导公司朝着当前以及未来市场趋势的方向发展。正是由于这位主管在 1974 年底至 1975 年初发布了有关环境变化的信息，我们才开始意识到该公司是一个分析型组织。1975 年，我们特意邀请这位主管和其他一些人员去复盘了当时公司大学部重组的情况。

创业问题 我们在前文已经提到，公司在 70 年代初面临着一个潜在的严重创业问题：公司大学部的产品-市场重点似乎不符合市场发展趋势。大学部作为一个独立部门于 1968 年组建，负责出版从大学一年级到研究生一年级等各个阶段的多数学科领域的教材，同时该部门也开始在公司以前的强势领域——自然科学、数学和计算机领域——积极出版教材。1971 年，公司在加利福尼亚州成立了一家小型独资子公司。尽管它的规模很小，但是这家子公司旨在成为一家提供全面服务的发行商（并非局限于少数学科），并专门为总部设在纽约的母公司在美国西海岸设立代表处。不仅如此，子公司还尝试出版一些简短、文笔出众、内容丰富的书籍，涉及多个学科的某些核心主题。该子公司出版的许多书籍都配有影片和其他音像资料，以此来构成一个完整的"学习包"。1971—1975 年，公司成功出版了很多新书，涉及自然科学、数学、计算机、商学和心理学等领域。

1972 年，公司在加利福尼亚州成立了第二家子公司。该子公司主要出版信息科学、会计、图书管理学和计算机应用科学等方面的教材、专业书和参考书。这家子公司是一家"完全垂直"的出版公司，因为它的业务领域覆盖了整个大学市场和职业市场。

1974年中期，大学部主管明显感觉到在开拓商学-经济学教材市场方面缺乏明确的努力方向。两家子公司和总公司的大学部都为该市场出版教材，三方的编辑都在同一个领域争夺新书稿，这使公司的计划制订和协调极为不便。因此，1974年底，大学部主管做出了三个重要决策：(1) 继续在自然科学领域和人文社会科学领域出版高质量的教材，这些领域的业务规模大体保持不变；(2) 重点关注商学-经济学教材市场；(3) 将职业-技术市场的出版活动暂时限制在一定范围内，因为大学部暂时还不具备该领域所需要的专业知识。大学部主管做出的这些决策对大学部的结构和运作产生了巨大的影响。

工程问题　公司还着手进行了工程改革以实现所期望的组织领域变革，这种做法完全符合分析型组织的发展模式。公司稳定的业务领域——自然科学、计算机、数学和社会科学等领域的教材出版——大体保持不变，只是公司不再像过去那样积极地寻找新项目。但是，公司大幅调整了新的增长领域——商学-经济学和职业-技术领域，同时将这些领域的业务从传统业务中分离出来。公司解散了第二家子公司，它的业务并入第一家子公司。此外，商学-经济学整个团队都从纽约公司总部搬到了加利福尼亚州，组成了一家联合公司。

尽管将三个独立的业务部门合并为一个单独的公司主要涉及结构上的调整，但是它极大地改变了公司生产教材和其他教学材料的整体技术。过去，所有的生产活动都在纽约总部进行，但是现在总部只出版自然科学、数学等稳定业务领域的教材。在商学-经济学领域和职业-技术领域，公司现在采取了一种更加轻量也更加灵活的技术过程，公司随时都可以对其进行调整以满足这两个领域的特定需求。加利福尼亚州的子公司现在不仅能自由地开发图书，而且还能自由地出版图书，这种灵活的结构使组织能够更快、更有效地进入市场，而原来每本图书都要由纽约总部来生产就做不到这一点。

行政管理问题　除了对两家子公司和总公司的商学-经济学团队进行合并之外，行政上的其他改革同样是快速、协同且成功的。1975 年 4 月，公司收购了另一家出版公司的全部产品线。尽管该出版公司的全部产品主要集中于数学和人文科学等增长缓慢的领域，但它依然是盈利能力最强的出版公司之一，能够为公司带来丰厚的利润，帮助公司迅速且有效地进入过去不太擅长的领域。此外，公司只购买了那家出版公司的产品线，而没有买下它的人员或其他资产，因此这家分析型组织在没有增加管理费用的情况下很快提高了销售量和利润。公司将节约下来的成本用在了商学-经济学领域和职业-技术领域的出版业务上。

今天，这家公司的结构已经非常符合分析型组织的发展路径。公司不再采取过去那种职能型组织结构，而是将编辑部门、生产部门和销售部门分开。如今公司是一个分散的产品组织，将资源分配给四个出版小组（这四个出版小组分别为自然科学、人文社会科学、商学-经济学和职业-技术领域的出版小组），这四个出版小组再向大学部主管汇报。相关学科的约稿编辑和营销专员向每个出版小组的主管汇报。重组后的公司要求四个出版人（他们如此称呼）明确他们所负责领域的需求，指导编辑去寻找和开发那些具有出版价值的材料，通过营销专员来出售和控制所负责领域内的所有库存书籍和材料。除了商学-经济学和职业-技术出版小组拥有自己的技术能力之外，销售、生产和服务业务都由公司集中管理，从而提高了效率并控制了成本。

开拓型组织

我们列出的开拓型组织是一家成功的大型综合性出版公司。尽管公司在许多其他领域都备受尊崇，但是公司的强项是人文社科方面的图书出版。

创业问题　公司在产品和市场创新方面一直处于领先地位，赢得了出版行业的广泛认同。这家公司与我们前面所讲的防御型公司最大的不同之处在于：管理层就公司的产品-市场领域是什么和应该是什么没有达成一致意见。在第二阶段的研究过程中，几位关键管理人员讨论了过去10年组织领域的发展沿革。

虽然公司至少从20世纪50年代初便表现出开拓型组织的特征，但是直到进入动荡的60年代，公司的产品-市场领域才发生最剧烈的变化。60年代，许多学院和大学开始尝试调整一些课程和教学设计，这使得不少出版公司开始持续不断地开展创新项目。该公司开展了一系列各式各样的创新项目：开发关于某些核心主题的短篇平装书、用于补充文本的影片和其他音像材料，委托作者撰写由出版公司指定的书籍、将学术作者与新闻工作者和其他专业人员配对以写出更相关的书籍。当然，所有这些尝试最终都没有获得财务上的回报。尽管如此，一些管理人员还是认为有必要将特定能力融入组织内部，以便需要时可以使用；同时他们还强调了保持公司作为行业主要创新者形象的重要性。

在70年代的前五年里，公司专注于开发60年代被忽略的那些市场，一位执行人员将这一过程比喻为"填补缝隙"。过去，单个编辑的直觉和专业技能是开发产品和市场的最主要动力，现在公司开始利用计算机数据库补充编辑的个人能力，该数据库存有公司所有重要市场的相关信息。该数据库的目的是指导编辑更好地在那些需要进行全面开发的市场中做出决策，同时使他们能够自由考察公司还未开发的新领域。这一计算机市场调研系统的一个副产品是，公司能够根据需要聘请具有特定专业知识的编辑，并让他们迅速了解市场缝隙在哪里以及如何填补。到1975年时，这一系统还没有完全投入运行，也没有得到充分测试，但是如果系统能够成功，公司可能在它的帮助下变得有点像一个分析型组织。也就是说，公司既能充分利用自身较为稳定和健康的领域，同时也能保持其开拓能力。

与我们在之前描述的分析型组织不同，在1972年至1975年的研究期间，该公司的领域并没有发生很大的变动。然而，从更长的时间角度来看，这家开拓型组织的产品和市场组合几乎不断发生变化。60年代，公司的领域有了很大的扩展。70年代，公司重新评估了自身扩大了的领域，开始重点经营某些领域。因此，经过一段时间的观察之后，该组织一直处在不断的变化过程中：进入新市场又退出其他一些市场，开发新产品又放弃一些产品，然后不断在已确立的领域转变重点业务。

工程问题 为了保持为不断变化的领域提供适当服务的灵活性，该公司创设了一个结构松散的流程来完成许多教材和其他教学材料的生产。该公司是最早设立出版人职位的公司，公司也给了这些出版人最大的自由度使他们能够按照自身意愿分配资源。现在，公司大学部的三位出版人在其单位内从事编辑和营销活动。1975年在开展第二阶段的研究时，公司管理层正在考虑让每个出版人单位成为一个正式的"利润中心"，自主地为生产、编辑以及营销活动编制预算。

与此同时，每个出版人都需要依靠内部的生产人员和外部的自由职业专家来生产该单位开发的产品。与防御型组织和分析型组织不同，这个开拓型组织的生产单位相对较小，这样就避免了出版人的各个项目因采用单一核心技术而导致的延迟或同质化。然而，三位出版人仍然感到这种内部生产和分包生产相结合的生产办法无法充分控制产品的质量，他们也无法协调各种项目以及时抓住市场时机。该开拓型组织的管理层从根本上反对收购外部企业的做法，因此公司可能以出版人为中心从内部成立一些子公司，来至少承担一些生产职能。

行政管理问题　该公司多样化、动态化的产品-市场领域及其分散的多重技术需要一种与防御型组织完全不同的管理结构和过程。两类组织的最显著区别是公司高层的组成和任期不同。防御型组织采取的是集权制，管理者拥有永久性的权力；而开拓型组织的权力更为分散，也更短暂。在第一阶段的研究中，公司的一些管理人员不愿意制定组织结构图，因为他们认为组织结构图只能概括地显示各种关系，而不能真实地反映整个组织是如何分配责任和权力的。1972年接受过采访的五人中在1975年时只有一位还待在当时的岗位，而且这个人还不是管理者。由于各种关系都在不断变化，因此很难明确指出单一的权力中心在哪里；权力似乎在随着公司当前的项目不断流动。例如，当管理层决定开发一个前文提到的计算机市场调研系统时，公司便从一个主要的竞争对手那里聘请了一名专业人员，这家公司以营销和销售方面的专业知识而闻名。从其他高管那里得知，这名外聘人员很快就对组织产生了很大的影响。

从其他公司聘请专业人员的做法反映了开拓型组织主导联盟的另一个特点——开放性。如果防御型组织从外部聘请了一名新的销售经理，这一举措代表着对常规实践的重大背离，通常是为了便于进入一个相对新的市场。然而，开拓型组织从外部聘请市场调研专家则很常见。开拓型组织只是认为他就是这个职位的合适人选。总体上讲，如果防御型组织希望提高效率，组织就会在内部寻找对"我们的系统"非常了解的人选。相反，如果开拓型组织希望提高效率，就会考虑从外部寻找适合这个职位的关键人选，这些人通常对整个行业非常了解。这里举的例子并非个案。防御型组织保持着高度稳定的高层管理团队，而开拓型组织则表现出内部人员与外部人员的不断变动。

我们在前文已经指出，该组织的结构和一些主要过程都是围绕出版人的角色建立的。这样一个角色的创设是为了集中关注特定的细分市场。在过去的几年中，为了帮助出版人充分履行其职责，公司分配给他们的资源越来越多。然而，我们在前文还指出，该公司的三个出版人单位还不具备完全的生产能力。因此，虽然出版人的需求似乎正在推动组织确定其自主产品线，但是实际上公司仍然没有完全以这种方式进行组织。

公司还需要调整一些过程以将决策权和资源分配给出版人。受影响最大的是计划过程。由于公司正在逐渐向自主子系统过渡，公司也就改变了计划过程，以允许出版人单位内部做出更多的重要决策。最初，公司希望采用一种 1-3-5 年的计划模式，但是公司后来发现，出版人的行动常常极大地偏离正式计划。在第二阶段的研究中，几位主要管理者认为，许多参与计划制订的人都认为制订计划是一件不得不完成的任务，而不是一件有用的事。公司已经开始寻找新的方法，该方法要允许设定总体目标，而下属单位也不会被限定在事先设定的行为过程之中。但是在后续研究中，我们仍然不清楚未来会采取怎样一种计划过程。

组织计划系统的性质必然影响控制过程，特别是预算的使用。在我们着手后续研究之前，公司已经邀请三位出版人更加积极地参与预算编制。公司高层认为有必要不断调整预算的制定过程，并且希望有关出版人单位生产能力的决策一旦做出,计划系统和控制系统的设计就要符合出版人单位完全自治的要求。

总之,应该强调的是,由于开拓型组织的产品-市场领域不断变化的性质,其行政结构和过程不太可能维持很长时间。所以,尽管这种描述揭示了开拓型组织的本质,但是它很有可能已经有些过时了。

小　结

本章的目的是通过研究单一行业中组织的行为,更加详细地说明组织的战略、结构和过程。正如本章开头指出的那样,我们的研究开始于1972年,旨在发现管理者对市场的感知与重要组织变量之间的关系。其中重要的组织变量包括对投入变化的控制、市场调研强度和决策权集中程度。然而,在明确组织与其环境之间的关系的目标上,我们的工作只取得了部分成功。对数据进行分析之后,我们发现第一阶段研究的设计并没有考虑以下因素的影响:组织的历史、不同公司之间高管团队的构成差异以及管理层感知和组织独特优势之间的复杂关系等。因此,在第一阶段研究结束之后,我们认识到除了研究个体管理者的感知之外,我们还需要研究这些感知产生的背景。因此,我们创建了类型学,这些组织类型包括我们在大学教材出版行业遇到的公司类型。这种类型学包括三种稳定的组织类型——防御型组织、分析型组织和开拓型组织,以及一个相对不稳定的类型——反应型组织。

虽然类型学有助于重新诠释原始数据,但是显然,在确定这一类型学的确是有效且实用的框架之前,我们需要深入了解每种组织类型的特征。因此，我们选择了三种稳定的组织类型的代表性实例。在确定了三个合适的组织之后，我们又在这些组织中开展了一个小规模的后续研究。后续研究使我们能够更完善地描述不同的组织类型，并且提出了今后研究中一些可能的问题和方向。我们将在第 12 章对这些问题和事项进行更大规模、更系统的研究。

第12章

跨行业战略比较：
电子工业和食品加工行业案例

从第一阶段对大学教材出版行业研究的总结中，我们可以观察到：(1) 大学教材出版行业公司的高层管理者对组织所面临的挑战和机会有根本不同的看法；(2) 组织结构和过程的各个方面与这些管理者的感知相关（尽管这种相关性不能被轻易地测量出来）；(3) 管理者感知和组织结构-过程特征都可能与组织对环境需求的持续响应模式相关。第二阶段研究则理所当然地受到了这些观察结果的影响。这次研究所要解决的问题如下：在大学教材出版行业所观察到的管理者对环境的感知差异是否也存在于其他行业？如果其他行业也有这种情况，那么对环境感知的差异是否反映在组织关键的结构-过程特征——主导联盟的构成及影响模式和资源分配中？最后，在其他情境下是否也能观察到大学教材出版行业中观察到的组织类型，从而有助于解释管理者感知和组织结构及过程之间的关系？

为了回答这些问题，我们应该研究一下其他行业中的管理者感知和主导联盟特征，这些行业彼此互不相关，同时也不同于大学教材出版行业。我们选择了电子工业和食品加工行业，因为这两个行业的市场和技术都显示出明显的多样性。对于这两个行业中的企业，我们分别考察了其主导联盟的各种特征、感知和行动，包括那些对于行业中的企业具有重要战略意义的职能领域、子单位的权力在多大程度上反映了这些领域对组织的战略意义、特定组织资源的分配情况，以及组织搜索过程或扫描过程的性质。

本章主要分为四个部分。第一部分是研究设计，主要探讨概念框架、变量与测量、研究假设、组织样本和数据收集过程。第二部分是研究发现，主要展示管理者感知及其与主导联盟特征和组织类型的关系方面的发现。第三部分是假设的关系，分别讨论了两个行业中的管理者对环境不确定性的感知与主导联盟的特征之间的相关性。第四部分是结论，主要探讨这些发现对拓展组织行为方面的认识的意义。

研究设计

概念框架

指导我们当前研究工作的概念框架主要依赖于蔡尔德（Child，1972），迈尔斯、斯诺和普费弗（Miles, Snow & Pfeffer, 1974），海宁斯等（Hinings et al., 1974），普费弗和萨兰西克（Pfeffer &

Salancik，1974），以及西尔特和马奇（Cyert & March，1963）的理论和研究。即组织被视为与其环境进行动态互动，同时组织主导联盟的战略选择显著影响这种关系的形式（Child，1972）。根据迈尔斯、斯诺和普费弗（Miles，Snow & Pfeffer，1974）的观点，组织被认为在一段时间内以相对一致的方式对其环境做出反应。根据组织的反应模式，管理者对重大环境偶然事件的感知也被认为存在差异，因此那些负责减少环境重大不确定性的组织子单位被认为是最强大的（Hinings et al.，1974）。即与管理者对环境不确定性的定位和程度的感知相一致，某些组织职能被认为比其他组织职能具有更大的战略重要性。相对来说，肩负这些战略职能的子单位也被认为掌握了更多的权力。

如果一个组织的子单位是有权力的，它应该能够掌握与其权力对等的资源（Pfeffer & Salancik，1974）。因此，珍贵的管理资源——更多的预算分配——以及获得资源的其他能力指标将与有权力的组织紧密关联。

最后，组织扫描或搜索环境以寻找机会和威胁的过程应当反映管理者对环境不确定性、战略职能、子单位权力和资源分配的认识。也就是说，为了使组织与环境在大体上保持一致性，主导联盟更倾向于开发一种一致的方法来搜索环境以寻找潜在的机会和威胁（Cyert & March，1963）。例如，一种减少环境不确定性的方法即是选择狭窄和相对稳定的产品-市场领域。在这样的条件下，"稳定"的子单位如生产、财务和维护部门，可能成为最有权力、分配到最多组织资源以及因此将相对最少的注意力放在搜索新的市场机会上的部门。相反，如果主导联盟一开始就选择引导组织进行新产品和市场的开发，那么营销、研发和其他"自适应型"子单位将更可能成为最具权力的部门，并且试图通过扫描环境以寻找未来机会领域的方式来不断巩固其地位。在前面谈到的第一类组织中，搜索过程可能指向组织内部的运作，因此，组织高层将不会感知到太多的环境不确定性。在第二类组织中，搜索过程指向外部新市场，而组织高层将感知到高度的环境不确定性。因此，这次研究中用到的概念框架如下：

→感知的环境不确定性→战略职能→子单位权力→资源分配→搜索过程

变量与测量

感知的环境不确定性指的是组织所处环境条件的可预测性。在这项研究中，感知的环境不确定性是通过问卷题项来测量的，这些问卷题项对应组织环境的六个主要维度：（1）与原材料供应商的关系；（2）竞争者的产品价格、质量和设计变化；（3）消费者需求；（4）与金融供应商的关系；（5）与政府监管机构的关系；（6）与工会的关系。这些环境维度由迪尔（Dill, 1958）、卡茨和卡恩（Katz & Kahn, 1966）、劳伦斯和洛尔施（Lawrence & Lorsch, 1967），以及汤普森（Thompson, 1967）的研究提出。

战略职能指的是主导联盟成员认为对在行业中赢得竞争具有战略重要性的那些组织内的职能领域。公司总裁或总经理将包括电子工业和食品加工行业在内的大部分组织共有的11项职能，按照其在行业内有效竞争的重要性做了排序：销售和营销、财务、会计、人事和劳动关系、工程、生产、研发、长期规划、采购、设备维护、质量控制。像销售和营销、研发以及长期规划等职能则被预先分类为是外部导向的。

子单位权力来源于应对环境不确定性或突发事件的能力。在这项研究中，公司总裁或总经理依据各子单位对政策层面决策制定的影响力来对其进行排序。此外，我们还检验了其他可能反映权力的指标：（1）组织最具创新能力的管理者的位置；（2）具有整合能力管理者的位置；（3）在任命新 CEO 时公司总裁对其合适的职能背景的看法；（4）子单位在长期规划委员会中的代表数量。

资源分配应当与组织对环境不确定性和子单位权力的感知保持一致。对于每个组织而言，我们通过询问总裁或总经理以下问题来衡量资源分配：（1）他目前会将新的管理人才放在哪个部门？（2）如果只能满足一个子单位的预算请求，哪个子单位可以获得 10% 的预算增长？（3）如果有新的资本金，它们会被投资到哪里？（4）如果组织需要缩减预算，那么按照什么顺序缩减子单位的预算？我们根据决策是青睐自适应型子单位还是稳定型子单位，对这四个资源分配决策进行了分类。此外，公司总裁直接下属的基本薪资（从人事经理那里得到的薪资）也被用作衡量子单位获取组织资源的指标。出于分析的目的，我们预先将子单位划分成两类：一类可以视作"自适应型"（与外部效力（effectiveness）相关），另一类可以视作"稳定型"（与内部效率（efficiency）相关）。自适应型子单位包括那些负责营销、研发和长期规划的部门，而稳定型子单位包括负责财务、生产和采购的部门。

搜索过程涉及组织为寻找新机会和适应性问题的解决方案而进行搜索的领域。我们通过只衡量两个因素，来试图获得对这个复杂过程的粗略近似。首先，要求公司总裁和总经理描述过去五年里组织最关注的领域有哪些。这些领域被划分为两类：外部（如新产品和新市场）和内部（如更加高效的制造设备和过程）。其次，要求公司总裁指出，当他可以直接获得额外的 25% 的有用信息时，他会更青睐外部环境信息还是内部运作信息。

研究假设

这项研究要检验的假设可以总结为下面两段宽泛的陈述：

如果 CEO 感知到高度的环境不确定性，那么其所在组织将有以下表现：(1) 把外部导向的战略职能视为成功竞争的关键；(2) 令自适应型子单位比稳定型子单位掌握更多权力；(3) 主要将资源分配给自适应型子单位；(4) 为寻找成长机会和适应性问题的解决方案而进行外部搜索。

相反，如果 CEO 感知到低度的环境不确定性，那么其所在组织将有以下表现：(1) 把内部导向的战略职能视为成功竞争的关键；(2) 令稳定型子单位比自适应型子单位掌握更多权力；(3) 主要将资源分配给稳定型子单位；(4) 为寻找成长机会和适应性问题的解决方案而进行内部搜索。

除了测试管理者对组织环境感知的各个方面与内部权力和过程特征的具体关系以外，这项研究还致力于探索之前在大学教材出版行业研究中开发的类型学在解释和预测两个不同行业的行为上的适用程度。我们希望知识渊博的观察者能够将类型学应用于每个行业。这样的话，对"典型"战略的识别将拓展我们对不确定性-结构-过程之间关系的理解。

组织样本和数据收集过程

正如之前已经谈到的，在这项研究中，我们之所以选择电子工业和食品加工行业，主要是出于以下三个原因。首先电子工业和食品加工行业在市场变化和技术变革方面存在显著差异。即是说，电子工业行业所使用的产品和技术似乎比食品加工行业所使用的产品和技术更加多变。因此，我们推测这两个行业中的组织面临显著不同的市场和技术环境（Lawrence & Lorsch, 1967）。其次，与大学教材出版公司一样，电子公司和食品加工公司的规模一般都不会大到妨碍人们充分了解它们在各自行业内的整体运作情况的地步。最后，两个行业中的众多组织都建在同一个更大的都市区，因而有着相同的一般环境，为我们进行跨组织比较提供了机会。

我们最初联系了两个行业中的近100家组织，其中49家同意参与研究。我们的数据来自22家电子公司（大部分公司生产半导体和集成电路）和27家食品加工公司（大部分公司从事水果蔬菜的加工和/或罐装）。以员工人数衡量的话，食品加工公司的规模为20～35 000人，而电子公司的规模为200～33 000人。年限方面，最短的是刚成立三年的电子公司，最长的为成立超过100年的食品加工公司。根据这些公司高管的说法，最终纳入样本的这49家公司从规模、年限以及运营方式等特征来看，大体上代表了这两个行业中的公司。这次研究的大样本特性允许我们对不同公司间的高管特征做更加系统的比较，而这在大学教材出版行业的研究中是做不到的。同时，从这两个不同行业的公司中获得的数据也为我们提供了机会，让我们能至少部分地探索本书所描述的理论框架的普适性。

我们通过访谈和短问卷的方式来收集数据。我们对每家公司的两个关键任务人物——公司总裁（或事业部的总经理）和人事主管进行了访谈。我们采访人事主管是为了获得组织的背景信息，包括：员工数量，运营单位的数量和类型，过去三年公司的主要资本投资情况和重组情况，长期规划和预算委员会的构成（如果设有这个机构的话），以及总裁的核心下属和他们的基础薪资，等等。

相比起来，对公司总裁的访谈要宽泛得多。大致来讲，问题的目的是找出：（1）哪些职能在行业中最具战略重要性（营销、财务、研发等）；（2）组织中的哪些子单位对政策层面的决策的影响力最大；（3）公司资源是如何在这些子单位中分配的；（4）组织扫描或搜索环境的方式。此外，公司总裁被要求用防御型、反应型、分析型和开拓型等类型对公司及其竞争对手（从一个预先准备好的名单中选取）进行归类。

我们给公司总裁发放了问卷，来测量管理者对组织过去一年所面临的环境条件的个体感知。根据组织对环境要素行为的预测程度，他们对组织与环境要素关系的各个方面进行评分。图12-1展示了用来测量感知的环境不确定性的问卷题项。

研究发现

感知的环境不确定性的差异

表12-1展示了感知的环境不确定性的问卷调查结果，大体上支持管理者感知在同一行业内的不同组织之间存在差异的观点。在食品加工行业中，公司高管在竞争者行为和消费者对现有产品和新产品的需求上的感知不确定性最强，其次是政府监管机构、原材料和组件供应商、金融/资本市场和工会的行为。此外，在食品加工行业中，管理者对环境条件的感知经常存在巨大差异（尤其是在政府监管机构方面，这些题项上相当大的标准差说明了这一点）。

在电子工业，管理者感知方式则有所不同。在这里，一如在食品加工行业中，竞争者行为是高管感知的不确定性最强的环境要素。然而，与食品加工行业的高管不同的是，电子工业的管理者并我们对贵公司与外部环境各部分（如供应商、消费者）之间的关系十分感兴趣。具体而言，我们希望您根据可预测的程度对这些部分的特征或行为进行评分，其中，1 = 高度可预测，7 = 高度不可预测。

	可预测					不可预测	
	(在选定项目上画圈)						
1.原材料和组件供应商：							
a.价格变化	1	2	3	4	5	6	7
b.质量变化	1	2	3	4	5	6	7
c.设计变化	1	2	3	4	5	6	7
d.新材料或组件的引进	1	2	3	4	5	6	7
2.竞争者行为：							
a.价格变化	1	2	3	4	5	6	7
b.产品质量变化	1	2	3	4	5	6	7
c.产品设计变化	1	2	3	4	5	6	7
d.新产品的引进	1	2	3	4	5	6	7
3.消费者：							
a.对现有产品的需求	1	2	3	4	5	6	7
b.对新产品的需求	1	2	3	4	5	6	7
4.金融/资本市场：							
a.利率变化：							
1) 短期债务	1	2	3	4	5	6	7
2) 长期债务	1	2	3	4	5	6	7
b. 可用的金融工具的变化：							
1) 短期债务	1	2	3	4	5	6	7
2) 长期债务	1	2	3	4	5	6	7
c.信贷可用性：							
1) 短期债务	1	2	3	4	5	6	7
2) 长期债务	1	2	3	4	5	6	7
5.政府监管机构：							
a. 价格方面的法律或政策变化	1	2	3	4	5	6	7
b.产品标准或质量方面的法律或政策变化	1	2	3	4	5	6	7
c.金融活动方面的法律或政策变化	1	2	3	4	5	6	7
d.劳动力（人事）方面的法律或政策变化	1	2	3	4	5	6	7
e.影响营销和分销方法的法律或政策变化	1	2	3	4	5	6	7
f.可接受的会计程序方面的法律或政策变化	1	2	3	4	5	6	7
6.工会的行为：							
a.工资、工时和工作条件的变化	1	2	3	4	5	6	7
b.工会保障的变化	1	2	3	4	5	6	7
c.申诉程序的变化	1	2	3	4	5	6	7

图 12-1　测量感知的环境不确定性的问卷题项

未在工会的行为、政府监管机构、金融/资本市场、原材料和组件供应商及消费者等的可预测性上存在多少差异。此外,管理者感知在电子公司之间的差异也要小于食品加工公司之间的差异(问卷题项的标准差普遍较小且比较相近说明了这一点)。

因此,总结来说,这些结果证实了管理者对环境的感知会在一个行业内的不同组织之间有所不同。然而,我们惊讶地发现,管理者感知并没有如预期般地在不同行业之间存在很大差异。

两个行业的管理者感知　如果我们检验测量感知的环境不确定性问卷中的所有题项的合计均值(如表12-1所示),可以清晰地看到电子工业和食品加工行业管理者的环境感知之间几乎不存在差异(3.2与3.3)。每个主要环境要素的总体均值也显示不存在较大的差异。因此,我们可以清晰地看到,虽然人们普遍认为电子工业和食品加工行业之间的环境条件存在巨大的差异,但是数据并不支持这一点。

表12-1　管理者感知的环境不确定性(按行业分组)

问卷题项	食品加工行业 均值	标准差	N	电子工业行业 均值	标准差	N
1. 原材料和组件供应商:						
a. 价格变化	3.9	1.92	26	3.1	1.41	21
b. 质量变化	3.3	1.83	27	3.2	1.66	21
c. 设计变化	2.6	1.35	25	2.6	1.18	21
d. 新材料或组件的引进	3.8	2.18	27	3.1	1.33	21
总体均值	3.4	1.82		3.0	1.40	
2. 竞争者行为:						
a. 价格变化	4.2	2.11	27	4.6	1.99	22
b. 产品质量变化	3.4	1.79	25	3.4	1.49	22
c. 产品设计变化	3.7	2.01	25	4.1	1.33	22
d. 新产品的引进	4.4	1.96	26	3.9	1.63	22
总体均值	3.9	1.97		4.0	1.61	
3. 消费者:						

续表

问卷题项	食品加工行业 均值	标准差	N	电子工业行业 均值	标准差	N
a. 对现有产品的需求	3.1	1.73	27	3.1	1.66	22
b. 对新产品的需求	4.3	2.07	26	3.0	1.52	22
总体均值	3.7	1.90		3.0	1.59	
4. 金融/资本市场:						
a. 利率变化:						
1) 短期债务	3.6	1.91	24	3.6	1.46	20
2) 长期债务	2.8	1.82	24	3.3	1.52	19
b. 可用的金融工具的变化:						
1) 短期债务	2.5	1.23	22	3.0	1.65	19
2) 长期债务	2.6	1.44	22	3.4	1.38	19
c. 信贷可用性:						
1) 短期债务	2.2	1.29	24	2.4	1.39	20
2) 长期债务	2.8	1.75	24	3.0	1.53	20
总体均值	2.8	1.57		3.1	1.49	
5. 政府监管机构:						
a. 价格方面的法律或政策变化	3.7	2.57	21	2.8	1.68	15
b. 产品标准或质量方面的法律或政策变化	3.2	2.02	27	2.9	1.63	18
c. 金融活动方面的法律或政策变化	3.5	2.22	24	3.4	1.42	18
d. 劳动力（人事）方面的法律或政策变化	3.8	1.67	26	3.6	1.82	22
e. 影响营销和分销方法的法律或政策变化	3.4	1.98	26	2.6	1.30	18
f. 可接受的会计程序方面法律或政策变化	4.0	1.89	26	3.7	1.96	21
总体均值	3.6	2.06		3.2	1.64	
6. 工会的行为:						
a. 工资、工时和工作条件的变化	2.5	1.27	25	2.3	1.09	4
b. 工会保障的变化	2.2	1.27	25	3.0	1.22	4
c. 申诉程序的变化	2.6	1.57	25	2.8	0.83	4
总体均值	2.5	1.37		2.7	1.05	
所有题项的合计均值	3.3	1.79		3.2	1.48	

在我们看来,这个有些奇怪的发现至少存在三种可能的解释。第一种解释是,管理者环境感知的测量可能存在方法问题。每个总裁或总经理被要求使用前一年的时间作为估计环境不确定性的基础。这种相对较短的时间跨度可能会将每个行业的动态严重压缩,以至于不可避免地出现感知上的同质化。如果参照期更长,如 1~3 年,管理者对环境条件的感知可能会显示出更大的差异。

第二种解释更具实质性。除了数据显示的行业间的相似性之外,我们对两个行业的管理者的访谈表明,电子工业和食品加工行业之间确实存在相当大的环境差异。因此,我们认为,其中一个行业甚至两个行业中的管理者可能都错误地感知了各自所处的环境条件。但是,考虑到样本的规模相对较大,这种普遍的错误感知又显得不太可能(回过头来看,环境不确定性的客观指标显然有助于解决这个问题)。

第三种解释在我们看来是非常合理的。即是说,尽管客观环境条件存在差异,这些行业中的管理者也已经逐渐习惯。当被要求评估问卷中的环境条件时,他们选择相似的分值来描述客观上不同的条件。这种解释在很大程度上依赖于管理者对不确定性的容忍度,以及其所处的行业是他们对环境感知的主要参照。

感知不确定性和组织适应性　为了进一步探究第三种解释,我们分析了各个行业的组织数据,以确定组织的适应性程度。即是说,如果组织成功地创建并维持了旨在应对环境不确定性的子单位,那么哪怕在实际上十分动荡的环境中,公司管理者很可能也只感知到了中度不确定性。因此,正如在前述"研究设计"部分所谈到的,组织的关键或战略职能可以划分成两类:外部导向(如营销职能)和内部导向(如生产职能)。类似地,组织子单位被分成自适应型(关注外部效力)和稳定型(关注内部效率)两类。表 12-2 列出了被认为是外部导向的战略职能、自适应型子单位的权力以及分配给它们的资源和搜索过程的比例。

表 12-2 战略职能、自适应型子单位的权力、资源分配和搜索过程：表现出高适应性的组织比例（按行业分组）

组织变量	食品加工	电子工业
战略职能	59%	95%
由 CEO 排序的子单位权力	33%	64%
子单位权力的其他指标：		
最具创新能力的管理者的位置	70%	77%
最具整合能力的管理者的位置	48%	59%
长期规划的参与程度	44%	64%
新任 CEO 的职能背景	52%	64%
子单位整体权力（平均百分比）	49%	66%
资源分配：		
关键管理者的薪资	41%	41%
新管理人才的投资	63%	82%
资本金投入	22%	36%
经营预算的增加	33%	41%
预算削减的首选	30%	36%
整体资源分配（平均百分比）	38%	47%
搜索过程：		
新业务领域（过去五年）	48%	59%
新信息的优先权（内部或外部）	67%	50%
整体搜索过程（平均百分比）	58%	55%
总百分比	47%	59%
样本规模	27	22

结果清晰地显示，电子公司比食品加工公司更加偏好外部效力。即是说，与典型的食品加工公司相比，电子公司更有可能强调外部导向的战略职能（95%与59%），自适应型子单位的权力更大

(66%与49%),且分配到的资源更多(47%与38%)。(然而,数据显示,在搜索过程方面,这两类组织之间的差别相对较小。)因此,至少通过组织样本可以看出,电子公司比食品加工公司的适应性更强。或许正是由于这样的普遍倾向,电子公司的管理者汇报称,他们感知到的环境不确定性与食品加工公司的管理者差不多。当然,表 12-2 中呈现的数据显然并没有证实这个说法,但它们确实增加了一种可能性,即自适应型子单位可能吸收了管理者感知到的一些环境不确定性。

管理者感知和主导联盟特征

如前文所示,尽管电子公司比食品加工公司更加强调外部导向的(自适应型)活动,然而我们研究的关键问题依然没有得到解答,即在每个行业内的组织中,管理者对环境条件的感知是否以及如何与子单位重要性、权力、资源分配等相关联。

在回答这些问题时,我们首先有必要直接比较一下这两个行业的 CEO 关于哪些战略职能对组织在竞争中取得成功至关重要的看法。相应地,表 12-3 展示了这两个行业中的 CEO 对最重要(前三位)的战略职能的排序。

表 12-3 CEO 对最重要的三个战略职能的排序(按行业分组)

食品加工	电子工业
销售和营销	销售和营销
生产	研发
长期规划	产品开发

如表 12-3 所示,食品加工行业的 CEO 认为最重要的三个战略职能的排序如下:销售和营销;生产;长期规划。这一排序符合样

本中食品公司的情况，特别是水果蔬菜生产商和/或罐装商的情况。这些公司的市场已经颇为成熟，要想保证可持续性和进一步的增长，就必须加强市场渗透或为现有产品寻找新市场。我们认为，在食品加工行业中，CEO之所以对研发和产品开发的排序比较靠后，是因为开发出畅销的新产品的可能性很小，同时利润也十分微薄。另外，企业也十分看重现有产品更加高效的生产和分销系统。

因此，在典型的食品加工公司中，CEO认为内部导向的战略职能对赢得竞争最为重要。尽管销售和营销被排在了第一位，但是访谈结果表明现有产品的销售计划和促销活动的重要性远远超过新产品的营销活动。类似地，生产排名靠前是由于公司对高效生产现有产品的强调。最后，尽管长期规划被预先归为外部导向职能，但是这些食品加工公司的大多数规划活动实际上趋于内部导向——用于销售预测、采集作业、设定生产配额和日程安排等。

对于哪些职能对赢得竞争具有战略重要性，电子公司的CEO有不同的看法。他们对最重要的三个战略职能的排序如下：销售和营销；研发；产品开发。这种排序与访谈结果是一致的，访谈结果表明电子工业行业的产品和市场不如食品加工行业的成熟，因此电子公司的新产品开发的投资回报更高，研发和产品开发工作都代表了公司在提高设计和质量以及降低现有产品成本上所付出的不懈努力（这些现有产品相对较新，尤其是与大多数加工食品相比）。因此，在电子工业，被认为具有战略重要性的职能更倾向于外部导向型。换句话说，电子公司更加强调营销而非销售，更看重研发和产品开发而非高效生产。但是，正如前面提到的，与食品加工公司的CEO相比，电子公司的CEO对于这种战略职能排序的意见不是很统一。

假设的关系

这项研究预测,管理者对环境不确定性的感知与主导联盟的特征——战略职能、子单位权力、资源分配和搜索过程——相关,高度的环境不确定性感知意味着对适应性的强调,而低度的环境不确定性感知意味着对稳定性的强调。相关研究结果如表 12-4 所示。

表 12-4 感知的环境不确定性(PEU)与战略职能、子单位权力、资源分配和搜索过程的关系(按行业分组)*

因变量	感知的环境不确定性		
	食品加工	电子工业	总样本
战略职能	0.34($p<0.05$)	0.02($p<0.48$)	0.18($p<0.15$)
由 CEO 排序的子单位权力	0.58($p<0.01$)	0.03($p<0.48$)	
子单位权力的其他指标:			
最具创新能力的管理者的位置	0.32($p<0.05$)	0.36($p<0.05$)	
最具整合能力的管理者的位置	0.25($p<0.10$)	0.11($p<0.35$)	
长期规划的参与程度	0.53($p<0.01$)	0.38($p<0.05$)	
新任 CEO 的职能背景	0.19($p<0.25$)	0.03($p<0.48$)	
子单位整体权力(平均百分比)	0.49($p<0.01$)	0.24($p<0.15$)	0.42($p<0.01$)
资源分配:			
关键管理者的薪资	0.48($p<0.01$)	0.25($p<0.15$)	
新管理人才的投资	0.41($p<0.01$)	0.30($p<0.10$)	
资本金投入	0.03($p<0.45$)	0.16($p<0.25$)	
经营预算的增加	0.23($p<0.15$)	0.25($p<0.15$)	
预算削减的首选	−0.01($p<0.49$)	−0.21($p<0.15$)	
整体资源分配	0.54($p<0.01$)	0.35($p<0.05$)	0.48($p<0.01$)
搜索过程:			

续表

因变量	感知的环境不确定性		
	食品加工	电子工业	总样本
新业务领域（过去五年）	0.38($p<0.03$)	0.43($p<0.03$)	
新信息的优先权（内部或外部）	0.08($p<0.35$)	0.42($p<0.03$)	
整体搜索过程	0.12($p<0.35$)	0.38($p<0.05$)	0.28($p<0.03$)
样本规模	27	22	49

* 关联程度通过将感知的环境不确定性得分在平均值处进行二分并计算关联系数 C 来确定。正相关性表明在高感知环境不确定性下强调适应性，而在低感知环境不确定性下强调稳定性。

食品加工行业 在食品加工行业，管理者对环境不确定性的感知和职能的战略重要性之间存在较为密切的联系（$C=0.34$，$p<0.05$）。即是说，在感知到低度不确定性时，组织更倾向于强调内部导向的职能，如生产、会计、财务和质量控制。相反，在感知到高度不确定性时，组织更强调外部导向的职能，如销售和营销。

在低度不确定性时，我们发现食品加工公司中的子单位整体权力与强调内部导向职能的总体战略在逻辑上一致（$C=0.49$，$p<0.01$）。CEO通常将稳定型子单位如生产、会计、财务和质量控制列为最有权力的子单位（$C=0.58$，$p<0.01$）。当被问及想要将最具创新能力的管理者安排在哪个单位时，这些CEO再次选择了稳定型子单位（$C=0.32$，$p<0.05$）。同样的模式也适用于具有整合能力的管理者，但这个结果没有那么显著（$C=0.25$，$p<0.10$）。当感知不确定性较低时，长期规划委员会由生产和金融专家主导（$C=0.53$，$p<0.01$）。最后，据许多受访者判断，新任CEO应该来自稳定型子单位，尽管这一结果在统计上并不显著（$C=0.19$，$p<0.25$）。

低度不确定性下的整体资源分配遵循了同样的模式（$C=0.54$，

$p<0.01$）。与子单位权力吸引额外资源的想法一致，在稳定型子单位中 CEO 的下属的薪资最高，并且这些子单位更可能得到要求增加的经营预算（$C=0.23$，$p<0.15$）。结果显示，感知不确定性和资本金投入之间不存在任何关系，同时在感知不确定性与组织削减预算的子单位顺序之间也没有发现任何关系。

最后，在感知不确定性较低的情况下，过去五年所追求的新业务领域表明，组织的搜索过程是内部导向的（$C=0.38$，$p<0.03$）。即是说，这些公司避免开发新产品和新市场，而是专注于提高向现有市场交付现有产品的能力。然而，令人意外的是，这种搜索过程并没有反映在对有关新信息优先权的问题的回答上——对于是更喜欢关于环境状况的信息还是更喜欢关于内部运作的信息，这些 CEO 的意见不统一。

电子工业 在电子工业，大多数结果与预测的方向一致，很少有像食品加工行业那样密切的关系。这部分因为，无论管理者感知环境条件是否确定，电子工业样本中的绝大多数公司都表现出适应性特征（见表 12-2）。对于这样的结果，一种可能的解释是，电子公司试图维持其结构和过程的灵活性，即使在看起来没有必要的情况下，从而保证能够应对行业的多变及市场和技术过程中可能发生的突变。必须说明，下面的讨论结果更具有试探性，不如食品加工公司获得的结果稳健。

电子公司的管理者对环境不确定性的感知与他们认为的行业中具有战略重要性的职能之间没有关系（$C=0.02$，$p<0.48$）。但是，这一结果并不令人惊讶，因为 95% 的电子公司都更加强调外部导向的职能（见表 12-2）。

感知的环境不确定性和子单位整体权力之间的关系在电子公司中不那么清晰（$C=0.24$，$p<0.15$）。当感知到环境不确定性时，

CEO通常倾向于给自适应型子单位如营销和研发部门分配更多有创新能力的管理者（$C=0.36$，$p<0.05$），并且长期规划委员会更可能被这些自适应型子单位的成员所主导（$C=0.38$，$p<0.05$）。但是，子单位权力的其他指标，尤其是CEO排序，在高度不确定性下并没有清晰地反映出自适应型子单位被赋予更多权力的情况。

与子单位权力一样，在电子公司中，感知的环境不确定性与资源分配之间的关系不甚明确。整体而言，当管理者感知到高度不确定性时，组织倾向于将更多的资源分配给自适应型子单位（$C=0.35$，$p<0.05$）。然而，所有资源分配的个体决策均没有显示出与管理者环境感知之间存在十分紧密的关联。另外，管理者感知到高度不确定性时，其搜索过程的确会变成外部导向。即是说，在过去的五年里，这些电子公司主要通过新产品的研发和新市场的定位来维持持续发展。此外，如果可以获得新信息，管理者通常更倾向于获得与外部环境相关的信息而非与内部运作相关的信息。

因此，感知的环境不确定性和这项研究中检验的其他变量——战略职能、子单位权力、资源分配和搜索过程——之间似乎的确存在一定联系。在每个样本中，感知不确定性和适应性特征之间只有一种关联不符合预测的方向。与电子公司相比，感知的环境不确定性在食品加工公司中被证明是对组织适应性的更好预测。

管理者感知、主导联盟特征与组织类型

正如前文提到的，除了研究管理者感知的环境不确定性和组织主导联盟的结构（和内部过程）之间的具体联系之外，我们还希望应用在大学教材出版行业研究中开发的类型学，以确定它是否也适用于电子工业和食品加工行业。我们相信，这一探索的结果将是积

极的。

我们采用了两种方法来对这个样本中的组织进行归类。第一种方法是让访谈者根据两次访谈获得的全部信息,尝试将每个组织归为四个类别中的一个。在我们的研究小组中,我们确信能够对许多组织进行归类——高管们对其组织的市场行为的陈述,加上我们对行业活动的了解,使我们相信我们可以很容易对两个行业中的许多公司进行归类,特别是本书前几章中的案例公司。然而,对于样本中的许多公司,除了通过访谈获得的数据之外,我们知之甚少。由于我们很少甚至没有机会去证实我们的判断,所以我们认为试图对研究者指定的组织类型与主导联盟的结构和过程之间的关系进行系统分析是不明智的。

第二种方法最初看起来更加有效:我们要求每个公司的CEO分别列出自己公司和其熟悉的行业内其他公司的类型。然而,这种方法也只取得了一定的成效。

好的方面是,27家公司——14家食品加工公司和13家电子公司——由来自其他公司的至少两位CEO进行了归类。这种归类反映了对这些公司的战略类型的不那么一致的看法。整体而言,这27家公司的39%被归入了合适的类型。

然而,值得注意的是,这27家被归类的公司只占总样本的一半多点。此外,我们将被外部归类过的公司与样本中的所有公司进行了比较,结果显示,这些电子公司或许不能代表该行业。在13家被外部归类过的电子公司中,有10家公司感知的环境不确定性小于中位数——这是一个非常不成比例的数字,且目前对此没有很好的解释。最后,在27家被外部归类过的公司中,有一半多点的公司(15家公司)被归为分析型组织,开拓型组织有5家,防御型组织有5家,反应型组织有2家(这两个行业的比例大致相当)。

由于难以获得明确验证的外部归类（我们将很快谈到这一点），因此我们无法使用类型学来对这些公司进行广泛的分析。尽管如此，我们进行的有限分析表明，可能存在与类型学相一致的行为模式。当我们将每个行业中的开拓型组织和分析型组织划分到一起，并与防御型组织和反应型组织相比较时，下列模式就显现出来。

开拓型组织和分析型组织（比例为 14∶6）之所以能够被归为自适应型组织，是由于下列因素：CEO 对战略职能的排序，关键下属所在的子单位，长期规划委员会的组成成员，CEO 希望将新人才安排在什么单位，期望在什么方面增加新信息，希望把最具创新能力的管理者安排在什么单位，下一任 CEO 有望出自的单位，以及过去五年组织对新业务领域的定位。

相反，同样将这些因素作为指标，防御型组织和反应型组织（比例为 5∶2）被归为低适应性组织。即是说，它们的 CEO 整体上倾向于把生产视为最具战略意义的职能，把生产和财务部门而非营销和研发部门视作关键子单位，期望获得有关内部事项而非外部事项的新信息，等等。

然而，当我们检验问卷中的其他题项时，外部归类和 CEO 对自己组织的声明之间没有任何确定的关系。例如，在增加预算时，比起稳定型子单位，开拓型组织和分析型组织的 CEO 并没有更加青睐或偏袒自适应型子单位。

总体而言，这种对类型学在另外两个行业（与大学教材出版行业不同，彼此也互不相同）中的有用性的探索性分析带来了一些有趣的发现，其中有许多都可以被认为与整体的理论框架一致。然而，需要明确的是，这些发现仅仅是提示性的，不能保证在更广的范围内一定适用。

同时，如果我们能够对样本进行结构化处理，以便根据组织的环境构造模式对组织进行更广泛的外部分类，那么类型学或许有相当大的解释潜力。虽然本研究中进行的外部归类不如我们所希望的那么完整和一致，但可能正是我们的抽样方法导致了这样的结果。即是说，虽然电子工业和食品加工行业从很多方面来说都是有意义的产业集群，但是事实上，这两个行业是十分异质化的。本研究中的许多CEO都只有信心对行业列表中的一小部分组织进行归类（这一因素也可能导致处于中间类别的分析型组织的数量似乎不成比例）。事实上，许多CEO指出，他们所在市场中的许多组织（与他们直接竞争，因此也最为了解）没有包含在本研究中。因此，虽然这项研究的基本目的设计得很好——引出两种不同的技术和环境背景下的环境感知——但是它或许没有一个好的结构来比较在相同的基本市场上直接竞争的组织。

小　结

这项研究使我们对组织如何适应环境的理解变得更加清晰。基于对大学教材出版行业的研究和其他研究，我们进一步发现，环境变化和不确定性对组织结构和过程的影响是由主导联盟的感知、决策和行动促成的。具体而言，这项研究表明，处于表面上相似的环境中的组织，实际上对环境的感知可能不同。因此，同行业中组织间管理者感知上的差异在不同程度上由组织主导联盟的构成和内部影响模式所反映。这种模式在食品加工公司中十分清晰，在电子公司中稍模糊一些（在这项研究中，两个行业的管理者对环境的感知非常相似，这是一个意外的发现，对此我们提出了三种可能的解释）。

这项研究的结果在一定程度上支持这样一种假设，即当组织面临高度不确定性时，它将更重视外部导向的职能，如市场调研和产品开发。当然，这种情况下的因果关系并不那么清晰——一个积极从事产品和市场开发的组织比一个产品和市场相对稳定的组织更容易面临高度不确定性。尽管如此，我们也有理由认为高度不确定性往往会导致产生一系列可识别的内部组织模式。当主导联盟强调外部导向的战略职能时，自适应型子单位（如营销部门）倾向于在主导联盟中行使更多的权力。这些子单位能够吸引更多的组织资金和人力资源，因此这些子单位能够激励旨在发现外部机会和威胁的搜索过程。

相反，当组织面临低度不确定性时，内部导向的职能（如生产）就具有重要的战略意义。因此，稳定型子单位的权力将变得更大，主导联盟将给这些子单位分配更多的资源，并且搜索过程将被设计来发现提高生产效率的机会和对内部稳定的威胁。

尽管这项研究并没有在很大程度上直接扩展类型学的特征，但它确实为类型学的一个重要前提提供了确凿的证据：即使是处于同一行业的组织，也可能在管理者的环境感知以及组织内部结构和过程中表现出相当大的差异，但是这些特征并不是随机变化的，相反，它们之间存在内部一致性。并且，关于外部归类的环境事件反应模式（战略类型）与组织内部结构和过程特征之间关系的有限推论，与相关文献和大学教材出版行业研究中得出的理论框架并不矛盾。虽然基于这项研究的发现是不确定的，但它们提醒我们，对有明确的外部归类的样本进行研究可能会产生有价值的见解。这一点明显影响了下一章介绍的医院研究的设计。

第13章
管理和战略：医院案例

　　我们一共进行了三项研究来帮助构建我们的理论框架，本章阐述这三项研究中的最后一项。第一项研究旨在证实一个在大部分的组织和环境关系研究中被忽略的洞见：表面上相似的组织在相同的大环境中可能会面临完全不同的任务环境，并采取显著不同的战略。第二项研究则揭示了组织内部结构和过程的相关差异，并且对类型学的解释力提供了进一步的见解。

　　第三项研究以医院作为背景。我们以类型学为基础，检验了管理者感知和组织适应方面的差异，继而将战略与管理理论和组织决策联系起来。在本章，我们将阐述研究设计，展示研究发现，讨论战略类型、管理理论和决策影响力等之间的关系，并且阐明四家医院对医疗保健行业两个重大事件的反应，最后对第三项研究进行总结。

研究设计

总的来说，这项研究专注于组织对环境的适应——在这一过程中，主导联盟首先意识到任务环境中正在改变的条件，继而调整预期和应对措施。具体而言，这项研究探讨组织战略、管理者对环境的感知、调整的类型、管理理论和组织成员对决策的影响等。

正如本书谈到的，适应通常以渐进和演化的方式发生，因此很难通过截面研究设计来探讨这种现象。我们这里采用的方法是寻找一个环境正在发生激进的重大变革的行业。我们相信这样能够加快适应过程，并突出组织间的差异：有的组织成功地适应了环境，而有的组织却在环境条件和组织结构与过程之间艰难地维持着协调以求生存。

基于环境变化的标准，医院似乎为这项研究提供了一个合适的情境。因此，我们对一些知识渊博的观察人士进行了探索性访谈，以测试理论框架的有用性并加深对这些组织的理解。我们发现，医疗保健行业不仅经历过动荡，而且当前两大事态发展——医疗事故保险危机和国家健康保险的立法进程——进一步破坏了局势的稳定性。有了这种对环境变化的有利预知，我们在三家慈善医院中进行了一项预试验。这项预试验的目的是检验和改进对研究变量的测量，并且开发抽样和数据收集的策略。

接下来，我们选择了一个研究样本，这个样本中的组织彼此相似且在地理上尽可能地接近。一般来说，医院有三种基本类型：（1）慈善医院，一种非营利性的私立医院；（2）联邦、州立以及地方政府医院，一般接收特殊患者群体或治疗特定疾病；（3）私立医院，即私人的、以营利为目的的医院。这里我们将研究对象限制为慈善医院，因为在医疗保健系统中，这种类型的医院无论是在数量还是在重要性上都是杰出的。那些在管理结构、外部控制程度、医疗及技术、病人特征和资金来源等方面与样本不同的特别医院、长期医院、营利性医院和公立医院被排除在外。我们联系了同一个市区中的 28 家慈善医院，最终得到了其中 19 家慈善医院的合作。我们认为这些组织是我们的研究领域内慈善医院的典型代表。

数据收集方法

预试验中的三家慈善医院经历了复杂且不断变化的适应过程，这给我们的数据收集工作造成了极大困难。一方面为了得出一般性的结论，我们需要收集较多医院的适应方面的信息，通过发放问卷或者分析档案数据的方式，我们可以最有效地满足这一需求；另一方面，为了全面加深对适应过程的复杂性和动态性的理解，我们需要收集大量的关于制度理论和特定医院内部的目标、结构等方面的信息。为了满足第二种需求，细致深入的实地研究自然是最佳选择。

为了解决这一困境，我们开发了一个数据收集程序来同时涵盖两种方法的要素。第一步，我们让两组相互独立的评审依据战略类型对样本医院进行分类（开拓型组织、分析型组织、防御型组织或反应型组织）。这两组评审中的一组由不隶属于任何一家医院的地方健康专家组成，包括健康规划机构成员、当地医学协会的官员、医院顾问、健康基金会的管理者和医院管理教授；另一组则由样本医院的院长组成。[1]

---

[1] 因为提前接触类型学可能会对院长对其他问题的回答产生影响，因此这些数据是在最终访谈结束后、所有问卷回收后收集的。

第二步，对各家医院的院长进行初次访谈。这些访谈是部分开放的，同时它们也基于一些预先确定的问题，这些问题涉及医院的历史、医院结构和过程的近期变化以及内部运营的其他方面。在访谈的总结阶段，我们给这些院长留下了一些任务，让他们绘制医院任务环境的图表，并填写一份问卷。这份问卷涉及他们对如何在医院的关键群体中分配决策影响力的看法、对调整的未来效用和可能性的态度以及所支持的管理理论。

收到这些材料后，我们安排了第二次访谈。在这次访谈中，院长详细描述了该医院对城市中发生的两项重大事件的具体应对方式：举行了为期一个月的医生大罢工和威胁到个别医院自主权的新的联邦健康规划立法活动。院长也描述了医院任务和目标的预期转变，解释了他们的问卷答案并回答了之前的访谈提出的问题。因此，问卷数据允许我们对样本医院进行系统的比较，访谈数据提供了对每家医院内部的适应过程的具体描述。

变量和测量

正如第 3 章和第 6 章所讨论的，组织战略是对来源于外部环境的机会、威胁和需求的独特的响应模式。通过汇集健康专家和医院院长的判断，我们确定了每个医院的战略类型。我们给这些评估者提供了四种战略类型的简短的书面描述，并要求他们据此对他们熟悉的样本医院进行分类。[①]

尽管各自的出发点不同，但健康专家和医院院长对每个医院的判断都聚集在了一个单一的分类上。尽管某些医院的分类的一致性

---

① 在计算这些评估时，我们忽略了每位院长对其所属医院的分类。所有院长都说类型学是合理的，并且他们发现对其他医院进行分类相当简单。但是，很多院长都认为自己的医院是独特的，不能完全归于任何一种战略类型。

程度明显高于其他医院（一致性程度从 0.40 到 0.92 不等，均值为 0.59），我们依旧认为这些结果足够一致，可以将五家医院归为开拓型组织，五家归为分析型组织，三家归为反应型组织，六家归为防御型组织。

任务环境感知指组成任务环境的特定要素以及组织决策考虑到这些环境要素的程度。每个组织都面临着不确定性，这种不确定性来自它们与任务环境的相互依赖。根据汤普森（Thompson，1967）的观点，组织试图通过三种途径来吸收不确定性：（1）通过缓冲来减少任务环境的影响；（2）通过调整可预测的外部行动；（3）通过影响环境参与者（机构、团体或组织等）来使它们根据组织的偏好行事。

跟随汤普森的脚步，我们得出了这样的理论，即医院决策在多大程度上取决于任务环境，由环境影响、环境可预测性和医院影响环境的能力共同决定。换句话说，当医院的运作受到环境要素的强烈而不可预测的影响且医院自身对此相对无力时，其应急能力是最强的。

为了确定每家医院所设定的任务环境，我们要求院长绘制或标示其医院任务环境中最突出的实体。（其中一位院长的标示见图 13-1。）接着，对于标示上列出的每个实体，我们请受访者使用五点量表记录他们对其影响效果、可预测性和影响力的感知。通过将所有环境要素的得分整合到特定医院，我们能够为每个组织构建一个任务环境权变指数。

组织调整指为维持和改进医院与其任务环境的一致性，对组织结构和过程进行的大范围调整。我们使用一个量表来对组织调整进行分类，这个量表涵盖了代表范围越来越广、影响越来越大的五种类别的调整（见图 13-2）。这个量表包含小到工作程序的微小变化，大到组织使命、客户群体和环境关系的重大调整。

联邦机构
和立法 (3)

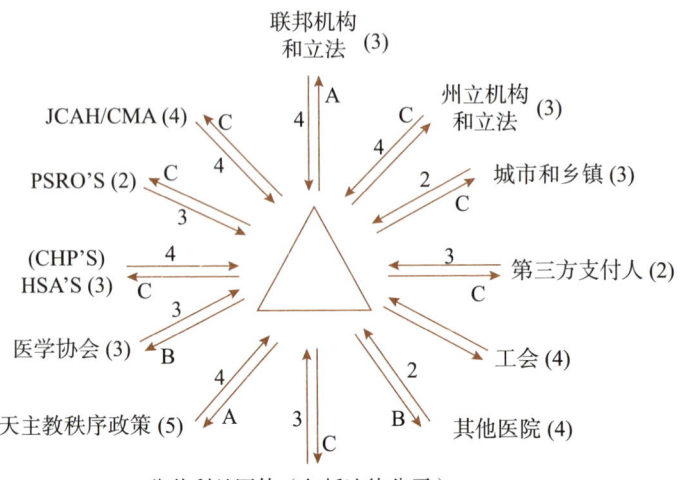

JCAH/CMA (4)

州立机构
和立法 (3)

PSRO'S (2)

城市和乡镇 (3)

(CHP'S)
HSA'S (3)

第三方支付人 (2)

医学协会 (3)

工会 (4)

天主教秩序政策 (5)

其他医院 (4)

公共利益团体（包括法律公司）(2)

图 13-1　医院任务环境的样本地图

(1)	(2)	(3)	(4)	(5)
程序调整	工作群组调整	部门内结构和过程调整	部门间结构和过程调整	宏观组织调整或组织外部调整
管理层决定的规则、工作程序、信息流、日程安排等方面的变化。	参与群组决策的程度和类型、工作设计和培训项目等方面的变化。	工作群组、工作流、日程安排和质量控制方面的参与度、监督关系、沟通模式等的变化。	重要决策的集中程度、部门间协调机制、部门增设或裁撤等方面的变化。	所提供的基础产品或服务、患者群体、所有者类型、兼并收购、解散等方面的变化。

图 13-2　组织调整的类型

资料来源：Adapted from R. E. Miles, Theories of Management, McGraw-Hill, New York, 1975, Figure 13-1.

我们用两种方式来测量调整。在预试验中，我们编制了医院经常进行的涉及 20 项组织调整的清单。这份清单包含如图 13-2 所示的五类调整中的每一种。在初次访谈的开始阶段，每位院长被询问医院在过去的一年内是否做出过任何调整。例如，我们这样问道：

"是否建立了新部门或者裁撤了旧部门？部门间的预算分配是否发生了重大变动？"根据院长对这些问题的回答，我们构建了过去一年的调整指数。该指数同时反映了组织调整的频率和范围。我们使用两个问卷题项来完善调整指数，这两个题项将引出院长对下列问题的感知：(1) 五种类型的调整对维持或改善医院在未来三年业绩的作用；(2) 这种调整在三年内实际发生的概率。

决策影响力指组织内部的各单位或群体影响医院决策制定的程度。以往的研究表明，不仅组织发挥的总体决策影响力存在差异，而且决策影响力在各管理团队和雇员群体中的分布也不相同（Tannenbaum，1968；1974）。

确定任何一个复杂组织的决策影响力的大小和分布都是困难的。但是，这样的测量问题在医院中尤为尖锐，因为像医生、护士和营养师这样的专业人员能够根据其组织角色和专业知识去影响决策制定。这些群体还不受其他组织采用的许多内部控制机制的限制。并且，决策影响力可能因问题而异。例如，医务人员通常在医院管理部门决定购买什么类型的医疗设备时施加影响力，但对影响会计环节则缺乏兴趣。基于这些情形，仅仅依靠院长判断医院各子群体对医院总体的决策制定方面的影响力将不太可能得出有效的数据。

我们决定借鉴海宁斯等（Hinings et al.，1974）使用的方法，用包含五个具体医院决策问题的问卷题项来测量决策影响力。这五个决策问题是由预试验的受访者提出的，作为反复出现和重要的医院决策：(1) 人员培训和发展项目的改变；(2) 关于医疗评估项目的决策；(3) 新服务和项目的开发；(4) 医院非专业员工的工作规范的改变；(5) 资金预算决策。院长用从"影响很小或没有影响"到"影响很大"的五分制来对以下每个医院子群体在每一个决策中通常产生的影响力进行打分，这些子群体包括：董事会，行政主管及其直接下属，医务人员（医生），财务人员（财务总监、会计、采购人员等），专业人员（护士、营养师、治疗师等）和非专业人员（家政、维修人员和其他辅助员工）。① 根据这些数据，计算出反映决策影响力大小和分布（集中度）的得分。

管理理论包含三个基本组成部分：（1）关于员工的一系列假设（具体来说，管理者在多大程度上相信员工具备一定的特质和能力）；（2）关于管理者应该如何指导和控制下属的一套相关策略；（3）对执行这些策略所产生的效果和满意度的期望（Miles，1965）。

每个样本医院中的院长都完成了一份用来测量管理理论的各个维度的长问卷（Miles，1964）。根据以往的研究，以下三个因素被认为对这项研究最为关键：（1）直接下属的相对能力，即院长对自身能力在 10 个特征方面的平均评分与对其直接下属的评分之间的差异；（2）普通员工的相对能力，即院长对自身能力的评分与其对普通员工的评分之间的差异；（3）绩效期望，即院长在多大程度上认同参与式管理政策将导致工作绩效改善的有关说法。

假　设

这项研究考察了本书提出的理论框架涉及的主要变量：战略类型、组织调整、任务环境感知、决策影响力和管理理论。更加具体地来说，这项研究所检验的假设可以总结为以下几点：

被认定为开拓型组织和分析型组织的医院会为适应环境条件做出更频繁、更具实质性的调整。这些医院的院长认为内部决策过程取决于任务环境。他们将感知到医院内部各子群体都对医院的决策

---

① 预试验中的受访者表示，这种细分方式能够同时涵盖慈善医院的管理人员和专业人员。

制定有着重要的影响。

被认定为防御型组织和反应型组织的医院会为适应环境条件做出更少、更表面的调整。这些医院的院长认为内部决策过程与任务环境的关系不大。他们将感知到医院内部的决策影响力集中在高管层。

最后，我们探讨了战略类型和管理理论之间的关系，我们认为开拓型组织和分析型组织的院长将更倾向于认可人力资源模型，而防御型组织和反应型组织的院长将更倾向于支持传统模型或人际关系模型（对这些模型的讨论，请参考第 8 章的相关内容）。

研究发现

表 13-1 所展示的研究结果为我们的假设提供了有力的支持。即是说，与防御型组织和反应型组织相比，开拓型组织和分析型组织通常会进行更加实质的组织调整，感知到更强的任务环境依赖性，允许组织成员在决策制定中发挥更大影响力，且更可能认可人力资源模型。其中，有五个相关性在 0.05 或更高水平上显著，只有两个相关性与预期方向不同。

表 13-1 战略类型、组织调整、任务环境感知、决策影响力和管理理论之间的关系

		开拓型组织平均分	分析型组织平均分	反应型组织平均分	防御型组织平均分	与战略的联系[①]
组织调整	去年的调整	31.3	20.5	9.5	13.3	$0.57(p<0.01)$
	未来调整的效益	45.1	34.8	26.8	25.8	$0.43(p<0.03)$
	未来调整的可能性	38.2	34.1	30.5	32.3	$0.06(p<0.29)$

续表

		开拓型组织平均分	分析型组织平均分	反应型组织平均分	防御型组织平均分	与战略的联系①
任务环境感知	任务环境依赖性	3.41	3.23	3.23	3.04	$0.43(p<0.03)$
	环境影响	3.77	3.41	3.50	3.47	$0.05(p<0.30)$
	环境可预测性	3.17	3.26	3.20	3.59	$-0.34(p<0.06)$
	对环境的影响力	2.36	2.46	2.60	2.76	$-0.26(p<0.12)$
决策影响力	总体决策影响力	100.6	87.0	78.0	76.3	$0.67(p<0.01)$
	决策影响力集中度	3.15	3.60	2.60	3.58	$0.06(p<0.29)$*
管理理论	直接下属的相对能力②	0.35	0.90	1.00	0.95	$-0.41(p<0.04)$
	普通员工的相对能力②	2.70	3.28	3.00	3.20	$0.22(p<0.16)$*
	绩效期望	4.14	4.11	3.70	3.57	$0.49(p<0.01)$

注：①由于战略类型是一个分类尺度，在确定其他变量与战略类型的关系时，我们首先对其他变量在其中位数位置做二分处理，然后再计算相依系数 C。如果相关性为正，则意味着开拓型组织和分析型组织通常在该组织变量上得分更高；如果相关性为负，则意味着防御型组织和反应型组织通常得分更高。通过费希尔精确检验（单侧）来确定显著性水平。

②由于这些测量值是差值，因此数值越小，则表明院长认为直接下属或普通员工的相对能力越强。

* 表示与预期方向不同的关系。

因此，总的来说，这些结果都证实了我们的预测。开拓型组织和分析型组织容易改变自身的结构和过程；在过去的一年中，这些医院通常比反应型医院或防御型医院做出更频繁、更广泛的调整来适应任务环境。开拓型医院和分析型医院的院长认为调整过程在某种程度上更有助于保持并提升医院未来的绩效，尽管他们认为自己的医院发生调整的可能性仅仅稍微大了一点。开拓型医院和分析型医院对任务环境的感知表明它们所处的任务环境比其他医院更具动态性，因此需要做出广泛的调整。这些院长认为机构、群体以及构成医院任务环境的其他组织的行为往往很难预测。他们还认为任务环境的各项要素不受医院的影响。因此，开拓型医院和分析型医院的决策制定更多地取决于任务环境。并且，院长们还指出，组织成员对医院决策有着相当大的直接影响。这些院长的管理态度似乎也符合人力资源模型。他们支持在自己的医院中采用参与式管理政策，同时确信这些政策将促进医院绩效的增长。这些院长还认为他们的直接下属比那些防御型医院和反应型医院院长的直接下属更有能力。

另外，防御型医院和反应型医院在过去一年进行的调整更少、更表面，并且这些医院的院长预计未来的调整在维持和改善组织绩效方面的作用不明显。防御型医院和反应型医院的院长认为组织决策的制定受任务环境的影响不大，同时还指出医院各子群体对医院决策制定的影响较小。尽管防御型医院和反应型医院的院长基本支持参与式管理政策，但是他们对参与式管理政策能带来绩效改善的期望较低，并且与开拓型医院和分析型医院不同，他们认为其直接下属的能力不如自己。这些管理态度似乎与人际关系模型一致，该模型提倡参与以提升员工士气而非绩效。

意料之外的发现

尽管表 13-1 中列出的结果大体上支持我们的假设，但有一些结果在我们的意料之外。为了厘清这一点，表 13-2 展示了这项研究中的几个关键变量之间的所有关系（无论是不是假设的关系）。我们对比较模糊的相关性进行了加粗显示。

表 13-2　战略类型、决策影响力和管理理论之间的相关性

	总体决策影响力	决策影响力集中度	绩效期望	直接下属的相对能力[①]	普通员工的相对能力[②]	战略类型[③]
总体决策影响力	—					

续表

	总体决策 影响力	决策影响力 集中度	绩效期望	直接下属的 相对能力①	普通员工的 相对能力②	战略 类型③
决策影响 力集中度	−0.06 ($p<0.36$)	—				
绩效期望	0.34 ($p<0.03$)	**0.09** ($p<0.31$)	—			
直接下属 的相对能力	**−0.13** ($p<0.23$)	0.23 ($p<0.09$)	**−0.08** ($p<0.32$)	—		
普通员工 的相对能力	**0.22** ($p<0.11$)	0.30 ($p<0.04$)	**0.03** ($p<0.42$)	**0.12** ($p<0.25$)	—	
战略类型	0.67 ($p<0.01$)	0.06 ($p<0.29$)	0.49 ($p<0.01$)	−0.41 ($p<0.04$)	**0.22** ($p<0.16$)	—

注：①通过计算相依系数 C 来确定与战略类型之间的相关性。表中展示的所有相关关系都是使用肯德尔等级相关系数。

②由于这些测量值是差值，因此较小的值表明直接下属或员工的相对能力较强。

③我们通过计算相依系数 C 来确定其他变量与战略类型的相关性。表中展示的所有相关系数都是肯德尔等级相关系数。在适当的情况下，我们还利用这些数据计算了积矩相关系数。我们并没有在方向或显著性方面发现差异。

在这个矩阵中可以清晰地看到一些有趣的模式。首先，管理理论的指标——直接下属的相对能力、普通员工的相对能力和绩效期望，三者之间表现出微弱的相关性，表明院长接受管理理论的其中某一部分并不必然意味着也接受管理理论的其他部分。

其次，管理理论中的这些相同组成部分和决策影响力的两个维度（总体决策影响力和决策影响力集中度）之间的关系模式令人疑惑。我们发现，大量的总体决策影响力与参与改善绩效的管理观点相关联，这是合乎逻辑的。然而，我们惊奇地发现，大量的总体决策影响力与院长认为的直接下属的相对能力和普通员工的相对能力之间并不相关。即是说，一些院长报告称各个子群体在医院决策制定过程中发挥作用，并且他们倾向于相信这种参与会提升绩效，但是他们并不太认同直接下属和普通员工的相对能力，这让人感到有些奇怪。

我们还注意到一个有意思的发现,即管理理论和决策影响力集中度之间的相关模式恰好与预期相反。我们原本预期的是,如果院长将他们的直接下属和普通员工视为更加能干的个体,那么他们将更倾向于表明决策影响力在医院里是分散的。但是,与我们的预期相反,那些相信参与管理能够提升绩效的院长并没有一致地报告说决策影响力是分散的。普遍接受的观点是参与意味着与下属分享权力,显然这一发现与之相悖。

最后,战略类型与管理理论以及决策影响力之间的关系模式解读起来并不容易。开拓型医院和分析型医院的院长都报告称医院各个子群体对医院决策制定的影响很大。但是,我们惊奇地发现,决策影响力的分布(集中度)与战略类型之间并没有系统性的关联。同时在战略类型和管理理论的其中两个维度(绩效期望和直接下属的相对能力)之间所观察到的强相关性没有出现在第三个维度(普通员工的相对能力)中的原因也尚不清楚。为了厘清这些关系,表 13-3 展示了开拓型医院、分析型医院、防御型医院和反应型医院在管理理论和决策影响力上得分高和低的相对数量。

表 13-3　在管理理论和决策影响力维度上得分高和低的组织数量

战略类型[①]	管理理论						决策影响力			
	绩效期望		直接下属的相对能力		普通员工的相对能力		总体决策影响力		决策影响力集中度	
	高(前7名)	低(后7名)	高(前7名)	低(后7名)	高(前7名)	低(后7名)	高(前7名)	低(后7名)	高(前7名)	低(后7名)
开拓型医院	3	1	3	0	2	2	4	0	2	2
分析型医院	3	0	2	2	1	3	3	1	3	2

续表

战略类型[1]	管理理论						决策影响力			
	绩效期望		直接下属的相对能力		普通员工的相对能力		总体决策影响力		决策影响力集中度	
	高(前7名)	低(后7名)	高(前7名)	低(后7名)	高(前7名)	低(后7名)	高(前7名)	低(后7名)	高(前7名)	低(后7名)
防御型医院	1	4	2	4	3	2	0	$4\frac{1}{2}$[2]	2	2/3
反应型医院	0	2	0	1	1	0	0	$1\frac{1}{2}$	0	$2\frac{1}{3}$

注：[1]基于来自 4 家开拓型医院、5 家分析型医院、6 家防御型医院以及 3 家反应型医院的问卷数据。
[2]部分条目来自并列排名。

正如第 8 章所描述的，管理理论大体上可以分为三种模型——传统模型、人际关系模型和人力资源模型。我们的预期是，信奉传统模型的院长可能认为直接下属和普通员工的能力相对较差，并且相信参与式管理政策并不会对士气或绩效产生积极影响。信奉人际关系模型的院长可能认为直接下属和普通员工的能力相对较差，但是相信参与式管理政策可能会提振士气，但并不能直接提升绩效。信奉人力资源模型的院长可能认为直接下属和普通员工的能力较好，并且相信参与式管理政策能够直接促进绩效提升。

鉴于以上这些预期，表 13－3 表明，纯粹的人力资源管理是可能存在于防御型医院、分析型医院或开拓型医院之中的。即是说，这些稳定的战略类型在管理理论每个维度上的得分较高。但是，在这项研究的样本中，纯粹的传统管理在开拓型医院中找不到对应的实例。尤为有趣的是，开拓型医院中没有一位院长认为其直接下属的相对能力比自己差。以往的研究表明，直接下属的相对能力是管理理论中一个强大的变量（Ritchie & Miles，1970）。

同样，我们认为，特定的战略类型一定有特定的决策影响力分布与之匹配。我们的理论框架总结出的开拓型组织的特征显示这类组织的决策影响力更大且更分散，而防御型组织的特征则表明其决策影响力更小且更集中。相应地，在表 13-3 中，开拓型组织在总体决策影响力上的评分一致地靠前，防御型组织则一致地靠后。但是，就决策影响力集中度而言，不同类型的组织之间并未发现系统性差异。

综上所述，上述讨论的结果似乎表明，战略类型、管理理论和决策影响力之间的联系比最初我们预想的更加错综复杂（当然，除非错误的测量和/或样本的规模扭曲了研究结果）。因此，我们转而采用实地访谈的数据，来帮助解释问卷的结果。

访谈结果

对医院院长的访谈表明，正如表 13-3 所示，战略类型和管理理论之间的关系被限制在一个方向上。即是说，一个信奉传统模型或人际关系模型的管理者不可能有效地领导开拓型组织，而信奉人力资源模型的管理者却可以成功地领导防御型组织。但是，目前我们能收集到的最能支持这一主张的证据来自两家样本医院的传闻。[①] 第一个案例强调了一位信奉传统模型却在领导开拓型组织的管理者遇到的一些问题。

峡谷综合医院（Canyon General Hospital）擅长非急性病的治疗，如癌症、心脏病等慢性病的治疗。在现任院长的八年任期中，医院新建了一栋大楼，病床数由 72 张增加到 160 张。几年前，峡谷综合医院启动了一项雄心勃勃的计划，旨在获取提供急性病治疗所

[①] 在这些案例和接下来的案例中，为了保护受访者的隐私，我们隐去了他们的某些特征。

需的能力。医院招募了新的专家,并投入巨资来购买必要的医疗设备。最近,医院进军急性病治疗领域的动作遇到了一些障碍。最大的问题是住院率低,从而导致现金流减少、设备利用率不足以及一些新专家的离开。医院院长说,"我们正在失去我们快速反应的能力",并称"救火"消耗了他太多的时间。

尽管峡谷综合医院的院长表达了对某些医疗人员的工作作风和个人特点的不满,但是他也指出,自己能够在很大程度上控制他们的行为。他还认为自己的权力比董事会的权力大,后者很少参与到医院内部的运作中来。医院院长的陈述模式让我们相信他很可能是一位信奉传统模型的管理者,接下来我们对他的问卷回答的检查强化了起初对他的这样一种印象。

大约一个月以后,在第二次访谈的结束阶段,我们给了这位院长一份对防御型组织、反应型组织、分析型组织和开拓型组织的简要介绍,并让他根据类型学对当地慈善医院进行分类。他的大部分判断都与我们从当地健康专家和其他院长那里得到的信息相符。但是,他将自己的医院描述成开拓型组织——这一观点与绝大多数其他评价者的观点相左。总体来说,其他评价者中共有63%的人认为峡谷综合医院是防御型组织,只有13%的评价者认为该医院是开拓型组织。

我们自己的观察也表明,峡谷综合医院最应该被归为防御型组织。我们发现,防御型组织的发展通常依靠市场渗透,而开拓型组织的发展通常依靠多元化。尽管峡谷综合医院以往的扩张经历的确十分亮眼,但是它在增加床位方面比在开发新服务和新项目方面更加成功。其他防御型组织的特征也从峡谷综合医院的环境地图和问卷数据中显现出来。只有一家样本医院的任务环境被认为是更可预测的,只有两家报告了更小的总体决策影响力,只有三家在去年进行了适度的调整。

在我们看来，富有进取心的院长为峡谷综合医院的迅速发展做出了巨大贡献。但是，鉴于他的管理风格，他可能很难带领医院从防御型组织转变成开拓型组织。一位信奉传统模型的院长很少能够建立监督机制，也很少愿意允许决策权分散化，而这些对于经营一家多样化的创新医院来说是十分必要的。根据我们的经验，成功的开拓型组织中的大部分院长将他们的大部分时间花在了外部活动上，并且只在特定情况下亲自监督内部日常运作。峡谷综合医院的院长很难去适应这样一种领导者角色。

75%的评价者认为先锋医院（Pioneer Hospital）是一家防御型组织，而且从大多数方面看，它都是防御型组织的典范。先锋医院的服务领域十分狭窄，只提供有限的基础医疗服务，在遇到复杂的病情或者需要用到精密的医疗设备时，会立即将患者转诊至其他医院。先锋医院的院长称："我们可以摘除胆囊，但是做不了肾脏移植手术。"医院很少进行环境监控：院长把约90%的时间都用在了监督医院的内部运作上，并且他不鼓励其他医务人员扫描外部环境。该医院高层团队的流动率较低，院长和财务主管的任期分别为12年和7年。

财务主管几乎参与了所有重大决策，他将医院描述为一个"精瘦而饥渴"的组织。由于强调成本效益，近年来医院员工与平均每日病人的比例有所下降，在我们进行研究的那一年，这一比例在样本医院中是最低的。先锋医院一直保持着相对较高的住院率，并且一直处于盈利状态，因此医院积累了丰厚的资金。

先锋医院的院长和财务主管对我们发放的管理理论问卷的回答表明，他们信奉人力资源模型。他们都不认为自己与直接下属的相对能力存在显著差别，并且他们都认为普通员工的相对能力只是中等偏下。①

先锋医院的院长将这家医院形容成"Y 理论组织"。先锋医院的管理层级比相同规模的大多数医院都要少一层。而且，多数管理职位需要承担大范围的职责，并且按照"这里的每个人都要做一些机械性工作"的原则进行设计。相应地，院长和部门主管都没有助手或者私人秘书，同时护理主管也会定期轮换，来履行照顾病人的职责。

先锋医院将广泛的授权、稳定的结构和狭窄的领域结合起来，虽然看起来有些另类，但因此节省了大量成本，从而获得了可观的利润。医院作为一个系统，对职位和工作单元进行了精心设计，使其在各自的业务范围内享有充分的自主权。也许正是这种精心设计的组织和管理系统，使得先锋医院的院长声称"在其他医院所做的大约 60％的'工作'都是不必要的"。

在我们看来，先锋医院的院长和财务主管采用的稳健的人力资源管理方法，尽可能减小了医院各部门间的相互依赖性，并且基本上消除了在部门间建立昂贵的协调机制的必要性。先锋医院稳定的服务领域所带来的大多数问题都是常见的，从而允许员工将他们的创造力用于简化内部运营和控制成本上。

讨 论

正如前文已经指出的，这项研究的发现大体上与理论框架的

---

① 我们最初惊讶地发现，两位受访者显然不认为参与式管理政策会带来更好的绩效表现。我们稍后将会再讨论这一点。

假设相符。与防御型组织和反应型组织相比，开拓型组织和分析型组织倾向于进行更频繁、更具实质性的调整，感知到更多的任务环境依赖性，允许组织成员在决策中发挥更大的影响力，并且运用人力资源管理实践。但是，我们也发现，战略类型、管理理论和决策影响力之间的关系比我们最初预想的要复杂得多。我们有必要深入研究它们之间的关系。

虽然在这一点上，数据结果和我们的解读显然都是试探性的，但从对峡谷综合医院、先锋医院和其他样本医院的访谈中，我们收集了三种见解，这些见解对如表 13-2 所示的异常相关性有相当大的启发。首先，访谈表明，尽管管理者对直接下属和普通员工的相对能力的认可与对参与式管理政策能够提升绩效的感知存在逻辑上的关联，但在特定组织中可能只强调二者之一。其次，访谈显示，管理理论的这两大组成部分对决策影响力的分布都有独特的影响。最后，访谈内容似乎表明，管理理论和决策影响力之间的关系受到战略类型的调节。

正如前文谈到的，尽管先锋医院的院长和财务主管认为下属和员工的能力与自己很接近，但他们都觉得医院并不会从参与式管理政策中获益。相反，我们采访的许多认为参与式管理政策有助于提高医院绩效的院长，却认为他们自身的能力比其他员工要强得多。管理理论中这种相互颠倒的模式似乎与不同的决策制定过程有关。

如果院长认为其他员工的能力与他的能力接近，可能会选择放弃决策权并将其下放，先锋医院就是这样的情况。这种大范围的授权可以广泛地分散决策影响力，但对总体决策影响力的作用不大。回顾一下，在表 13-2 中，直接下属的相对能力和普通员工的相对能力与决策影响力集中度强相关，与总体决策影响力弱相关。另外，如果院长相信参与将产生更优质的决策和更高的绩效，他不需要放弃自己作为决策者的权力,而是可以吸引医务人员、理事会成员和其他团体参与决策过程。这种协作增加了总体决策影响力,但对其相对分布影响不大。再次回顾表13-2中的内容,绩效期望与总体决策影响力强相关,但与决策影响力集中度弱相关。因此,管理理论不同维度与决策影响力之间的关系可能是造成"异常"相关性的原因。

如果正如显示的那样,决策影响力分布与管理理论更突出的维度相关联,那么各种模式又会在什么情况下产生呢?目前我们认为,战略类型调节管理理论与决策影响力的大小和分布之间的关系(见图13-3)。在一家开拓型医院中,绩效很大程度上取决于开发新服务和客户的能力。这就需要医院不断地调整领域并更新技术,需要开发灵活的结构和复杂的协调形式,以适应频繁跨组织子单位的决策。在这种情况下,即使不是有意采用这种管理哲学,即使高管层最初对其他人的能力的信心有限,医院也可能会引入强调广泛参与的各种形式的人力资源方法。即是说,产品和市场开发需要协同决策,因此组织中可能会出现大量的决策影响力以满足这种需要。

相反,防御型组织以成本效益为绩效导向。这样的导向要求发展稳定的领域和技术,然而这反过来又会限制结构的灵活性和协调要求。但是,防御型战略的实施并不要求特定的管理方法。由信奉传统模型的院长所领导的防御型组织能够通过市场渗透获得快速增长,正如峡谷综合医院的例子所表明的那样。传统模型和人际关系模型都提倡集中化的决策和控制,这就导致组织内部总体决策影响力较小,且影响力的分散程度有限。因此,防御型战略与传统模型或人际关系模型比较匹配,因为组织的稳定性通常能够保证关键决策由组织高管层做出。

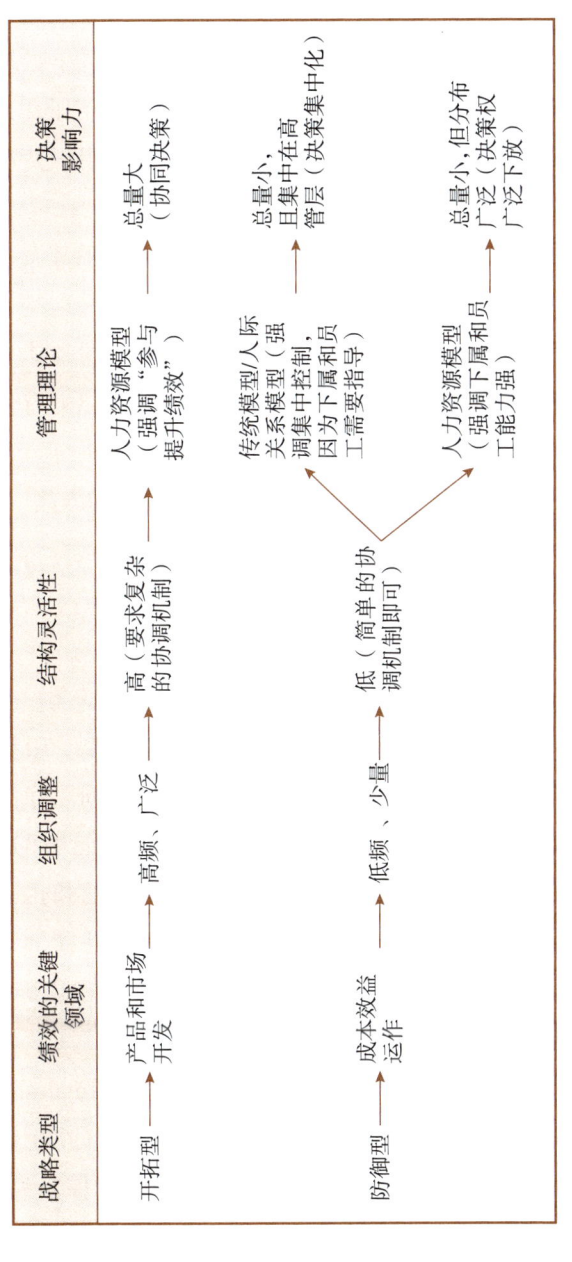

第13章 管理和战略：医院案例 / 257

战略类型	绩效的关键领域	组织调整	结构灵活性	管理理论	决策影响力
开拓型	→ 产品和市场开发	→ 高频、广泛	→ 高（要求复杂的协调机制）	→ 人力资源模型（强调"参与"提升绩效）	→ 总量大（协同决策）
				传统模型/人际关系模型（强调集中控制，因为下属和员工需要指导）	→ 总量小，且集中在高管层（决策集中化）
防御型	→ 成本效益运作	→ 低频、少量	→ 低（简单的协调机制即可）	人力资源模型（强调下属和员工能力强）	→ 总量小，但分布广泛（决策权广泛下放）

图13-3　战略类型、管理理论和决策影响力之间的关联

不过，虽然防御型战略与决策集中化相匹配，但也可以通过广泛授权来追求成本效益，正如先锋医院的例子那样。如果主导联盟关于下属和员工能力的信念与人力资源模型相符，那么大量的决策影响力将被授予下层组织成员。然而，与开拓型组织使用人力资源模型不同，防御型组织的总体决策影响力相对较小。考虑到防御型组织的整体稳定性，部门间相互调整的必要性微乎其微。高层管理人员不与中层管理人员进行协同决策，而只是允许这些人对特定问题做出决策。由于这些决策大多集中在一个稳定的整体系统内的成本控制和程序效率上，因此只要高管层对下属的能力有信心，就可以将决策权下放。防御型组织不需要特定的管理系统，它既可以使用传统模型、人际关系模型，也可以使用人力资源模型。

组织适应的预测

尽管这项研究主要是为了阐述和说明战略类型、组织调整、管理理论和决策影响力等之间的关系，但是研究期间医疗保健行业两个重大事件允许我们进一步探索理论框架的预测能力。这两个重大事件分别是：因医疗事故保险费率的上调而引发的长达一个月的医生大罢工，以及设立区域健康规划委员会的联邦法律的通过。在这一部分，我们将比较开拓型组织、分析型组织、反应型组织和防御型组织对这些事件的反应。

1975年春，阿戈纳特保险公司（Argonaut Insurance Company）——美国第二大医疗事故保险公司，中止了4 000名加利福尼亚北部医生的团体保险，并提出让医生单独投保且费用增加了384％（Bodenheimer, 1975）。一些医生选择支付增加的费用，另一些医生选择在没有保险的情况下继续从业，还有一些年长的医生选择提前退休。然而，由于需要支付较高比率的保险费用，医生们顽强地进行了为期一个月的罢工，希望促使政府干预。在我们的样本医院中，所有医院的非急诊手术和住院率都急剧下降，许多医院的现金流出现了惊人的下降。几家当地医院的净亏损已超过 50 万美元，虽然没有一家大医院直接因罢工而破产，但其财政储备已耗尽。有迹象表明，这场危机可能对人口普查、外科手术数量和该行业的就业产生长期影响。

当然，这种突如其来、史无前例的危机可能导致受影响的医院做出各种各样的反应。但是，该区域内的任何医院又不得不同时应对另一个更加可预料的事件。1975 年 1 月，福特总统批准了《国家健康规划和资源开发法案》，它被誉为自《联邦医疗法案》以来最重要的联邦医疗立法，也可能是美国国家医疗保险的先驱。该法案旨在遏制不断上涨的医疗费用，并调节各医院中设施、床位和昂贵医疗设备的激增，以及分布不均的现象。它授权美国卫生部、教育部与福利部建立并监督一个由约 200 个地区规划机构即（卫生系统机构）组成的网络。每个卫生系统机构都要确立一个长期的卫生规划，并且批准或者否决当地医疗保健服务提供商对联邦基金的申请。该法案还要求各州建立卫生规划和发展机构，该机构必须批准所有卫生设施建设项目以及成本高昂的新医院服务和项目的启动。

这项立法对各个医院的最终影响尚不确定。该法案的意图在某些地方是模糊的，因此人们有不同的解读。一些观察人士预计卫生系统机构会严重削弱医院的自主权。另一些人则指出，这项法案所建立的行政机制极其复杂，并且以往的健康规划实验明显无法实现其目的。尽管如此，大多数样本医院的院长显然对该法案很上心，许多医院正在制定措施以应对即将设立的卫生系统机构。

不同战略类型的医院的调整

两次环境变化为具体比较组织调整提供了观察焦点。我们在第二次实地访谈医院院长时,从他们那收集了关于医院对医生罢工和卫生系统机构立法的反应方面的数据。这些是开放式的访谈,我们要求受访者直接阐述该组织计划采取或已采取的具体行动,并避免对这两个事件做一般性分析。

理论框架的逻辑表明,下列关于调整行为的五个问题应与战略类型相关:(1)调整过程发生自外部变化对组织产生初步影响之前(主动)还是之后(被动)?(2)总的来说,调整是倾向于降低成本还是提高组织效益?(3)调整采取的形式是对短期情形的有限、暂时的反应吗?还是说调整过程产生了更加广泛、持久的影响(通常表现为组织资源的重新配置)?(4)调整是通过各种组织团体的合作进行的,还是由院长单方面确定并执行的?(5)调整的主要目标是组织内部的变化还是外部参与者和条件的变化?

根据第二次实地访谈的记录,图13-4总结了样本医院的院长对与医生罢工和卫生系统机构立法有关的这五个问题的回答。虽然一些院长没有直接回答这些问题,但在大多数情况下,从他们对医院进行的调整的描述中,也能得出答案。

(1)调整行为的时机 接受访谈的大多数开拓型医院和分析型医院的院长表示,医院早就预料到医生罢工将持续2~4周,这就为医院提供了足够的时间来做一些准备,包括与医院员工进行沟通和部门主管制订应急计划。类似地,开拓型医院和分析型医院倾向于采取积极主动的姿态来应对卫生系统机构立法。这些医院中的大部分医院都报告称,针对卫生系统机构立法的具体调整已经在进行中,尽管在采访期间卫生系统机构的理事会人选还未最终确定。

调整的特征	医院												
	P1	P2	P3	P4	A1	A2	A3	A4	A5	D1	D2	D3	D4	D5	R1	R2	R3

医生雇工

(1) 医院是否预测到了雇工？【是-否】
| | P1 | P2 | P3 | P4 | A1 | A2 | A3 | A4 | A5 | D1 | D2 | D3 | D4 | D5 | R1 | R2 | R3 |
| 是 | 不明① | 不明 | 是 | 不明 | 是 | 是 | 否 | 否 | 否 | 是 | 否 | 否 |

(2) 调整的目的是抑制减少成本还是提升效益？【成本-效益】
效益 效益/成本 效益/成本 效益 成本 不明 不明 成本 成本/效益 成本/效益 成本 成本 成本 成本 成本 成本 成本

(3) 是否带来了任何长期的组织变革？【是-否】
是 否 是 否 否 否 否 否 是 是 是 否 否

(4) 调整过程是协作的还是单边的？【协作-单边】
协作 协作 不明 协作 协作 协作 协作 协作 协作 单边 协作 单边 单边 协作 协作

(5) 调整目标是内部的还是外部的？【内部-外部】
外部/内部 内部/外部 外部/内部 外部 内部 内部 内部/外部 内部 内部 内部 内部 内部 内部 内部

卫生系统机构成立

(1) 医院采取了主动姿态还是被动姿态？【主动-被动】
主动 主动 主动 被动 主动 主动 主动 被动 被动 被动 主动 被动 被动 被动

(2) 调整的目的是抑制成本还是提升效益？【成本-效益】
效益 效益 效益 效益 效益 效益 效益 成本 成本 成本 成本 无② 无 无 无

(3) 是否分配了大量资源？【是-否】
是 是 是 否 否 是 是 是 否 否 否 否 否

(4) 调整过程是协作的还是单边的？【协作-单边】
协作 协作 协作 不明 协作 协作 协作 协作 协作 协作 协作 无 无 无

(5) 调整目标是内部的还是外部的？【内部-外部】
外部 外部/内部 外部/内部 不明 外部/内部 内部 内部 内部 外部/内部 外部/内部 内部 无 无 无

① 不明（受访者没有回答这个问题）。
② 无（因为组织没有进行实质性的调整）。

图13-4 医院的战略类型与针对医生雇工和卫生系统机构成立的调整的特征

另外，大多数防御型医院和反应型医院未能预测到医生罢工的发生，因此没有为此做好准备。尽管所有这些医院都意识到卫生系统机构即将成立，但只有一家防御型医院已经开始进行实质性的调整。

(2) 效率与效益　每家开拓型医院的调整行为明显以提高效益为导向。例如，在医生罢工后的谈判中，一家医院同意开始支付医生的医疗事故保险费，以换取他们的不间断服务的承诺和其他一些让步。同样是这家开拓型医院，其监控系统提前两年预测到了卫生系统机构立法的通过，尽管医院认识到有必要对以前的企业活动进行管理上的巩固和整合，但医院推迟了这种内部调整，以便继续进一步开发新的项目和服务。（当卫生系统机构开始运作时，这些项目和服务可能会被缩减。）

相反，防御型医院和反应型医院在应对医生罢工上的首要目标是通过削减成本来改善现金流。类似地，防御型医院在应对卫生系统机构成立方面主要也是通过提高效率的方式来削减医疗保健成本，并且因此避免了卫生系统机构的制裁。（就反应型医院而言，这个问题和其他问题根本不适用，因为这些医院报告称，它们完全没有做出任何实质性调整。）

(3) 调整的程度和持续时间　尽管从应对医生罢工所进行的调整的程度和持续时间来看，不同类型的医院之间并不存在显著差异，但是开拓型医院表示，与其他类型的医院相比，它们在应对卫生系统机构立法的调整上投入了更多的组织资源。这些资源投入包括设立新的行政职位和让理事会成员和医务人员参与区域规划活动。（一名开拓型医院的院长称，其医务人员和理事会成员是"稀缺而宝贵的资源"，并表示他们参与的时机和目标是一个重要问题。）

(4) 调整的参与性　开拓型医院和分析型医院一致报告称，医院的管理人员、医务人员、理事会成员和员工团体在针对两次变化的调整上进行了合作。虽然一些防御型医院和一家反应型医院也报告了合作情况，但在其他这两类医院中，似乎仍然是院长单方面确定和推进调整。

(5) 调整目标　访谈结果清楚地表明，开拓型医院比其他类型的医院更倾向于尝试操纵医院的任务环境中的条件和参与者。这些针对外部的调整包括：尝试教育公众或使公众政治化，对选定的组织或政治实体施加直接影响，开发共享服务或与其他医院建立长期联系。

四家医院的调整

虽然前文总结的访谈发现似乎与我们提出的理论框架的逻辑和含义高度一致，但是不宜将这种分类用于系统、详细的分析中。正如我们已经指出的，这些数据都来自被研究人员编码过的访谈结果，并且这些访谈是相对非结构化的、开放式的。尽管我们极力保持客观，但有些证据仍然相互矛盾，一些内容的分类也很困难。因此，应当谨慎看待这些发现。

虽然我们呼吁谨慎解读，但我们还是认为，最后对不同类型的医院在应对医生罢工和卫生系统机构立法方面的行为进行更为详细的比较是十分有用的。下面我们将介绍一家开拓型医院、一家分析型医院、一家反应型医院和一家防御型医院的院长对当时真实情况的解释和说明。[①]

开拓型医院　这家开拓型医院是一家快速发展的社区医院，在

---

① 这些描述是根据院长们的访谈记录整理而成的。为了描述的简洁性并隐匿受访者的身份，我们对内容进行了编辑。为了保证匿名，我们对某些细节也进行了修改。

发展门诊外科诊所和提供基础医疗保健服务的其他创新方法方面取得了突破性进展。

对医生罢工的反应： 首先，你应该了解［这家医院］是如何组织起来的。院长的许多正常职责都下放给各个部门主管。我们在 65 天或 70 天之前就预计到会发生罢工——迹象很明显。我不仅支持罢工，而且鼓励罢工，因为我认为引起人们对医疗事故问题的关注至关重要。

我们刚开始提出了一系列非常悲观的假设：不说全部，至少大部分的门诊患者和一半的内科患者将会流失，外科急诊的工作将严重受限（病人在转运过程中可能受到严重伤害），住院率将下降至原来的 40%～50%，同时门诊服务的使用率将提升 50%。

罢工发生的 45 天前，我们将这个方案提交给了所有的部门主管，要求他们在 4 月 15 日之前提交有关罢工对部门影响的正式估测报告和书面行动规划。

当罢工在 5 月 1 日进行时，住院率迅速下降至 40%。罢工持续期间，全院只开展了不超过 15 次手术。部门应急计划得以按计划实施，成本削减非常有效。事实上，医院在罢工期间净赚了 1 万美元。这已经很不错了，因为我们在 1974 年 5 月损失了 5 万美元。

裁员的范围很广——超过一半的员工被解雇。解雇工作分为三步。首先，许多人志愿进行无偿服务，尤其当其家庭有第二收入来源时；其次，我们缩短了每个人的工作时间；最后，我们根据资历解雇了一些新员工，当然这一政策为照顾低收入员工而进行了修改。

政策规定相关信息在任何时候都要完全公开。我们每周向所有员工发布公告，并且出乎意料地得到了他们的支持。罢工结束后，我们很顺利地让人们重返工作岗位，住院率恢复到正常水平，我们也没有遭受其他长期影响。

这次罢工是一次真正的学习经历，一次很好的实验。我们了解到，只要有足够的预警，我们几乎可以适应任何事情——包括病人数量的急剧下降。

对卫生系统机构立法的反应：应对卫生系统机构立法的最基本战略是创建一个完全可以接受的计划，一个会被任何可能出现的机构批准的计划。多年以来，这家医院一直有一个周密的总体规划。它从社区的需求出发，开发相应的服务。我们并不是只提出一个设施扩建计划。

我还试图影响那些理解我的问题的人的任命。（当时正在挑选地区理事会成员。）我在县里的综合健康规划委员会工作了几年，我预测，最终还是这个委员会的成员会被选入卫生系统机构，继续做他们过去一直从事的规划工作。

分析型医院　这家分析型医院是一家社区导向的综合性医院，由三个行政单位组成。其中两个单位执行相对稳定的活动：一个负责护理和患者照料的其他方面，而另一个提供支持性服务，包括医疗记录、药房、设备维护和后勤。第三个单位则在更具创造性的领域发挥作用，它负责管理医院的实验室、医疗设备和几个专科诊所。

对医生罢工的反应：相比较而言，［这家医院］在医生罢工中并未受到较大冲击。这部分源于我们的医疗专业化模式。虽然我们的外科手术减少了很多，但相对来说其他重要领域没有受到影响。我们有一个大型门诊部、一个精神病诊所和一个血液透析室，所有这些部门都在大致正常的水平上继续运作。这无疑减弱了医生罢工的影响。

我们采用灵活的人员配备计划，所以没有必要对我们的应对措施进行根本性的改变。我们制订了例行的应急计划，根据调查统计的下降的不同类型和速度制定针对性的应对措施。许多员工自愿休假，因此一般不需要裁员。坦白来讲，我不知道为什么没有造成更严重的影响。我想这部分是由于医务人员和社区长久以来的合作关系。

对卫生系统机构立法的反应：我们努力保持消息灵通。我们至少派了一名行政人员参加所有关于卫生系统机构立法的听证会或会议。我们还试图在卫生系统机构理事会中获得一些代表席位，但我不知道这一策略是否会成功。

在我看来，卫生系统机构最重要的影响将是在费率设定方面。他们将有权汇编各医院可比较服务的成本数据，并遏制严重超出平均水平的费率。我们未来的战略是进入其他医院较少涉足的专业化领域，并开发提供这些服务的有效技术。我们可能不会有多少突破，但我们也不会坐以待毙。

反应型医院　这家反应型医院是其所在服务区建立的第一家医院。近年来，因为新医院对其客户的争夺，这家医院面临着不断增加的财政赤字和不断下降的住院率。

对医生罢工的反应：我们的第一项措施是安抚人们，让他们知道医院发生了什么。我们通知了员工，并通过新闻办公室向现有患者保证，医院将继续满足他们的需求。我还同医务人员联席委员会、医院董事会一起召开了会议。

我们的病人数量减少了几乎100%。我们受到如此严重影响的原因是当地的医疗界非常重视这一情况。我们的首席病理学家的态度是"我们要让它们（保险公司）看看"。他在医生中塑造了合作和团结的精神，这导致了几乎全体医生的罢工。而在许多其他的医院，往往只有少数人支持罢工。

起初，我们要求员工在罢工期间使用累积的休假时间。这减少了工作的人数，但由于我们必须继续支付工资，这加剧了我们的现金流问题。后来，我们被迫放弃休假政策，并根据资历进行裁员。

（9个月后）住院率仍未恢复正常。病人的平均住院时长从罢工前的7.2天减少到4.8天。由于担心医疗事故引发的诉讼，医生们尽量避免接收复杂的病例，并且转而采用更保守的治疗方法。

对卫生系统机构立法的反应：我不是很了解相关情况，我试着参与其中，但并没有跟上进度。目前我们做的事情不多。卫生系统机构正在经历一个四处寻找领导的过程。假如我们没有完成大规模的设施扩建，我对（我们医院的）未来感到担忧。我们并没有预见到新法案的颁布，我们只是很幸运。也许我们应该发挥更强的领导作用，我确实参加了几次由当地医院院长组成的临时小组的早餐会，但是除了高胆固醇外，我一无所获。

防御型医院　这家防御型医院是一家接收大量低收入患者的中等规模的医院。1974年，该医院完成了一项耗资巨大的大型建筑工程，旨在更换或翻新陈旧的设施。

对医生罢工的反应：医生罢工让我们措手不及，而且发生在我们医院的财政储备很少的时候。几乎所有的手术都中止了，住院率下降了约30%。唯一能保持较高住院率的是妇产科。我们的当务之急是削减开支，这就意味着要削减工资，因为这几乎占医院运营开支的70%。

医生们在星期一外出，管理团队在那天下午召开了会议。我们要求每个部门的主管都必须评估罢工将如何影响其所在部门的现金流，以及如何削减开支以保证医院的生存。星期二我们又召开了第二次会议，计划很快得到批准，并立即予以执行。

之所以能够做出如此快速的反应，既是因为我们是一个紧密团结的团队，有着良好的工作关系，也是因为部门主管习惯于行使权力并对医院绩效负责。

事实上，罢工结束后我们医院的状况比罢工时好转了很多。一段时间以来，我们一直试图缩减医院的人员编制，但遭到工会和其他雇员团体的强烈抵制。这次罢工几乎把我们逼到崩溃的边缘，但也给我们提供了削减成本所需的筹码。我们了解到，我们可以在不损害医院利益的情况下削减或停止许多服务。罢工结束后，我们有选择性地进行了招聘。幸运的是，我们解雇的一些员工已经找到了其他工作或离开了这个地区。如今我们的员工比罢工前少了10%。之后的罢工就不会对医院造成这么大的影响了，这是因为我们从这次罢工中吸取了教训，并且现在的人员配置效率更高了。

对卫生系统机构立法的反应：我们觉得卫生系统机构并不会那么有效。如果联邦政府为其提供了大量资金，那么该法案可能产生巨大的影响。在这种情况下，我们才会做出反应——医生罢工已经证明了我们快速行动的能力。与此同时，我们还有大量具体的内部问题需要关注。例如，现在我正试图与附近的一家医院建立一个联合采购计划，这样可以降低双方的供应成本。仅仅做好自己的本职工作已经够难了，何况还要为未来可能并不会发生的危机做准备。

总体评价 这四家医院的调整行为基本符合我们的理论框架。我们一直认为，三种稳定的战略类型展现出了独特的能力或与众不同的竞争力。相应地，开拓型医院（其能力包括进行环境监测、制订应急计划和保持结构灵活）预料到了医疗事故保险危机，准确地估测了其对医院的影响，灵活地调整了内部运作，使医院在医生罢工期间赚取了利润。此外，开拓型医院对新出现的环境事件的预测能力体现在这家医院主动影响卫生系统机构理事会成员任命的尝试上。分析型医院的独特能力在于能够在继续服务传统客户的同时开发新的服务和项目，医院适应性部门的不间断运行和提前准备的应急计划缓冲了医生罢工对医院的影响。此外，这家医院对即将实施的新法案的态度反映了分析型医院对效率和灵活性的双重重视。该医院正准备在那些它能够创建足够高效的服务交付系统的领域继续发展，以满足卫生系统机构对降低医院费率的要求。防御型医院的优势在于不断提高医疗保健服务的效率，医生罢工为此提供了一个机会，使得医院通过永久性减少人员编制来实现削减成本的目的。此外，防御型医院所表现出的对卫生系统机构未来后果的漠不关心，也是由于其对现有领域的责任和对内部运作的高度重视。

我们在前文提到过，反应型组织的特点是缺乏明晰的独特专长。它们的人力资源，无论个人能力如何，都不像其他类型的组织的人力资源那样具有明确的针对性。由于缺乏清晰的外部定位，反应型组织内部表现出不同程度的不一致性，因此可能难以及时有效地做出调整，这些特征至少已经部分地被其调整行为所证实。医疗事故保险危机的长期影响和对卫生系统机构的矛盾心态表明该医院缺乏一个一致的战略和一套适当的机制来应对环境变化。

小 结

这项研究的基本目的在于检验我们的理论模型是否能够解释和预测管理者感知、组织调整、管理理论和决策影响力之间的不同安排。我们采用实地访谈和问卷调查相结合的方法，收集了19家慈善医院的相关数据。我们的研究结果表明，这些组织变量大多与组织战略存在系统性关联。

这项研究最重要的启示之一是，主导联盟对组织本身和外部条件的感知和选择，在将组织与其环境联系起来的过程中可以发挥至关重要的作用。我们样本中的医院位于相同的地理区域和社会环境中，提供许多相同的医疗保健服务。尽管如此，我们观察到这些医院在构造任务环境、管理结构和过程以及组织调整类型方面存在诸多差异。我们的研究表明，战略类型的概念是一个强大的工具，能够帮助我们理解这些差异，并在一定程度上预测这些差异。

第11~13章中阐述的研究代表了将组织作为观察和分析单位，开发和探索理论范式的第一阶段。我们并没有考虑将这些研究作为我们的概念框架的效度"证明"。我们希望能够在不同的情境下检验这种方法在理解行业内部环境构造和组织内部特征方面的变化的效用。我们认为，这种方法将被证明是有用的，至少它能够为更高级的概念化提供原始材料。

第 3 部分

学术文献回顾

第14章

早期理论和研究

　　本章面向那些希望更详细地讨论组织与环境关系文献的读者。纵观全书，我们提到了适用于组织和组织环境分析的一些概念，如环境变化和不确定性、战略、技术、结构和过程等。本章旨在更加深入地描述和探讨这些概念，并且援引组织与环境关系方面的相关学术研究。值得注意的是，这项讨论并不是详尽无遗的，相反，它旨在提供一个概述来突出该领域学术文献的关键特征。

　　讨论主要集中在组织行为和商业政策文献中与组织适应环境相关的领域。但是我们认为，这些领域中的理论和研究过多地关注对组织和环境现有关系的简单说明和描述，而往往忽略了这些关系形成的过程。尽管组织与环境关系的理论在飞速发展，但是学者们仍然在寻找能够充分描述整个组织系统行为的复杂性和动态性的理论范式。

本章分为三个部分。在第一部分,我们简要地探讨组织方面的一些早期观点。这些观点无一例外地将环境因素排除在外,或者至少不强调环境因素对组织的重要影响。环境第一次受到组织分析人员的重视是伴随着权变视角的出现,这也是第二部分的主题。在最后一部分,我们将讨论与新权变视角相关的理论和研究。这种方法尚未发展成熟,它侧重于管理者选择在组织调整中的作用,这是一个被大多数权变模型排除在外的变量。

早期观点

在 20 世纪前 50 年中,管理和组织理论家在寻求结构、计划、控制等方面的普遍原则时,往往忽视环境,或者至少倾向于认为环境不发生变化。作为首次明确提出科层制特征(明确定义的层级、位置和规则)的学者,韦伯(Weber,1947)意识到科层制结构和过程的一些功能失调,但是尽管如此,他依然暗示科层制适用于所有组织情境。类似地,泰勒(Taylor,1911)认为其科学管理原则具有普适性,并且他认为环境需求和组织目标是固定不变的,以此来寻找管理员工绩效的最佳方法。最终,近代行政管理原则的支持者,如布朗(Brown,1945)、法约尔(Fayol,1949)、穆尼(Mooney,1947)和厄威克(Urwick,1943)开始将研究重点扩大到组织的上游环境。尽管这些理论家尝试将来自教堂、军队和业界的经验整合进一套用于组织管理和设计的通用实践建议中,然而他们对环境差异缺乏关注。

另外,经济学家关心组织对环境的调整,但总的来说,这些调整都只是被简单地看成利益最大化逻辑下的正式训练。在经济学模型中,市场力量决定商品和服务的价格,并且整个组织都由生产函数所刻画,组织的资本和劳动力的融合都是为了追求生产效率。创业和市场决策被认为是十分重要的,但很少有人尝试将这些决策的影响拓展到组织结构和过程之中。经济学家认为,组织被视为由一位企业家领导的统一体,企业家制定了所有主要的调整决策——这种描绘与组织行为的实际情况大相径庭。

所有这些早期观点——韦伯的科层制、泰勒的科学管理以及各种各样的管理原则——都强调组织的非人元素,例如目标、结构、政策以及程序,并且这一时期的理论家们都暗示他们的模型普遍适用于所有类型的环境条件。尽管这些普遍主义模型对管理实践产生了相当大的影响,但它们很快就让位于更切合实际也更复杂的观点。

普遍主义模型和管理理论开始在 20 世纪三四十年代受到抨击,并且这些抨击在 50 年代愈演愈烈。主要的抨击集中于科层制在适应个体需要和环境变化的无力上。古尔德纳(Gouldner,1954)用案例研究证据表明,科层制可能在一种环境中(办公室)有效,但在另一种环境中(矿井)有害。伯恩斯和斯托克(Burns & Stalker,1961)提出稳定环境中的成功组织倾向于采用机械或者高度科层化的结构和过程,而变化或不确定环境中的组织倾向于采用有机或者灵活的结构和过程,如此他们便拓展了权变组织形式的概念。伯恩斯和斯托克研究发现的影响随着组织系统观接受度的提升而得以进一步扩大,该观点将组织描述成从环境中获取资源、转化资源,然后将商品和服务输出到环境中去的社会技术机制(von Bertalanffy,1968;Churchman,1968;Simon,1969)。因此,随着权变视角的出现,人们开始认识到环境因素对组织行为的重要影响。

权变视角

20世纪50年代末到60年代，一系列描绘环境、技术、结构和过程之间联系的日益复杂的权变模型得到了快速发展。本质上，权变方法主张视情况而定，最近组织理论领域概念化的主要方向是识别和描述组织行为所依赖的主要权变变量。不似早期理论家们倾向于将结构和过程看成可以由管理者操控的自变量，权变理论家们将组织内部的许多方面看成因变量，认为这些组织形式很大程度上由来源于组织环境的力量所决定。

组织环境

人们普遍理所当然地认为组织和环境之间存在某种分隔界限。但是，斯塔巴克（Starbuck，1976）将定义组织边界的问题比喻成发现云朵的边界。在定义一片云时，人们可以测量其湿度，通过选择一些特定的湿度，人们可以决定哪些可以归入这片云，哪些可以归入环境。但是对于组织而言，边界的确定更加困难。举例来说，假如一个人希望测量成员交互和参与的程度，他必须详细说明所关心的决策或问题。显然，不同个体和群体（如股东、工会和供应商等）的交互模式和参与程度并非一成不变的，而是取决于其关心的是长远规划、工资和薪酬问题，还是公司面临的破产危机。因此，虽然交互和参与的程度是可以测量的，但它会随着时间的推移和决策领域的变化而变化，从而改变人们对什么属于组织"内部"和什么属于环境"内部"的判断。

环境的概念化 确定组织和环境界限的困难表明，包含外部变量的模型可以提供对组织内部行为的更完整的理解。然而，理论家们仍然尝试开发允许对不同类型的组织进行有意义比较的足够灵活的环境描述，同时又要求其足够精确以便于分析。第一个得到广泛认可的环境类型学基于环境中的关联程度和变化程度提出了四种环境类型（Emery & Trist，1965）。按变化程度和不确定性程度从低到高排序，这四种环境类型分别为平和-随机型、平和-聚集型、摄动-反应型和湍流态。埃默里（Emery）和特里斯特（Trist）认为每种环境类型要求不同形式的组织结构，尽管他们并未明确这些权变结构形式。

霍尔（Hall，1972）区分了一般环境和特定环境，前者（技术、法律、经济、人口和文化条件等）影响所有组织，后者由与焦点组织直接互动的外部实体构成。埃文（Evan，1966）将特定环境称为组织集合——向焦点组织提供输入或从焦点组织接收输出的个人、团体和其他组织的集合。其他理论家提出的类似概念如汤普森（Thompson，1967）的任务环境和迪尔（Dill，1958）的相关环境，都是指那些与目标设定和目标实现相关或潜在相关的外部因素或条件。

大部分理论家已经确定任务环境是组织必须应对的主要力量。反过来，人们也研究了任务环境中许多潜在的重要维度。许多研究人员将变化作为一个关键的环境维度，认为任务环境越多变、越不可预测，组织结构和过程就必须越灵活（Dill，1958；Burns & Stalker，1961；Thompson，1967；Lawrence & Lorsch，1967；Duncan，1972；Osborn & Hunt，1974）。但是，其中一些研究人员没有区分环境变化的速度和不确定性程度（即不可预测的变化），因此隐含地将两者等同起来。环境中可能发生快速但大部分可预测的变化，在这种情况下，组织实际上不会面临不确定性，因为管理者对未来将面临的环境条件有一定的信心。一个相关的问题涉及将环境和组织看作全局实体，就好像一个统一的环境以某种方式在整个组织中产生了一致的反应。然而，拥有稳定技术的组织面临不稳定的信用和货币市场条件以及拥有灵活结构的组织满足顾客对统一产品的持续需求的例子比比皆是。最近的研究试图完善环境不确定性的概念（Tosi et al., 1973; Pennings, 1975），当前观点认为由管理者感知到的不确定性相比"客观"决定的不确定性对组织反应的影响更为直接（Downey et al., 1975）。

其他理论家（Thompson, 1967; Perrow, 1967; Duncan, 1972）强调了环境异质性的重要性。他们认为比起简单且同质化的环境，复杂且多样化的环境可能更需要高度差异化的组织结构。然而，这就又带来了一些困惑。汤普森将异质性和变化维度视为自变量，而邓肯（Duncan）将二者视为环境不确定性的构成要素。已研究的其他环境维度包括：（1）资源的集中-分散；（2）环境容量（丰富-匮乏）；（3）领域共识-分歧；（4）环境易变性-恒定性（Aldrich, 1972）。

环境不确定性　尽管组织环境方面的理论和研究使用了许多维度，但不确定性维度迄今为止受到了最多的关注。马奇和西蒙（March & Simon, 1958）认为吸收不确定性是组织最基本的功能之一。韦克（Weick, 1969）和加尔布雷思（Galbraith, 1973）认为组织结构在很大程度上源于以下尝试：消除外部信息的模糊性，并在执行内部任务时处理这些信息。最终，汤普森（Thompson, 1967）提出："不确定性是复杂组织面临的根本问题，应对不确定性是管理过程的本质。"

研究结果表明，组织的许多方面都取决于环境不确定性。劳伦斯和洛尔施（Lawrence & Lorsch, 1967）报告称，组织在不确定性环境中的成功需要职能子单位之间高度的差异化并采用协调子单位活动的复杂整合机制。与之相反，他们发现，在更特定的环境中，成功需要更少的差异化和更简单的整合机制。其他研究发现，相对不确定的环境与以下几个方面相关：（1）广泛参与组织决策、形式化较少的工作设计和快速的项目创新（Hage & Aiken，1967）；（2）更强的横向沟通、更独立的任务和更广泛的环境监测（Thompson，1967；Galbraith，1973）；（3）更低的任务专业化程度、更少的内部共识、更多的组织冗余（March & Simon，1958）。汤普森（Thompson，1967）提出，一些组织在其边界处设立了专门吸收不确定性的子单位，同时研究发现吸收不确定性的能力与子单位之间的权力分配有关（Hinings et al.，1974）。另外，相对确定或可预测的环境似乎与更加科层化、稳定、集中、同质化和内省的组织系统相关联。

总之，环境不确定性已然成为将大量组织特征与环境条件联系起来的主要变量。然而，人们对环境不确定性导致组织内部发生变化的过程知之甚少。大多数研究建立在环境不确定性与组织变量之间的统计相关性上。这些研究通常采用最直接的因果假设——环境不确定性决定了观察到的组织特征。然而，正如蔡尔德（Child，1972）所指出的："统计上建立的关系这一'事实'并不能说明一切。至少，它可能掩盖了一系列更复杂的直接和间接关系。"

操纵环境

除了调整内部系统外，组织还可以采取行动来改变环境本身。在行业和组织层面，都有关于试图塑造环境以使其更符合组织偏好的研究记录。例如，赫希（Hirsch，1975）称，同一行业内的公司可以合作，使它们的环境更易于管理。他指出，尽管有类似的技术和其他组织特征，但典型的制药公司比典型的唱片公司的利润要高得多。赫希将这种盈利能力上的差异归因于制药公司的能力：（1）控制价格和分销渠道；（2）在专利和版权领域协商有利的立法；（3）拉拢行业中重要的意见领袖（如医生与电台高管）。在这三个方面，唱片公司在塑造环境以满足自身需求上既不积极也不成功。类似的沿着理想路线塑造环境的尝试包括与行业协会、协调团体（Litwak & Hylton，1962）和政府机构（Stigler，1971）合作，以及与其他公司交换高管等（Pfeffer & Leblebici，1973）。

在组织层面，还有其他机制可用于管理环境的不确定性和相互依赖性。其中一套机制涉及与相关团体或组织的直接互动，在这方面，可以采用长期合同（Guetzkow，1966）、建立合资企业（Aiken & Hage，1968）、合作（Selznick，1949）或合并（Pfeffer，1972）等手段。另一种方法则不那么明确。佩罗（Perrow，1970）描述了由于在如何处理业务关系方面存在强有力的行业规范，一些公司在短期内"自愿中止"竞争的例子。最后，如果组织难以管理各种因素，它可以选择另一个领域，也就是说，通过进入新的活动领域来避免不确定性或依赖性。因此，多样化是应对环境的另一种方式（Pitts，1977b）。

总之，这些研究和其他研究表明，组织采用各种策略来稳定其环境条件。但是，与有关内部特征不确定性变化的研究一样，这些文献通常不涉及组织选择和实施外部导向调整的过程。因此，人们不知道为什么某些组织采取特定的应对措施，而其他组织则没有。此外，关于这些反应对组织或环境的影响的研究证据很少。人们感兴趣的是，展示不同形式的调整对组织效率的相对贡献的数据。

技术和结构

其他理论家认为技术是对组织结构影响最普遍的权变变量。从广义上讲,技术是技能、设备和相关技术知识的组合,这些技能、设备和相关技术知识是实现材料、信息或人员的预期转变所必需的(Davis,1971)。结构是指组织子单位的特征及它们之间的关系,它的作用是控制和协调技术,并使其免受环境的干扰。

技术类型 作为第一位将技术作为重要的组织变量的学者,伍德沃德(Woodward,1965)构建了从单件或小批量生产,到大批量或大规模生产,再到连续加工生产的技术等级。这些技术的不同之处在于劳动密集程度或资本密集程度,特别是其允许专业化处理的程度。研究者也提出了其他类型学(Perrow,1967;Thompson,1967;Hickson et al.,1969),但伍德沃德的划分方案允许在不同类型的技术之间进行一些宽泛的比较。

单件或者小批量生产技术是劳动密集型的,且适应性强。因此,它适用于定制产品的生产,但不太适合标准化产品的生产和大批量生产。这种类型的技术可以在低产出水平下运行,并能承受较大的产出波动。单件生产技术通常采用灵活的组织结构,其行政系统很小(从员工数量来看),层级较少,监督控制幅度适中。操作这类技术的大多数员工具有一般技能,而不是专门技能,并且单件生产技术可以比较容易地进行调整,以允许对新产品和工作流程进行试验。

大批量生产技术通常在劳动密集程度和资本密集程度上都处于中间水平。由于通常使用昂贵的、用途有限的设备,大批量生产技术远不如单件生产技术灵活,而且需要非常高的产出才能实现经济效益。由于要求精确调度，在这种类型的系统中，即便产出的微小波动也要付出高昂的代价。与单件生产技术相比，大批量生产技术的组织结构往往高度正规化，行政管理更多，控制幅度较大。大批量生产技术采用标准化程序来控制员工，这些员工的专业技能在系统内可能相对可互换，但不容易适应新方法和新工艺。

最后，连续加工生产技术是高度资本密集型的，并且需要巨大的产出。尽管这种类型的技术通常允许制造相当多的相关产品，但该技术本身是相当僵化的——如果要进行调整以生产不同的产品，就得付出相当大的成本。与连续加工生产技术兼容的结构往往具有最大的行政管理系统、最多的层级和最小的控制幅度。连续加工生产技术需要相对较少的人来监控机器，但这些员工必须具有高水平的判断力和专业技能。

控制、协调和技术　　伍德沃德（Woodward，1970）和其他学者（Thompson，1967；Perrow，1967；Comstock & Scott，1977）指出，组织结构并不直接对技术做出反应，而是对不同类型的技术对控制和协调所提出的不同要求做出反应。例如，里夫斯和伍德沃德（Reeves & Woodward，1970）发现，随着技术类型从单件生产到大批量生产，再到连续加工生产，机械形式的控制多于个人形式的控制。同时，随着技术分类的深入，控制系统在单件生产技术形式的趋于单一化（应用于整个组织），在大批量生产技术中趋于碎片化（对每个主要组织子单位有不同的控制标准和机制），在连续加工生产技术中又趋于单一化。因此，里夫斯和伍德沃德认为，不同类型的技术需要不同形式的控制，而这些反过来又产生了对特定组织结构的需求，但并不能精确地决定这种结构（例如，单一控制既可以通过正式规则实现，也可以通过集中决策实现）。

类似地，每种类型的技术必须以不同的方式进行协调，而这些不同的协调需求必须由组织结构来容纳。范德文等（Van de Ven et al., 1976）发现不同的协调机制取决于任务的不确定性程度、工作流程的相互依赖性和子单位的规模。由于任务的不确定性程度的增加，通过横向沟通和小组会议进行相互调整的协调取代了通过正式的层级制度或非个人的规则和计划进行的协调。随着工作流程相互依赖性的增加，组织将更多地采用所有类型的协调机制——非个人模式、个人模式以及团队模式。最后，子单位规模的扩大使得协调工作中人的作用减小，转而更频繁地使用层级规则、计划和政策。

总而言之，强调技术的权变方法表明，技术这一变量可能与组织结构的许多方面有关，这种关联性主要通过与不同类型技术有关的控制和协调需求来体现。然而，关于技术、组织规模和组织结构的文献综述得出了如下结论：（1）技术和组织结构的定义和测量在各项研究中并不一致，因此很难进行比较；（2）对几类组织的研究可能反映行业间的差异及其对组织结构的影响，而不是技术的具体影响；（3）一个组织可能掌握一种以上的技术，导致主导技术的影响难以确定；（4）组织规模往往比技术更能决定结构；（5）由于技术和组织规模共同解释了组织结构中如此少的差异，因此需要研究组织结构的其他预测因素（Mohr, 1971; Child & Mansfield, 1972; Jelinek, 1977）。

最近，我们也注意到有少数研究人员在不同的组织层面（如个人、工作组、子单位和整个组织）分离出技术的不同影响（Hrebiniak, 1974; Gillespie & Mileti, 1977），这些区别或许十分重要。例如，科姆斯托克和斯科特（Comstock & Scott, 1977）表明，当把技术作为一组离散的任务来测量时，它与个体成员的特征联系最为密切，但当工作流程的各个方面都被测量时，技术与整个子单位的结构特征的联系最为密切。此外，许多技术理论家暗示，组织结构是由技术引起的，或至少在很大程度上受到技术的制约。然而，在某些情况下，技术似乎是组织结构的结果，而不是组织结构的原因。例如，在工作组层面，如果权力下放和小组自治是根深蒂固的组织结构特征，那么已经标准化的新任务实际上可能被以非程序化的方式执行。类似地，在组织层面上，由职能部门组织的系统可能比由产品部门组织的系统更容易采取和利用大批量生产技术。

权变视角的局限性

前文讨论的权变模型产生于对组织和管理的普遍主义模型日益不满的情况下。今天，普遍主义模型很少有进展，因为大多数理论家至少勉强承认他们所倡导的任何模型都需要根据具体情境进行修改。然而，最近理论家们也开始指出权变视角的局限性。目前可以确定其存在两个主要的局限性：（1）权变模型主要强调个体和情境的差异性，而非相似性；（2）权变模型存在强烈的决定性偏见，这在很大程度上忽略了管理者选择这一重要变量。

最终，"每一种情况都是不同的"这种观点提供的指导甚至不如"每一种情况都是一样的"这一普遍假设。随着模型的积累，每个模型通常只将从环境或技术中提取的变量与类似的有限组织特征集联系起来，最终形成了一个由脱节的权变变量和关系组成的迷宫。逃离这个迷宫是一项艰巨的任务，因为理论家们还没有提供有用的地图，即综合各种变量来描述整个社会技术系统在与环境互动时的运行情况的模型。这样的模型可以利用一组核心概念来描述，更重要的是，它可以解释组织行为的广泛模式。

第二个局限性，即许多权变视角中存在的决定性偏差，至少造成了两个重要后果。其一，决定论掩盖了与环境、组织和技术变量相关的复杂性。即便我们能够在纵向基础上收集相关证据,但是我们依旧不能从这些相关证据中清楚地认识到潜在的组织和管理过程。因此,人们对这些过程的了解少于对它们产生的表面特征的了解,而因果作用被归因于实际上只是间接相关的变量。其二,假定组织形式取决于之前提到的原因,就有理由在不参考决定战略行动方针的组织权力拥有者的意见的情况下预测这些形式。人们经常注意到,组织在应对明显相似的环境需求时会采取各种各样的形式(Miles et al., 1974; Anderson & Paine, 1975)。因此,组织结构和行为的"功能必要性"显然是站不住脚的。然而,很少有研究关注高管群体以及管理者选择如何影响组织发展方向、形态与行动。另一个重要但在很大程度上尚未探索的问题是,今天的管理决策如何影响组织对未来环境做出反应的能力。

汤普森(Thompson, 1967)提出的综合模型是目前为止最有用的综合性权变视角,它展示了动态组织如何通过其主导联盟的行动,开发兼顾环境和技术的结构与过程。总的来说,汤普森认为,组织试图识别环境的同质部分,并建立专门的结构单元来处理这些部分。它们围绕核心技术部署输入和输出子单位,努力使自己的核心技术不受环境干扰。当有可能将技术核心从跨界活动中抽离出来使其保留在组织内部时,组织通常采用集中化的职能型结构。然而,当这两种活动相互依赖时,组织更有可能采用近似于矩阵的结构。此外,组织面临的不确定性越大,权力基础就越大,主导联盟就越容易形成。

从本质上讲,汤普森认为处于稳定环境的组织不必在环境扫描方面投入大量资金,在技术限制的情况下,可以通过标准化的规则和集中化的决策来实现协调和控制。随着环境变得越来越不可预测,扫描活动变得更加重要,组织必须分散决策权,并诉诸日益复杂和昂贵的协调机制。汤普森总结说，管理的基本功能是通过保持三个动态元素（环境、技术和组织结构）之间的有效合作来确保组织的生存。

新权变视角：管理者选择的角色

追随汤普森（Thompson，1967），其他理论家最近不再认同组织特征完全由技术或环境条件决定的观点（Child，1972；Miles et al.，1974；Anderson & Paine，1975）。他们反而强调作为组织和环境之间的纽带的决策者的重要性。尽管这种新权变视角尚未得到充分发展，但它显然拒绝了大多数组织权变理论中隐含的环境决定论。这种观点的支持者认为组织的活动领域是管理者选择的结果。例如，韦克（Weick，1977）认为，组织环境是管理者的发明行为，而不是发现行为，因此，理论家的基本任务是调查管理者如何以及为什么将注意力集中在环境的特定部分，他们如何收集有关这一关注领域的信息，以及他们如何为决策目的解释这些信息。创造组织环境的过程是一个永无止境的过程，涉及组织与不断发展的环境限制和机会网络之间的协调一致。一些理论家得出结论，通过分析组织为应对环境而制定的策略，可以更好地研究这种协调过程。

组织战略

组织战略的概念是由哈佛商学院在 20 世纪 50 年代末提出的，它包含了将组织资源与环境机会和限制相匹配的重大决策（Andrews，1960）。钱德勒（Chandler，1962）是最具影响力的早期战略支持者之一，他将战略定义为"确定企业的基本长期目标和目的，为实现这些目标和目的而采取一定行动方针和分配所需资源"。

战略最初被视为一种高度情境化的艺术，一种整合众多复杂决策的富有想象力的行动。因此，早期的战略理论主要基于对单个组织的分析（尽管这些组织所处的环境大相径庭）。然而，最近对组织战略进行了更系统的研究，并且在战略制定过程理论的发展方面取得了一些进展（Hofer，1975）。对战略过程的研究考察了以下几个方面：(1) 长期规划对组织绩效的影响（Warren，1966；Steiner，1969；Steiner，1972；Thune & House，1970；Rue & Fulmer，1972）；(2) 增量决策方法对预算编制的影响（Wildavsky，1964；Wildavsky & Hammond，1965）；(3) 组织主导联盟成员之间的战略决策活动（Aguilar，1967；Bower，1970；Mintzberg et al.，1976）；(4) 管理者个人价值观与战略的关系（Guth & Tagiuri，1965；Hage & Dewar，1973）。另外，只有有限的理论和更少的研究将战略视为一种结果，并研究战略的内容（Ansoff，1965；Rumelt，1974；Schoeffler et al.，1974；Anderson & Paine，1975；Cook，1975；Hofer，1975；Miller，1975）。

商业政策方面的专家经常从相对狭义的角度来看待战略。许多人将战略的定义局限于使组织在环境影响下实现其目标的手段，而不包括选择这些目标的过程。政策领域通常将战略开发视为一项独立的活动（Saunders，1973），很少详细说明战略是如何与结构、过程以及过去和现在的组织绩效联系起来的。同样地，理论家们一般假定战略是被有意识且有目的地开发出来的。然而，明茨伯格（Mintzberg，1976）指出，这种假设迫使研究人员只能处理战略中更抽象和更规范的方面。

政策理论的这些特征，再加上组织理论家将组织视为主要由合法过程决定的机械系统的倾向,导致这两个群体都忽视了组织理论和政策理论之间的互补性。

协调一致的战略

最近,一些理论家提出,组织战略的扩展概念能够为将组织与环境和技术联系起来的协调过程提供最好的描述(Miles et al.,1974;Anderson & Paine,1975;Lawrence,1975)。明茨伯格(Mintzberg,1976)认为战略是持续的组织决策流中的一种模式。这一定义既包括有意或有预谋的战略,也包括组织的持续行为中出现的非预期战略。换句话说,"战略制定者可以通过一个有意识的过程来制定战略,也可以在做出一个个决策的过程中逐渐形成战略"(Mintzberg,1976)。这种观点的重要优势是,战略成为一种有形的、可研究的现象,是决策流中可观察到的产物。这种战略观点强调组织行为的动态性,承认组织特征和环境条件之间存在多重因果关系的可能性,并关注管理者选择在实现共协调方面的作用——目前的权变理论明显不具备这些特性。

小 结

我们认为,关于组织-环境关系的理论和研究可以从三个不同的角度来描述。早期的普遍主义模型引入了许多关于组织结构和过程的有用概念,但这些概念很少与环境联系起来。可供选择的组织设计(为数不多)往往忽略了环境对组织行为的影响。

随着权变视角的出现,环境约束和机会被明确地引入将环境、技术、结构和过程的各个方面联系起来的模型中。然而，正如我们所指出的，权变模型有以下特点：(1) 强调组织行为的差异性而非相似性；(2) 将环境决定而非管理者选择视为组织特征的主要成因。在寻找唯一性的过程中，权变理论家在分离主要权变变量并证明它们之间的关系方面取得了巨大的进步。但是，很少有权变理论家试图将这些关系重新整合到更大的整体中，而它们恰恰就是从这个整体中衍生出来的。

新权变理论家似乎在尝试对这些观点进行综合和细化，不过我们要赶紧补充的是，这种观点尚未完全定型，也无法清楚地确定其追随者。我们把新权变理论定性为：(1) 把管理者或战略选择视为组织与其环境之间的主要纽带；(2) 注重管理者创造、了解和管理组织环境的能力；(3) 包括组织应对环境条件的多种方式。随着新权变理论的发展，它必定更加关注战略选择与技术、结构和管理意识形态或管理哲学等重要变量之间的关系，并注重为管理者发现和展示他们当前决策对组织长期调整能力的影响。

参考文献

Aguilar, Francis J.: *Scanning the Business Environment,* Macmillan, New York, 1967.
Aiken, Michael, and Jerald Hage: "Organizational Interdependence and Intraorganizational Structure," *American Sociological Review,* vol. 33, pp. 912-930, December 1968.
Alchian, Armen A.: "Uncertainty, Evolution, and Economic Theory," *Journal of Political Economy,* vol. 58, pp. 211-221, June 1960.
Aldrich, Howard: *An Organizational-Environment Perspective on Cooperation and Conflict Between Organizations in the Manpower Training System,* New York State School of Industrial and Labor Relations Reprint Series, New York, 1972.
Anderson, Carl R., and Frank T. Paine: "Managerial Perceptions and Strategic Behavior," *Academy of Management Journal,* vol. 18, pp. 811-823, December 1975.
Andrews, Kenneth R.: *The Concept of Corporate Strategy,* Irwin, Homewood, Ill., 1960.
Ansoff, H. Igor: *Corporate Strategy,* McGraw-Hill, New York, 1965.
_____, and John M. Stewart: "Strategies for a Technology-Based Business," *Harvard Business Review,* vol. 45, pp. 71-83, November-December 1967.
Argyris, Chris: "On Organizations of the Future," *Administrative and Policy Study Series,* vol. 1, no. 03-006, Sage Publications, Beverly Hills, Calif., 1973.
_____: "Double Loop Learning in Organizations," *Harvard Business Review,* vol. 55, pp. 115-125, September-October 1977.
Beer, Michael, and Stanley M. Davis: "Creating a Global Organization: Failures Along the Way," *Columbia Journal of World Business,* vol. 11, pp. 72-84, Summer 1976.
Biller, Robert P.: "On Tolerating Policy and Organizational Termination: Some Design Considerations," *Policy Sciences,* vol. 7, pp. 133-149, June 1976.
Bodenheimer, Tom: "The Malpractice Blow-up," *Health Policy Advisory Center Bulletin,* no. 64, pp. 12-15, May-June 1975.

Bower, Joseph L.: *Managing the Resource Allocation Process,* Harvard Graduate School of Business Administration, Boston, 1970.
Brown, A.: *Organization,* Hibbert, New York, 1945.
Burns, Tom, and G. M. Stalker: *The Management of Innovation,* Tavistock, London, 1961.
Chandler, Alfred D., Jr.: *Strategy and Structure,* Doubleday, Garden City, N.Y., 1962.
Child, John: "Organizational Structure, Environment, and Performance—The Role of Strategic Choice," *Sociology,* vol. 6, pp. 1–22, January 1972.
_____, and Roger Mansfield: "Technology, Size, and Organization Structure," *Sociology,* vol. 6, pp. 369–393, September 1972.
Churchman, C. West: *The Systems Approach,* Dell, New York, 1968.
Cohen, Michael D., James G. March, and Johan P. Olsen: "A Garbage Can Model of Organizational Choice," *Administrative Science Quarterly,* vol. 17, pp. 1–25, March 1972.
Comstock, Donald E., and W. Richard Scott: "Technology and the Structure of Subunits: Distinguishing Individual and Workgroup Effects," *Administrative Science Quarterly,* vol. 22, pp. 177–202, June 1977.
Cook, Curtis W.: "Corporate Strategy Change Contingencies," *Academy of Management Proceedings,* August 1975.
Cyert, Richard, and James G. March: *A Behavioral Theory of the Firm,* Prentice-Hall, Englewood Cliffs, N.J., 1963.
Darran, Douglas C., Raymond E. Miles, and Charles C. Snow: "Organizational Adjustment to the Environment: A Review," *American Institute for Decision Sciences Proceedings,* November 1975.
Davis, Louis E.: "Job Satisfaction Research: The Post-Industrial View," *Industrial Relations,* vol. 10, pp. 176–193, May 1971.
Davis, Stanley M.: "Two Models of Organization: Unity of Command Versus Balance of Power," *Sloan Management Review,* vol. 16, pp. 29–40, Fall 1974.
_____: "Trends in the Organization of Multinational Corporations," *Columbia Journal of World Business,* vol. 11, pp. 59–71, Summer 1976.
Dill, William R.: "Environment as an Influence on Managerial Autonomy," *Administrative Science Quarterly,* vol. 2, pp. 404–443, March 1958.
Donnelly, John F.: "Participative Management at Work," an interview with John F. Donnelly, *Harvard Business Review,* vol. 55, pp. 117–127, January-February 1977.
Downey, H. Kirk, Don Hellriegel, and John W. Slocum, Jr.: "Environmental Uncertainty: The Construct and Its Application," *Administrative Science Quarterly,* vol. 20, pp. 613–629, December 1975.
Drucker, Peter F.: *The Practice of Management,* Harper & Brothers, New York, 1954.
_____: *Management: Tasks, Responsibilities, Practices,* Harper & Row, New York, 1974a.

———: "New Templates for Today's Organizations," *Harvard Business Review,* vol. 52, pp. 45-53, January-February 1974b.

Duncan, Robert B.: "Characteristics of Organizational Environments and Perceived Environmental Uncertainty," *Administrative Science Quarterly,* vol. 17, pp. 313-327, September 1972.

Emery, Fred E., and Eric L. Trist: "The Causal Texture of Organizational Environments," *Human Relations,* vol. 18, pp. 21-32, February 1965.

Evan, William M.: "The Organization-Set," in James D. Thompson (ed.), *Approaches to Organizational Design,* University of Pittsburgh Press, Pittsburgh, 1966, pp. 173-191.

Fayol, Henri: *General and Industrial Management,* translated by Constance Stours, Pitman, London, 1949.

Forrester, Jay W.: "A New Corporate Design," *Industrial Management Review,* vol. 7, pp. 5-18, Fall 1965.

Fouraker, L.E., and J.M. Stopford: "Organization Structure and the Multinational Strategy," *Administrative Science Quarterly,* vol. 13, pp. 47-64 June 1968.

Galbraith, Jay: *Designing Complex Organizations,* Addison-Wesley, Reading, Mass., 1973.

Gillespie, David F., and Dennis S. Mileti: "Technology and the Study of Organizations: An Overview and Appraisal," *Academy of Management Review,* vol. 2, pp. 7-16, January 1977.

Gouldner, Alvin W.: *Patterns of Industrial Bureaucracy,* Free Press, New York, 1954.

Guetzkow, Harold: "Relations Among Organizations," in Raymond V. Bowers (ed.), *Studies on Behavior in Organizations,* University of Georgia Press, Athens, Ga., 1966, pp. 13-44.

Guth, William, and Renato Tagiuri: "Personal Values and Corporate Strategy," *Harvard Business Review,* vol. 43, pp. 123-132, September-October 1965.

Hage, Jerald, and Michael Aiken: "Relationship of Centralization to Other Structural Properties," *Administrative Science Quarterly,* vol. 12, pp. 72-92, June 1967.

———, and Robert Dewar: "Elite Values Versus Organizational Structure in Predicting Innovation," *Administrative Science Quarterly,* vol. 18, pp. 279-290, September 1973.

Hall, Richard H.: *Organizations: Structure and Process,* Prentice-Hall, Englewood Cliffs, N.J., 1972.

Hickson, David J., D.S. Pugh, and Diana C. Pheysey: "Operations Technology and Structure: An Empirical Reappraisal," *Administrative Science Quarterly,* vol. 14, pp. 378-397, September 1969.

Hinings, C.R., D.J. Hickson, J.M. Pennings, and R.E. Schneck: "Structural Conditions of Intraorganizational Power," *Administrative Science Quarterly,* vol. 18, pp. 22-44, March 1974.

Hirsch, Paul M.: "Organizational Effectiveness and the Institutional Environment," *Administrative Science Quarterly,* vol. 20, pp. 327-344, September 1975.

Hofer, Charles W.: "Toward a Contingency Theory of Business Strategy," *Academy of Management Journal,* vol. 18, pp. 784–810, December 1975.

Hrebiniak, Lawrence G.: "Job Technology, Supervision, and Work Group Structure," *Administrative Science Quarterly,* vol. 19, pp. 395–410, September 1974.

Hutchinson, John: "Evolving Organizational Forms," *Columbia Journal of World Business,* vol. 11, pp. 48–58, Summer 1976.

Jelinek, Mariann: "Technology, Organizations, and Contingency," *Academy of Management Review,* vol. 2, pp. 17–26, January 1977.

Lawrence, Paul: "Strategy: A New Conceptualization," *Seminars on Organizations at Stanford University,* vol. 11, pp. 38–40, Autumn 1975.

———, and Jay W. Lorsch: *Organization and Environment,* Harvard Graduate School of Business Administration, Boston, 1967.

Likert, Rensis: *The Human Organization,* McGraw-Hill, New York, 1967.

Litwak, Eugene, and Lydia F. Hylton: "Interorganizational Analysis: A Hypothesis on Co-ordinating Agencies," *Administrative Science Quarterly,* vol. 6, pp. 395–420, March 1962.

Mace, Myles: *Directors: Myth and Reality,* Harvard University Press, Cambridge, 1971.

March, James G.: "The Technology of Foolishness," reprinted in Michael D. Cohen and James G. March, *Leadership and Ambiguity: The College President,* McGraw-Hill, New York, 1974, pp. 216–229.

———, and Herbert Simon: *Organizations,* Wiley, New York, 1958.

McGregor, Douglas: *The Human Side of Enterprise,* McGraw-Hill, New York, 1960.

Miles, Raymond E.: "Conflicting Elements in Managerial Ideologies," *Industrial Relations,* vol. 4, pp. 77–91, October 1964.

———: "Human Relations or Human Resources?" *Harvard Business Review,* vol. 43, pp. 148–163, July-August 1965.

———: *Theories of Management,* McGraw-Hill, New York, 1975.

———, Charles C. Snow, and Jeffrey Pfeffer: "Organization-Environment: Concepts and Issues," *Industrial Relations,* vol. 13, pp. 244–264, October 1974.

Miller, Danny: "Towards a Contingency Theory of Strategy Formulation," *Academy of Management Proceedings,* August 1975.

Mintzberg, Henry: "Patterns in Strategy Formation," Faculty of Management Working Paper, McGill University, Montreal, 1976. (Mimeographed.)

———, Duru Raisinghani, and Andre Théorêt: "The Structure of 'Unstructured' Decision Processes," *Administrative Science Quarterly,* vol. 21, pp. 246–275, June 1976.

Mohr, Lawrence B.: "Organizational Technology and Organizational Structure," *Administrative Science Quarterly,* vol. 16, pp. 444–459, December 1971.

Mooney, James: *Principles of Organization,* Harper, New York, 1947.

Osborn, Richard N., and James G. Hunt: "Environment and Organizational

Effectiveness," *Administrative Science Quarterly,* vol. 19, pp. 231-246, June 1974.

Pennings, Johannes M.: "The Relevance of the Structural-Contingency Model for Organizational Effectiveness," *Administrative Science Quarterly,* vol. 20, pp. 393-410, September 1975.

Perrow, Charles: "A Framework for the Comparative Analysis of Organizations," *American Sociological Review,* vol. 32, pp. 195-208, April 1967.

———: *Organizational Analysis: A Sociological View,* Wadsworth, Belmont, Calif., 1970.

Pfeffer, Jeffrey: "Merger as a Response to Organizational Interdependence," *Administrative Science Quarterly,* vol. 17, pp. 382-394, September 1972.

———, and Huseyin Leblebici: "Executive Recruitment and the Development of Interfirm Organizations," *Administrative Science Quarterly,* vol. 18, pp. 449-461, December 1973.

———, and Gerald R. Salancik: "Organizational Decision Making as a Political Process: The Case of a University Budget," *Administrative Science Quarterly,* vol. 19, pp. 135-151, June 1974.

Pitts, Robert A.: "Incentive Compensation and Organization Design," *Personnel Journal,* vol. 53, pp. 338-348, May 1974.

———: "Unshackle Your 'Comers,'" *Harvard Business Review,* vol. 55, pp. 127-136, May-June 1977a.

———: "Strategies and Structures for Diversification," *Academy of Management Journal,* vol. 20, pp. 197-208, June 1977b.

Prahalad, C.K.: "Strategic Choices in Diversified MNCs," *Harvard Business Review,* vol. 54, pp. 67-78, July-August 1976.

Reeves, T. Kynaston, and Joan Woodward: "The Study of Managerial Control," in Joan Woodward (ed.), *Industrial Organization: Behaviour and Control,* Oxford University Press, London, 1970, pp. 37-56.

Ritchie, J.B., and Raymond E. Miles: "An Analysis of Quantity and Quality of Participation as Mediating Variables in the Participative Decision Making Process," *Personnel Psychology,* vol. 23, pp. 347-359, Autumn 1970.

Ritti, R. Richard: "Underemployment of Engineers," *Industrial Relations,* vol. 9, pp. 437-452, October 1970.

Rogers, Everett M.: *Communication of Innovations: A Cross-Cultural Approach,* 2nd ed., Free Press, New York, 1971.

Rue, Leslie, and Robert Fulmer: "Is Long Range Planning Profitable?" *Academy of Management Proceedings,* August 1972.

Rumelt, Richard P.: *Strategy, Structure, and Economic Performance,* Harvard Graduate School of Business Administration, Boston, 1974.

Salter, Malcolm: "Stages of Corporate Development," *Journal of Business Policy,* vol. 1, pp. 23-37, Autumn 1970.

Saunders, Charles B.: "What Should We Know about Strategy Formulation?" *Academy of Management Proceedings,* August 1973.

Sayles, Leonard R.: "Matrix Management: The Structure with a Future," *Organizational Dynamics,* vol. 5, pp. 2-17, Autumn 1976.

Schoeffler, Sidney, Robert D. Buzzell, and Donald F. Heany: "Impact of Strategic Planning on Profit Performance," *Harvard Business Review,* vol. 52, pp. 137-145, March-April 1974.

Scott, Bruce: "Stages of Corporate Development—Parts I and II," Working Paper, Harvard Business School, Boston, 1970. (Mimeographed.)

Segal, Morley: "Organization and Environment: A Typology of Adaptability and Structure," *Public Administration Review,* vol. 35, pp. 212-220, May-June 1974.

Selznick, Philip: *TVA and the Grass Roots: A Study in the Sociology of Formal Organization,* University of California Press, Berkeley, 1949.

Simon, Herbert A.: "The Architecture of Complexity," in Joseph A. Litterer (ed.), *Organizations: Systems Control and Adaptation,* vol. 2, Wiley, New York, 1969, pp. 98-114.

Sloan, Alfred P., Jr.: *My Years with General Motors,* Doubleday, New York, 1964.

Snow, Charles C.: "The Role of Managerial Perceptions in Organizational Adaptation: An Exploratory Study," *Academy of Management Proceedings,* August 1976.

Starbuck, William H.: "Organizations and Their Environments," in Marvin D. Dunnette (ed.), *Handbook of Industrial and Organizational Psychology,* Rand McNally, Chicago, 1976, pp. 1069-1123.

Steiner, George A.: *Top Management Planning,* Macmillan, New York, 1969.

Stigler, George J.: "The Theory of Economic Regulation," *Bell Journal of Economics and Management Science,* vol. 2, pp. 3-21, Spring 1971.

Stinchcombe, Arthur: "Social Structure and Organizations," in James G. March (ed.), *Handbook of Organizations,* Rand McNally, Chicago, 1965, pp. 451-533.

Tannenbaum, Arnold S.: *Control in Organizations,* McGraw-Hill, New York, 1968.

──────, Bogdan Kavcic, Menachem Rosner, Mino Vianello, and Georg Wieser: *Hierarchy in Organizations: An International Comparison,* Jossey-Bass, San Francisco, 1974.

Taylor, Frederick: *The Principles of Scientific Management,* Harper & Brothers, New York, 1911.

Thain, Donald H.: "Stages of Corporate Development," *Business Quarterly,* vol. 34, pp. 33-45, Winter 1969.

Thompson, James D.: *Organizations in Action,* McGraw-Hill, New York, 1967.

Thune, Stanley, and Robert House: "Where Long Range Planning Pays Off," *Business Horizons,* vol. 13, pp. 81-87, August 1970.

Tiryakian, Edward A.: "Typologies," *International Encyclopedia of the Social Sciences,* vol. 16, Macmillan, New York, 1968, pp. 177-186.

Tosi, Henry, Ramon Aldag, and Ronald Storey: "On the Measurement of the Environment: An Assessment of the Lawrence and Lorsch Environmental Uncertainty Questionnaire," *Administrative Science Quarterly,* vol. 18, pp. 27-36, March 1973.

Urwick, Lyndall F.: *The Elements of Administration,* Harper, New York, 1943.

Van de Ven, Andrew H., Andre L. Delbecq, and Richard Koenig, Jr.: "Determinants of Coordination Modes Within Organizations," *American Sociological Review,* vol. 41, pp. 322–338, April 1976.

von Bertalanffy, Ludwig: *General System Theory,* Braziller, New York, 1968.

Warren, Kirby E.: *Long Range Planning: The Executive Viewpoint,* Prentice-Hall, Englewood Cliffs, N.J., 1966.

Weber, Max: *The Theory of Social and Economic Organization,* translated by A.M. Henderson and Talcott Parsons, Free Press, New York, 1947.

Weick, Karl E.: *The Social Psychology of Organizing,* Addison-Wesley, Reading, Mass., 1969.

———: "Enactment Processes in Organizations," in Barry M. Staw and Gerald R. Salancik (eds.), *New Directions in Organizational Behavior,* St. Clair Press, Chicago, 1977, pp. 267–300.

Wildavsky, Aaron: *The Politics of the Budgetary Process,* Little, Brown, Boston, 1964.

———, and Arthur Hammond: "Comprehensive Versus Incremental Budgeting in the Department of Agriculture," *Administrative Science Quarterly,* vol. 10, pp. 321–346, December 1965.

Woodward, Joan: *Industrial Organization: Theory and Practice,* Oxford University Press, London, England, 1965.

———, ed.: *Industrial Organization: Behaviour and Control,* Oxford University Press, London, 1970.

Worthy, James C.: "Organizational Structure and Employee Morale," *American Sociological Review,* vol. 15, pp. 169–179, April 1950.

Organizational Strategy, Structure, and Process by Raymond E. Miles and Charles C. Snow, published in English by Stanford University Press.

Copyright © 2003 by the Board of Trustees of the Leland Stanford Junior University. This translation is published by arrangement with Stanford University Press, www. sup. org.

Simplified Chinese version © 2025 by China Renmin University Press.

All Rights Reserved.

图书在版编目（CIP）数据

组织战略、结构和过程/（美）雷蒙德·迈尔斯，（美）查尔斯·斯诺著；杨治译. -- 北京：中国人民大学出版社，2025.8. -- ISBN 978-7-300-33682-4
Ⅰ.F272.1
中国国家版本馆 CIP 数据核字第 2025A2Q610 号

组织战略、结构和过程

[美] 雷蒙德·迈尔斯 著
　　 查尔斯·斯诺
杨治　译
Zuzhi Zhanlüe、Jiegou he Guocheng

出版发行	中国人民大学出版社		
社　　址	北京中关村大街 31 号	邮政编码	100080
电　　话	010-62511242（总编室）		010-62511770（质管部）
	010-82501766（邮购部）		010-62514148（门市部）
	010-62511173（发行公司）		010-62515275（盗版举报）
网　　址	http://www.crup.com.cn		
经　　销	新华书店		
印　　刷	北京联兴盛业印刷股份有限公司		
开　　本	890 mm×1240 mm　1/32	版　次	2025 年 8 月第 1 版
印　　张	10.75 插页 2	印　次	2025 年 8 月第 1 次印刷
字　　数	249 000	定　价	79.00 元

版权所有　侵权必究　　印装差错　负责调换